21世纪高等院校公共课精品教材

HOW TO WRITE A STRATEGY PLAN

策划书写作教程

（第二版）

王多明　编著

U0792340

东北财经大学出版社
Dongbei University of Finance & Economics Press
大连

图书在版编目（CIP）数据

策划书写作教程／王多明编著．—2版．—大连：东北财经大学出版社，2017.8

（21世纪高等院校公共课精品教材）

ISBN 978-7-5654-2871-5

Ⅰ．策…　Ⅱ．王…　Ⅲ．营销策划-应用文-写作-高等学校-教材　Ⅳ．F713.50

中国版本图书馆CIP数据核字（2017）第190152号

东北财经大学出版社出版

（大连市黑石礁尖山街217号　邮政编码　116025）

网　　址：http：//www.dufep.cn

读者信箱：dufep @ dufe.edu.cn

大连雪莲彩印有限公司印刷　　东北财经大学出版社发行

幅面尺寸：185mm×260mm　字数：316千字　印张：15.5　插页：1

2017年8月第2版　　2017年8月第2次印刷

责任编辑：石真珍　　责任校对：何　力

封面设计：冀贵收　　版式设计：钟福建

定价：28.00元

教学支持　售后服务　　联系电话：（0411）84710309

如有印装质量问题，请联系营销部：（0411）84710711

第二版前言

有人一听见“写作”二字就头疼，怕写、不会写、不愿写，写作好似我们面前的一道“难关”。开设写作课程，就是帮助学习者“攻坚克难”。

我们这门课叫“策划书写作”，是为帮助学习者学会写策划书而开设的。

为什么要写策划书？因为需要，躲不开、绕不开，我们得硬着头皮去写策划书，要动脑、动手写策划书，当然离不开“写作”。有了具体的策划任务，写作有了方向，写作的内容会从指尖、笔尖流淌出来，你就进入了写作的状态。接着写下去吧，在集中思考、集体讨论，有人肯定、有人批评的修改过程中，写作的酸甜苦辣都会呈现出来，享受你的劳动，欣赏你的写作成果，把“怕写、不会写、不愿写”变成“不怕写、会写、愿写”。

当你把第一份策划书交出去，等待“处理”结果时，你在期盼、等待、继续思考，想为已经“完成”的策划书加点什么、删点什么，你的写作态度已经使策划书成功了一半。

听取同伴、领导、客户的批评或赞扬，他们的每句话，你都很在意，边听、边想，喜悦、遗憾、感谢、后悔等情绪会在心中翻滚。

在修改策划书时，你会掂量伙伴们的言语，改什么，改哪里，甚至重起炉灶，已经不在乎了。“好文章是改出来的”，何况是策划书这种高级脑力劳动的智慧成果，更需要自己认真地打磨和别人帮助打磨。

当你写的策划书进入实施阶段，就像父母亲看着自己的孩子在蹒跚学步，欣慰、畅快之情会洗去“写作”的劳累。想再写作的冲动，会涌上来。这样你还怕写作吗？

我们总结一下前面的话：躲不开的事，要勇敢面对，遵循规律，认真思考，一定能写出合格的策划书。

这本《策划书写作教程》分为“写作”、“策划”及“策划写作”三篇，内容循序渐进。写作理论和写作能力是写好策划书的基础；对策划的认识和理解是写出优质策划书的建设框架。有了这两方面的必备条件，策划书这栋高楼大厦就能成功建造出来。

教材中各章的引例、案例和多份策划书，异彩纷呈，引人入胜，从各个角度诠释策划书的写作，细细品味，既增“营养”，更长智慧。作者撰写的策划书实例在实践检验中已经获得各种好评。

本教材第一版问世后，受到多所开课院校师生的欢迎。本次修订，编者做了近百处修改，补充了多篇“刚出炉”的新鲜案例，更便于教学。每章末的二维码介绍了作者精选的策划作品，读者可扫码阅读。

与这本《策划书写作教程》配套的还有一本《策划书精选案例解读》，收录了16篇策划书案例，并加以解读，是策划书写作者难得的实用指导书。

由于编者的时间和水平有限，书中错漏之处在所难免，恳请读者批评指正。

编　者
2017年6月

目　录

第 1 篇　写作篇

第 2 篇　策划篇

第 3 篇　策划写作篇

第 1 篇　写作篇

第1章

写作概念新解读

学习目标

通过本章的学习，重点掌握写作的新概念及写作过程和结果的体现，克服对写作的畏惧，从而喜欢写作；掌握写作前要做哪些准备；理解写作过程的脑思维描述。

引例

写作从历史走进现实

历史就是已经翻过去的那一页。每个人的生活都是在写自己的历史，无论皇帝、总统、主席等“大人物”，还是贩夫、走卒等平民百姓，我们都随时在用语言、文字、行为“写作”自己的历史。把当时当事思维轨迹的过程和思维的结果表现出来，或留下白纸黑字；或被别人看在眼里，听在耳里，记在脑子里；或敲打键盘出现在计算机屏幕上；或出现在电话里、短信里、微博里、微信里……古人得意时，饮酒作乐，对酒当歌，这里的“歌”就是把心里的“乐”写出来、唱出来。通过琴棋书画来抒发情感，就是用乐声、行为、字画在写作。《诗三百》讲“诗言志”，把别人看不见的内心世界“写”出来，更好地表达自己的思想、抱负、志向。

中华文化名人给我们留下了许多故事：孔子奔波，传予《论语》；屈子放逐，方有《离骚》；司马迁受刑，始有《史记》；左丘失明，《国语》留存；鲁迅有太多的愤恨，写下了劈世明智的小说和利如投枪匕首的杂文；毛泽东为宣传自己的抗日主张，不知疲倦专心致志地写《论持久战》，连穿在脚上的棉鞋被火烤焦了也不知道。

一部《战国策》，记载了西周、东周及秦、齐、楚、赵、魏、韩、燕、宋、卫、中山各国之事，记事年代起于战国初年，止于秦灭六国，约有240年；分为12策，33卷，共497篇，主要记述了战国时期游说之士的政治主张和言行策略，也可说是游说之士的实战演习手册。书中表现的策划思想，对我们认识当时的形势，功不可没。

让我们拿起写作的各种工具，有意识地写好自己的历史，为人类社会的进步留下点什么。写出被人接受的策划书，那种成就感会驱走写作的辛劳，同时也就写好了一段受人称道的“历史”了。

［引例审视］

1. 是不是每个人都在写自己的历史？
2. 写作的方式在改变吗？
3. 我们有必要为策划人生而写作吗？

1.1 写作及写作过程和结果

1.1.1 写作新概念

《现代汉语词典》将“写作”解释为“写文章”（有时专指文学创作）。在这条解释的影响下，许多教科书在解释“写作”时，都把它释为“写文章或进行文学创作”，或“文章之制作”。

图 1-1 法国拉斯科洞窟壁画之一

资料来源 李倍雷．西方美术史［M］．重庆：重庆大学出版社，2010.

本书对写作给出了新的定义。我们对写作发展史进行了研究，发现最早的写作并不是文章之制作。比如原始先民刻在树皮、岩石上的能表明一定意思的图画、符号，把他们的社会实践活动和思想留存下来，这应该算是对研究人类发展史极有价值的“写作”。19 世纪研究者发现的法国拉斯科洞窟史前壁画（见图 1-1），第一次在人们面前呈现出原始人通过作画，写实、生动地记录了他们眼中公牛的神态……这件伟大的作品不知道是多少人用多长时间“写”出来的。

图 1-2 贵州安顺关岭红岩上的图形（王鹏 摄）

贵州省安顺地区的关岭县内一座长百米、高 30 多米的山崖，上书铁红色的古文字，非镌非刻，古朴浑成。25 个字分成 8 行，大者齐人，小者如斗，排列错落参差，人称“红崖天书”（见图1-2）。这篇红崖碑文至今仍是谜，1995 年 4 月 11 日的《经济晚报》以消息的形式，向全中国乃至全世界宣称“千年红崖碑，悬赏求知己，谁能破译碑文可获 100 万元重奖”。这份消息传递了信息，客观上产生了这样一种社会效果：实际上这是贵州省安顺行署做的一份旅游广告。这种尚不能确定出现在什么年代，也不能辨认代表什么意思的图画形文字，应该算是写作。

湖南长沙马王堆出土的西汉帛书，记述战国时事，定名《战国纵横家书》，与《战国策》内容相似。《战国策》是先秦历史散文成就最高、影响最大的著作之一，文辞优美，语言生动，富有雄辩与运筹的机智，描写人物绘声绘色，在我国古典文学史上亦占有重要地位。其写作长于议论和叙事，常用寓言阐述道理，著名的寓言有“画蛇添足”“亡羊补牢”“狡兔三窟”“狐假虎威”等。

我们认为，有了能表情达意的语言、文字、图形、手势等用于传播、交流、留存的符号系统，写作也就随之出现了。原始先民用结绳记事，用岩画表情达意，写作他们的历史；不能用发音传达意思的聋哑人，又不能书写文字，他们可以用手势、体态等进行思想交流、信息传达，他们之间也在进行写作活动；盲人“阅读”的打眼式（凸点式）盲文书籍，也是用奇特的方式写作出来的。

过去人们经常使用无线电报，把一个个汉字翻译成4位阿拉伯数字，再用一长一短的电脉冲信号，把电波发送出去，对方接收到这种特殊意义的电信符号，再按规律翻译过来，意思就全部明白了。这种发出一长一短电信符号的工作，不也是在执行写作任务吗?

两艘轮船在海上相见，双方的信号兵（员）白天打旗语，夜间用灯光进行交谈。这些能够记录在航海日志上的手旗的上下左右翻动和一明一暗的灯光表示的意思，也是他们在执行写作任务。

用电脑、手机进行对话写作、资料留存写作、绘图、查询等，手敲键盘，屏幕上出现了各种符号和字母，这些字符在一定的指令下组成文章，面对这种情况，恐怕没有人说这不是写作了。

从以上情况看，我们过去有关“写作”的观念远远不能反映现实的需要了。

时代在发展，社会在进步，新的科技成果要成为认识社会和改造社会的工具，我们的写作观念也要发展、进步，接纳新的科技成果，这才能符合“写作”自身发展的规律。

根据以上分析和论证，我们对写作作出如下定义：用语言、文字、图形、体态及声、光、电等有形的载体将人的思维活动的轨迹表现出来、记录下来的活动过程和结果。

有的学者不完全同意这条定义，不要紧，让写作的概念在历史的发展中被人们重新认识、重新选择，让21世纪写作的实践检验写作的真理。

这种新概念可以帮助许多人解开因为不了解写作而存在于行动上的“惧怕绳索”。

1.1.2 写作的本质

我们从写作新的定义可知，人的思维活动好比写作的机器，语言、文字、图形等是表现、记录人的思维活动的载体，写作的机器要生产出产品就需要原材料。

1. 写作是人类生存和发展的基础

人与其他动物的区别在于人能思考，人能动脑动手制造工具，改变自己的生存环境和生活方式。原始人和现代人都是在应用各种写作方式的生存状态下，长大成人、承担社会责任，使人类生命延续，使社会发展进步。人类社会的文化传承就是一代代人不断地将写作成果物质化而留下来的各个时期的物质文明和精神文明的传承。

2. 写作是为表达思想的一种行为

语言是思想的外壳。文字、图形、符号、手势等体态语言都是表达思想的载体。无论是原始的写作，还是现代的写作，写作者都在表达自己的思想，用写作这种思维外化的方式，为自己写下具有留存意义的文字或符号，用写作的方式向别人传达自己的想法，为实现某种目的，与别人沟通交流。

3. 写作是人类交流信息的一种方式

人的社会性决定了人离不开与其他人的沟通与交流。在这个过程中，写作承担了极其重要的角色。没有任何一种方式的写作，人们的交流便无法进行，无论是劳动还是日常生活，人们都需要交流，以便统一行为、相互关照。国家利用写作统一政令，军队利用写作共同进退，“步调一致才能得胜利”。

1.1.3　写作主体与客观世界的关系

写作者这一写作主体，与外部世界是什么样的关系呢？

1. 客观存在的外部世界是写作的原材料供应基地

人脑接受外部世界的刺激，才能产生各种反应，这些反应经过大脑的认知、识别、分析、组合，产生记忆，形成自己的经验和知识。这种经验和知识积累得越多，人们写作时可用的原材料就越丰富。相反，一个人与外界接触甚少，经验和知识积累不够，他写作就会很困难，以道听途说来作材料，写出来的东西活不起来。20世纪60年代《羊城晚报》副刊部主任、副总编，中国当代著名作家、杰出的散文家，广东省文学艺术界联合会主席秦牧曾说过：“有的老教授，他们的文字功夫很好，但并不能写东西，这就是知识面非常窄的缘故，对社会生活知道得少。”鲁迅想写“监狱中的生活”，始终写不出来，他感到一生中的憾事是“没有进过班房”。中国和外国的许多长篇小说的作家，他们的处女作真是好极了，可接着再往下写，其他作品再也赶不上处女作那样能打动人心、征服人心。究其原因，他们的处女作是他们生活经验的真实写照，长期的积累一有机会发表就如火山积压的热情喷出来，以后再写作时，火山压力不够了，生活积累用得差不多了，自己的东西少了，陈年老酒掺进了许多水，味道就不够醇香了。

诗仙李白历游名山大川，感受大自然的气魄，才写出《蜀道难》《梦游天姥吟留别》《望庐山瀑布》这样雄阔的诗来，苏东坡如果没有来到庐山，也不可能写出《题西林壁》这样富含哲理的诗句。我们在学习古今中外作家的作品之前，总是要先了解作家的生平，分析他们生活的时代、他们的经历和遭遇，这充分说明，一件写作成品的产生，离不开作者生活的时代环境。

2. 人的思维机器要对原材料进行加工

生活在同一时代、同一环境中的人，生活条件几乎完全一样的孪生兄弟或姐妹，如果让他们对同一种社会现象进行写作，其作品肯定不一样。王蒙曾提议，找几位有影响的作家，在同一时间写同一题名的小说，在同一刊物上发表，让读者去体味他们的不同风格，后来陆文夫、邓友梅等几人分别发表了题为《临街的窗》的小说，读者能明显地读出不同写作者的“思维机器”加工出来的产品是很不相同的。朱自清和俞平伯这两位北京大学的教授相邀游南京夫子庙前的秦淮河，约定各自写出一篇《桨声灯影里的秦淮河》，文字发表以后，虽然都被选为大学中文系的学习范文，但两人的风格差异是显而易见的。面对同样的原材料，加工的成品差距是哪儿来的呢？“览物之情，得无异乎”，这当然是因作者的大脑这部机器不同而造成的。

总结古人、今人，中国人、外国人的作品的不同，有人得出了“文如其人”的结论。

写作者靠感觉器官接收外界的信息，包括前人的经验这种间接知识和他自己过去的知识积累，对这些信息进行选择、取舍、排列、组合，在内部世界——大脑中进行加工。在这个过程中，作者的经验、身体状况、当时的心境，周围人士的影响，都会起作用。如果两名记者同去采访家庭离异的新闻，他们自身的经历一定会深深地反映在采集事实、分析事实、判断事实、取舍事实和表现事实的整个过程中，可能会出现“事无两样人心别”（杜甫诗句）的情况，此记者会感动得流泪，而彼记者却恼怒得心惊。

3. 形式和载体使写作成果让世人认识

如果作者仅用“内部语言”将思维的进程一项项地往前发展，没有用任何形式和载体把这种过程或成果发表出来，他周围的人始终不了解他的“心”，他的写作成果也不可能跨越时空，传之久远。

比如解答数学题时，一步一步地将过程写出来，别人能看到计算者是否算对，如果错了，也能从写出来的步骤中看到错在何处。假设他用心算，直接写出结果，中间的过程看不到，我们也许会对结果的来源产生怀疑。

写作的过程和结果需要用思维的载体表现出来。

各种文体就是写作内容的外在表现形式。小说用叙述故事情节来塑造人物，诗歌用抒情来表达志向和情绪，游记写下游踪、景点和观感，电视广告分镜头剧本就与电视剧本不同。采用什么形式和载体，是由写作要传达的内容不同而决定的。内容需要什么形式，就会在写作中产生出什么形式来。诗经、楚辞、汉乐府、唐诗、宋词、元曲、明小说这些形式和当时社会文化的需要是一致的。

策划内容确定后，要怎样安排这些内容？是用文字叙述，还是使用图形？是用PPT，还是电子邮件？离开了这些载体，策划的内容只会留在撰写者头脑中。

写作的形式和文案、文章的载体也不是被动决定的，它们在表现写作主题中也是重要角色，同一内容以不同形式表示出来，接收者的感受是不一样的。受众从不同媒体那里获得的信息，对其自身的说服力是不同的，因此各种形式和载体才能各占其位，各得其所。

策划案例 1-1　　唐诗《清明》演绎出各种变体

晚唐诗人杜牧写了一首《清明》诗，惹出了不少“麻烦”，因为读诗的人的不同理解，这首诗产生了各种变体。这些变化了的文体各有各的作用，使这首原本是宣传酒家的广告诗，比杜牧的其他优秀诗文更有名气。

清　明

清明时节雨纷纷，路上行人欲断魂。

借问酒家何处有，牧童遥指杏花村。

周汝昌先生在《唐诗鉴赏辞典》里对此诗作了详尽的赏析、评价：这一天正是清明节，路上行人正巧遇上了纷纷细雨。行人孤身上路，触景伤怀，春衫尽湿，平添一份愁绪。往哪儿去找个小酒店歇脚、避雨、小饮，解除料峭春寒，暖暖被雨淋湿的身体，散散心头的愁绪？于是，他向人问路。行人问了牧童，牧童用手一指，那飘着“酒望子”的小店就在前面。诗写到这儿戛然而止。至于行人怎样进店，怎样欣慰地避雨、消愁、饮酒都不写了，让读者自己去填补急欲进酒店之人留下来的快乐空间。

我们无须专门分析这首诗更深的内涵，也用不着考证作者写此诗时复杂的时代背景，只是就这首著名的诗为何会被许多人演化成各种文体的广告作品作稍许分析，看看广告文案撰写者掌握写作的十八般兵器的重要性。

之所以说杜牧的《清明》是广告诗，是因为它的落脚点是介绍杏花村酒家。寥寥 28 个字里蕴含着广告文体的写作特色：

第一，这首诗不用难字，不用典故，语言十分通俗，符合广告让多数受众能读懂的原则。

第二，这首诗音节十分和谐，景象非常清新生动，境界优美，兴味浓郁，读起来朗朗上口，广告主题突出。

第三，诗的篇法自然，体现了“起、承、转、合”的表现顺序。第一句交代情景、环境、气氛，是“起”；第二句写出人物，显示人物的凄迷纷乱的心境，是“承”；第三句提出摆脱这种心情的办法，直接转出第四句，这是“转”；第四句是整篇精彩所在，出现广告信息的主体——指出杏花村酒家在哪里，这是“合”。这是我国传统的“卒章显志”的文章写作技巧，由低到高，逐步上升，高潮顶点放在最后。

现在，我们可以把《清明》诗变成散文式的广告：

清明时节，雨纷纷。路上，行人欲断魂。借问酒家何处？有，牧童遥指杏花村。

再把《清明》诗变成一首新颖别致的小令：

清明时节雨。纷纷路上行人，欲断魂。借问酒家何处？有牧童，遥指杏花村。

我们还可以将《清明》诗改成戏剧小节目：

时间：清明时节。

景别：雨纷纷。

地点：路上。

幕启：行人，（欲断魂）借问，酒家何处有？

牧童，（遥指）杏花村。

我们再将这首《清明》诗，改写成电视广告的分镜头剧本：

序号	镜头技巧	时间	画面	语言	音乐、音响
1	全	2”	城外泥泞车马路，春寒料峭，春雨纷纷	清明时节雨纷纷	木鸡公车的声音
2	全—中	2”	路上行人稀疏，年轻书生，心情郁闷，急促走来	路上行人欲断魂	脚踩烂泥声
3	中—近 近—特	2”	书生摸摸腰间酒葫芦，四处寻找	借问酒家	
4	近—中 中—全	3”	牧童骑牛走进画面，书生急步向前。牧童在牛背上向侧前方指去	何处有，牧童遥指	
5	全—特	2”	一面绣有“杏花村”三字的酒旗，伸出绿丛，格外醒目	杏花村	
6	标版	4”	字幕：杏花村酒店有好酒等您去品尝		斟酒的声音

一首诗便可演绎出如此多的文章体裁，这说明，在写作中，由于写作者的不同角度、不同基础、不同习惯以及对写作的不同体会，可以写出各种各样的作品来。

从中也可看出，同样的素材可以写出不同的作品，真可谓“横看成岭侧成峰，远近高低各不同”。

1.2 写作的准备

1.2.1 写作前的精神准备

如果有几位朋友某次看完一场电影，走出影院，边走边说，尽情地把观后感说出来。没有接受写作任务的压力，大家畅所欲言，经过语言的碰撞，也许会发现自己没有看出奥妙或没有看懂的地方，一经朋友提醒，才恍然大悟。如果有人用手机录下大家的谈话，把声音转换成文字，整理出来就是一篇不错的“某某影片三人谈”的观后感文章。

这种不经意的写作，我们随时都在进行。因此，我们说，我们随时都在写作。既然我们离不开写作，就要勇于面对现实，随时进入写作状态。

1. 做好要写作的精神准备是必要的

人在做任何事之前，都有一个能否集中精力的问题。运动场上，要伸伸腿、弯弯腰、扭一扭，这是先做准备活动。进入起跑线，裁判下令：“各就各位!”这时，一声枪响，运动员如离弦之箭，飞奔向终点。

写作这种脑力劳动，虽然不需要伸伸腿、弯弯腰，但是在进入写作状态之前也都需要有那么一个准备过程，比如取出笔、铺开稿纸；打开电脑，调出文档；讲话之前，清清嗓子，喝点水；拿着画笔、沉思，想想该从哪儿下笔……

精力集中是一件事能做成功的基础。面对写作任务，迅速将迎战的姿态拿出来，放下手上的其他活儿，排除与写作无关的事儿，无论是“命题写作”（如要写一份策划书），还是自己发挥，写点感兴趣的“小品”，都需要写作者“各就各位”，将精神状态集中调动起来，排除杂念，一门心思准备写作。

在现代快节奏的生活面前，有人边走边用手机写短信、发短信；在地铁座位上、轮渡的木椅上，用指尖写作的人是那样投入，他们此时已忘掉了周围的人和事的存在。这种状态多么投入!

2. 想好了再写

准备工作做好了，就要开始写作了。为什么写，写什么，从哪儿写起？有标题吗？第一段写什么？标题和第一段可是给这篇文章定调的啊，不能掉以轻心，这些都想好了吗？笔尖在纸上，指尖在键盘上，一个个汉字或其他符号出来了。一股脑儿写下去？不行！太不满意了。撕碎一张纸，删去屏幕上的字，重来！还没有想好？坐下来，再想一想。这时写作者渐渐进入状态，大脑中该进入的生活情景，已有的知识储存，老师、朋友、同事、策划主说过的话仿佛都在“眼前”晃动，赶快把“它们”抓住，定格在纸上、屏幕上。

3. 拟初稿切忌几件事

精力集中了，要写什么也想好了，仍然有许多小问题会让我们写不下去。

其一是鲁迅批评的“写作的九步一回头”。写好第一段，写第二段时，停下笔从第一段开头读下去；写第三段时，停下笔再从第一段、第二段读下去；写第四段时，停下笔从第一段、第二段、第三段读下去……写作是连续的思维活动，想好了，尽可能一气呵成，大体写完了再来修改、补充，不要让写作的“文气”中断了。

其二是写不下去了，干脆停下来，等下次想起来再写时，已经没有兴致了，一些好的思想不能变成文章。如果是写自己生活中的小品，开头认为有点意思，写写觉得太乏味、太平淡，不写了也罢。如果是命题作业或写作策划书，那可糟了，必须重整旗鼓，从头再来。

其三是已经写了近半，忽然发现偏离主题太远，无关紧要的内容写得太多，继续写下去又太难，只好重打锣鼓另开张，再回头看看在哪儿走上岔道，从那里进行修正。如果是写大块文章，最好先拟订写作提纲，按提纲写作，这样就能避免写写就走偏了的问题。

其四是没有写完，就找人“分享”。因为人家不了解你的全部构思，面对你的半拉子文章，难以说话，或敷衍几句，或说些不沾边的话，反而使写作者写不下去了。

1.2.2 写作前的知识准备

写作时写作者的思想、知识会在文章的主题提炼、谋篇布局、以例证理、遣词造句、文法修辞中充分表现出来。

1. 有知识储备才能写得出来

笔者曾经在课堂上向大学一二年级的学生提问“管理哲学”中“禅宗的管理智慧——禅宗六祖慧能的那些事”，百名学生无人主动对答，因为他们没有关于慧能的间接知识，“大脑仓库”里没有“库存”，当然回答不出来。

2. 用“知识之网打鱼”，网越密，收获越多

当代散文“三杰”之一秦牧曾说，每个人在一生的学习中，都在不断地编织自己的“知识之网”。假如自然科学知识是经线，社会科学知识是纬线，它们能织成我们自己的知识之网。有了这张网，写作时举例左右逢源，用词妙语连珠，能让读者在享受美文中受到熏陶和感染。秦牧的《艺海拾贝》《语林采英》就是他编织知识之网的具体佐证。

3. 策划书的写作意义和要求与一般的写作不同，知识准备难度更大

我们做策划是为策划主解决难题，我们写策划书是为了与策划主进行充分的沟通。没有超越策划主的知识储备，没有超越策划主对资料的综合、分析能力，没有超越策划主寻找更多“解开疙瘩”的办法的能力，在“没有金刚钻，就揽瓷器活”时，一定写不好策划书。

1.2.3 写作前的物质准备

俗话说，“兵马未动，粮草先行”。必要的物质准备是完成任务的基础。

1. 任何写作都有对象物，写作传播得有信息接收者

口头写作文，张嘴就来，看起来不需要什么物质准备，其实除了写作者是写作主体，他以外的所有物质都属于写作的客体。没有作为写作对象的客体，他写什么？要与人交流，说给别人听，写给别人看，还得有个“别人”是他的听众或读者。

2. 写作劳动也需要“劳动工具”

农民下田干农活，需要农具；工人在车间生产，都得有工具；甚至有人说“人强抵不过家私硬”。用手机写作、用电脑写作、绘画、在舰艇上打旗语……都要有作为“硬件”的物质。

3. 需要物质，又不能完全依靠物质，这是写作的辩证法

有一次，一所中学的同学们在教室里上晚自习，写作文。忽然，停电了。同学们的作文都没有写完，怎么办？语文课代表提议，把写作文改成讲作文，“奇文共欣赏，疑义相与析”。大家纷纷响应，结果当天的“黑灯瞎火”作文课，效果出奇地好。第二天上课，老师充分肯定了这种因地制宜、富有创意的学习写作的方法。

有物质论和不唯物质论相结合，正确处理写作前的物质准备是必需的。

本章小结

正确理解新的写作定义：用语言、文字、图形、体态及声、光、电等有形的载体将人的思维活动的轨迹表现出来、记录下来的活动过程和结果。

我们的生活、学习、工作中的实例充分说明写作不仅仅是“写文章”。

写作的本质表现在写作是人类生存和发展的基础，是表达思想的一种行为，是人类交流信息的一种方式，写作主体与客观世界的关系极为密切。

写作的准备包括写作前的精神准备、知识准备、物质准备。

每个社会人的一生，永远都在写作的路上。正确认识写作的新概念，为写好自己的历史充分利用各种写作的手段。

写作是通过思维的活动来完成的。人的思维活动是写作的机器，语言、文字、图形等是表现，是记录人的思维活动的载体，写作的机器要生产出产品，需要原材料。

写作前要做好精神、知识和物质的准备，聚精会神，进入写作“临战”的准备。

思考与练习

1. 怎样理解新的写作定义？用一篇短文写出感受。

2. 将“我知道，你不知道我”8 个字，通过改变标点和字的顺序，改写成 10 种不同含义的话语。

3. 回想过去你曾经有过的成功写作的经历谈一谈，写作前为什么要集中精力。

4. 阅读《战国策》中的几篇文章，细细体会写作与思想表达的关系。

写作实操项目[1]

回忆家乡的土特产品、名特优产品，写出品名、原材料、加工过程、外形特点、内在质量、消费者感受、特别有销售成绩的生产者或经营者，字数 1 500 字左右。

多彩贵州：让文化与产业齐飞

[1] 本书的写作实操项目分为 10 个步骤，从第 1 章到第 10 章每章完成一个步骤。只要认真去完成，一定能一步步走向成功。

第2章

写作特点新运用

学习目标

通过本章的学习，理解写作的特点，熟悉写作特点的运用，体验新写作定义对消除“写文章”惧怕心理的意义，自觉地投入到愉快的写作状态，为完成今后的写作任务打下敢于实践、善于实践的基础。

引例

写作，要从失败中站起来

有一位刚从排长岗位提拔到团政治处宣传股的干事，到职才几天，政治处主任安排他随守备区政委下连队，任务是写一份题为“训练现场的思想鼓动工作”的经验材料，作为主要经验材料，在部队召开坑道作业现场会时，由连指导员介绍。

这位新干事在参军前就读于省城第一流的中学，各科成绩优秀，是班里的团支部书记、学校学生会体育委员，上学时他写的作文也多次被语文老师在班上朗读讲评。

他跟随政委下连队，听了连队干部的汇报。政委在会上作了明确的指示，要这位第一次下连队的干事完成“训练现场的思想鼓动工作”经验材料的写作。会后这位新干事还分别找指导员、连长、副指导员、排长、班长进行了采访，他自认为胸有成竹，可以动手写作了。

熬了一夜，他将写好的稿子毕恭毕敬地送到政委手上。政委随手翻看了几页，重重地往桌上一放，说了句“扯淡!”转身走了。

新干事拿回稿子，从头到尾又读了一遍，心里嘀咕：“没什么该挨骂的呀。”没办法，只能硬着头皮，改!

又干到下半夜。

第二天，早操以后，新干事跟着政委到了办公室，再次递上抄写整齐的“材料”。同上次一样，政委随手翻看了几页，往桌上一放，说了句：“小知识分子情调！”然后便拿起报纸自顾自看起来。这是逐客啊，知趣的干事拿着“材料”向政委敬了军礼后转身出门。

下一步怎么改，才能过“关”？哪些是“小知识分子情调”？他打开各次会议的记录和与连队干部、战士谈话的记录，逐字逐句地改，否定自己之前的写法，尽量用干部、战士的豪言壮语，用连长、排长们说的话，用指导员、副指导员说的话，改完后，又工工整整地抄写了一遍。

第三天，他再次把“材料”呈给政委，政委看都没看就放进了公文包，说：“我回守备区，明早回来。”这一天不用修改“材料”，但内心的忐忑不安比改“材料”还难受，几天来，吃饭在想“材料”，走路在想“材料”，上厕所也在想，怎样才能写好呢？连队没有可以借鉴的类似“材料”，怎么办？

找人指点迷津，想到这里，新干事心里一亮。趁政委回守备区这一天，何不到二营下连队的宣传股老干事那里请教？

带上第一稿、第二稿和第三稿的草稿，在万山群岛的担杆岛上步行一小时，新干事终于在七连找到了1959年入伍的老干事。

老干事二话不说，把第一稿、第二稿、第三稿都认真地看了一遍，常把目光停在一些他认为重要的地方。他说道：“第三稿改得很好呀，估计不会被政委骂娘了。”接着他讲了自己写“训练现场思想鼓动工作”的体会，讲了他写的“材料”的几个小标题。

真是拨开云雾见晴天啊。新干事顾不上吃中午饭，赶回蹲点的连队，没等政委退回第三稿，就着手写第四稿。

第四天上午，政委回到蹲点的连队。新干事揣着希望到办公室，没等政委取出第三稿，就把第四稿送到政委面前，看得出，政委脸上有点儿笑容了：“午饭后你来一趟。”

这天中午的饭吃得格外香。饭菜其实和往常差不多，但嚼起来似乎更有味。

政委在第四稿上改了三处。在“材料”的首页右上角写下“打印，下发各连队”，签上名字和时间。

广州军区万山要塞区第一守备区这位宣传新干事，在这个岗位上干了近五年。他后来写的“材料”被总政治处编入简报，被军区、要塞区转发，写的新闻通讯被《战士报》刊用。这位干事转业到地方后，考上大学，没毕业就走上教师岗位，加入省写作学会，并先后担任理事、常务理事、副会长。几十年过去了，他发表的论文和出版的著作已超过1 200万字。

[引例审视]

1. 写作是苦差事，“不吃苦中苦，难有写作甜”“吃过一番苦，享受几十年”。

2. 写作不能随心所欲，要根据客观需要，写出读者能接受的“材料”和文章。

3. 虚心向内行学习，比埋头苦干的效果要好。

4. 请教师在课余与学生推心置腹交流写作的体会和乐趣。

2.1 写作的特点

每一事物都有自己的个性，正因为区别于他事物，人们才把它当成此事物。写作也有自己的个性特点。

2.1.1 过程性

写作是一种行为过程，它从写作主体对生活的体验、经验的积累、素材的采集开始，直到用语言、文字等把作品“写”出来，其间是一个复杂的、艰苦的劳动过程。曹植七步成诗，在瞬间完成，其过程少不了对社会生活的感受，对亲情反目、当时景况的反思，这位魏王的儿子对农作物的知识被调动和运用出来，大脑里复杂的思维过程能在走完七步之前构建出诗句。电视节目主持人在台上对答如流，其实是在编导的写作与指挥下排练出来的，他的“写作”过程在编写主持人的台词时就开始了。人们的即兴讲话，也是讲话者根据过去生活的积淀，面对现实的场景，组织自己的经验和认识，再用语言表达出来的。这就是写作的过程性。

2.1.2 主体性

一般来说，写作是写作者主体单个的精神劳动，写作者是写作的发起者、驱动者、劳动者，作品的发布者，他在写作过程中居于主体的地位。与之相对的是写作的客体——写作者的写作对象及除写作主体以外的外部世界。主体的思维作用于客体，客体会在写作的载体中有所反映。客体的客观存在有赖于主体进行写作表现。存在于20世纪末的原始部落人群的原生态生活，没有写作主体去报道、去拍照、去摄像、去写生，他们的存在就不可能为世人所知。

客体在写作中也占有重要的地位，没有客观世界，写作主体不可能存在，人们也不可能写出点什么来。其实，写作者本人也是客观存在的客体，别的作家也可以以他为客体进行描写。

2.1.3 综合性

写作是一种复杂劳动，表现出一种综合因素共同作用而产生的结果。即使大学教授有很强的文字表达能力，如果不懂生活，他仍然写不出好的作品；生活经历非常丰富的群众，如果没有表达能力，再好的题材也不能传之后世。有写作能力、懂生活的人，没有一定的创作欲望，没有外力的驱动，也许就会浪费掉所拥有的写作财富；有毅力，有创作欲望的人，即使文字表达能力弱一些，甚至是半个文盲，他也能写出小说来，如高玉宝，他可以用文字和图画共同创作，经过编辑的加工，《半夜鸡叫》被选进小学语文课本。

现代意义上的写作，综合性表现更为突出。写作者的知识面要宽，对问题要看得透，对事物本质要把握得准，还要使用现代化的写作方式，运用恰当的形式和载体表现自己的写作成果。

策划人的写作更为奇特。在 1915 年巴拿马万国博览会上，贵州茅台的代表用摔坏酒瓶这种方式“写作”，做了最好的实物宣传策划，使国际评委们认识了中国贵州茅台酒。这种急中生智的“写作”并不比曹植的七步诗逊色。如果贵州茅台的代表没有综合知识与能力、气魄和胆量，这篇“文章”也许要过很多年才能“发表”。

2.1.4 实践性

写作绝不是“纸上谈兵”。它要让别人去读、去认识、去了解和评判，允许他人对你的写作成果评头论足，说三道四，甚而大加挞伐。

写作本身是一种实践活动，要把意识表现出来，或用手写，或用口述，或用指尖，或用眼神，或摇头晃脑，或张牙舞爪，总之，要用实际“行动”把大脑深处的思维浅层化、表面化。

写作水平要提高，离开写作实践绝对是不行的。人们从学习语言开始，就在接受写作的训练，即使能独立地写出作品，这种训练也不会停止下来，直到临终遗言，或用手势、眼神完成人生的最后一次写作，真可谓“活到老写到老”。有的作品是在作者去世以后由他人来完成整理和出版工作的，如恩格斯续编《马克思全集》，克劳塞维茨的《战争论》是他死后若干年由他的妻子整理出版的。

2.2 前写作与新写作

2.2.1 每个人都是改革写作的主体

斗转星移，世事变迁，在当今信息爆炸、新媒体不断创新的时代潮流中，作为个人，不跟着改革的大路走，真的会被社会“挤出局”。

1. 时代在进步，写作改革在进行

最近的电视新闻在讨论“打车软件”的事，乘客可以便捷地通过手机发布打车信息，并立即和抢单司机直接沟通，司机接到乘客发出的打车信息，可以迅速到达乘客身边，大大提高了打车效率，对两者都极为方便、省时、快捷，另外还有补贴。“打车软件”受到了使用者的热捧，但是，如同任何事物的存在都是对立面的统一体，没有使用智能手机或有智能手机但没有装“打车软件”或上了年纪不会使用“打车软件”的人，就享受不到这种便捷的打车方式啦。这些被“边缘化”、被新事物挤出局的事，其实经常发生。面对日新月异的时代，每个人都有享受改革开放丰硕成果的权利，用改革开放的思维面对每件事，这才叫与时俱进。

用新的写作定义重新认识写作，我们写作观念变了：我们随时在写作，写作的结果可以用多种方法传播出去和留存下来，这些“写”下来的成果，随时可以从手机中、电脑中查看，又可以成为下次写作的“话题”。

2. 正在学习写作的青年，已经自觉地投身到写作改革中

现在的年轻人，80 后，90 后，包括 00 后，生在改革开放中，长在改革开放里，吃穿用住、上学读书、休闲娱乐……都离不开网络和移动设备。实际上，阅读和写作的方式在这些人身上已经发生改变。

正在学习写作的青年，已经自觉地投身到写作改革中了。这些被我们称为“低头族”的人群，比过去的父兄更热爱写作，在网上热议，发短信、发微信、写博客……已经是“小菜一碟”了。在这种现代写作方式中，有的字和词被“造”了出来，如“大虾”“菜鸟”“神马”等。他们在写作时，不时在文字中间夹个笑脸或其他表情，或者“胜利”的手势等，用来比喻成功、胜利，鼓舞别人、安慰自己。

3. 能讲不能写与茶壶里装饺子

在抗战时期、解放战争时期，放牛娃、地主家的长工等生活在社会底层的人，跟着共产党闹革命，在战场上立下了赫赫战功，新中国成立后逐渐走上了领导岗位。当领导自然要作报告，传达上级的指示、部署新的工作，任务完成了，还要做总结、汇报经验体会……可是这些老首长、老领导参加革命前没有条件上学读书，大字不识一箩筐。

他们在浴血战争的间隙用树棍在地上写字，向识字的文化人讨教。有人说，上帝是公平的，给你关上了门，会给你开一扇窗。在十年、几十年的磨砺中，走出了若干“儒将”。笔者听过“延安八大才子”之一、时任某省副省长的一位领导的报告，报告时长三个多小时，论点鲜明，论据来自古今中外，格外新颖奇特，听众时而鸦雀无声，时而报以热烈的掌声。副省长边作报告，边玩火柴盒，不时抽出一根火柴，点上一支烟，津津有味地抽起来。听报告的人却不知道他的报告提纲就是写在小小火柴盒上的二十多个字。

图 2-1　有了手机少了说话（郝延鹏　绘）

还有一种普遍现象，有的人能静下心来写出很漂亮的文章，如果让他说，真为难他了，还没说话，额头和手心就都冒汗了。我们称这种人是“茶壶里装饺子——心中有数，说不出来”。现在好了，可以不用嘴说，写首小诗、编个故事，在 QQ 群里交流，发条短信、微信……各种写作方式，不一而足。如图 2-1 中的漫画所示，夫妇俩在床上发短信，互致“晚安”，不想用嘴说，不好说，不愿说，可以写短信、发邮件、送张图……表达自己的想法。

2.2.2 新写作，有四九年的感觉

1. 新写作的手段多种多样

不用笔，不用纸，坐在车上，走在路上，躺在床上……想写就写，写给几个人、十几个人……轻轻点一下，他们都能收到。真爽啊！我们从写作中解放出来了。

且慢，这种新写作只是手段的变革，写作的主体思维、写作过程没有变，用随身携带的手机、平板电脑写作，是应时而写，未经深思熟虑，上不得大场面。有了这些记录在手机、电脑等工具中的平时积累的只言片语、突发奇想的创意结果、触景生情的独特感受、百思不得其解的顿悟、突然冒出来的一个比喻、偶尔听来的精彩妙语、报纸杂志中那些让人难忘的数据……还需要加工整理，修改补充。

任何事物都是对立的统一，写作不再难，是好事，但是，写作仅停留在指尖上是远远不够的，碎片化的生活只是电视连续剧的拍摄花絮，大剧本还需要遵循写作的规律按部就班。

2. 学习写作知识，接受写作训练是必需的

学龄前的儿童玩电脑比大人还熟练，不识字、认不得阿拉伯数字的小孩，拨起电话来比爷爷奶奶还快。这些孩子能在电脑游戏中长大吗？仅凭他们的天资，长大后能成为社会栋梁吗？答案是不容置疑的——他们应该进学校接受规范的、循序渐进的教育。

学习写作，是一种思维方式的训练，是为表达思想而进行的准备。写作一定是生活、学习、工作的必修课，谁也不能逃课，谁也躲不开。写作这门课学好了，可以随心所欲发表演讲，写出美文，如曹丕所说：“盖文章，经国之大业，不朽之盛事。”人的一生都在写自己的历史，帮助别人写历史，为家族、工作单位、国家写历史！躲不开的好事，我们要迎上去，在学习写作知识中听理论、听故事，在写作训练中，不仅练指尖，更要练思维，练文章结构，练提炼主题，炼表达方式，练遣词造句……

3. 写作承担的历史任务何其重

党中央的报告、政府工作报告是写作的成果；《诗经》《战国策》《左传》《离骚》《论语》《史记》《古诗十九首》……还有唐诗、宋词、元曲、明清小说，都是写作的成果。

我们学习策划书的写作，肩负着策划主的寄托，要为别人排忧解难，让自己的写作为策划主的社会组织、企业留下点成绩，也在自己的历史中留下亮点。

2.2.3 带着愉快心情学写作

1. 兴趣是最好的教师

带着兴趣能学到真功夫，带着浓厚兴趣学习，能学到绝招。每年高考结束以后，许多报纸会刊登采访“高考状元”的通讯，间或插进报道他们读书的轶文趣

事，父母、老师的评说和经验介绍，这些报道一般都涉及下面几个关键词：培养、学习、兴趣。

2. 有充足理由证实写作如此有用，写作如此崇高

写作是我们每个人都躲不开、逃不掉的，我们为什么要躲呢？学好写作，有百利而无一害。我们生活在一个鼓励、支持思想解放、大胆创新、敢作敢为的好时代，生活在既有统一意志又有个人心情舒畅的好时代，生活在一个能浓墨重彩书写人生的好时代，不写作，不为后人留下历史的亮点，实在应该为“碌碌无为而悔恨”。

延伸案例 2-1　　袁硕，一路进击的国博讲解员

“解放战争时期国民党造成的通货膨胀有多厉害？你去餐厅吃饭，点了碗面条，必须吃得快点儿，因为物价变化太快了，吃之前一个价钱，吃完就是另一个价钱了。”以上这幽默风趣的话语，来自于国家博物馆讲解员——袁硕，28 岁的他拥有 44 万微博粉丝、14 万知乎粉丝，被网友们称为“国博现今最有价值的活宝”。2017 年 3 月初，他在“一席”的演讲《进击的智人》风靡微信朋友圈，一夜之间这篇演讲词的阅读量狂飙突进，超过了 10 万。

从 2011 年 7 月开始，袁硕就在国博从事讲解和文化普及工作，6 年来累计的讲解时间超过 1 800 个小时。

通达文史知识的袁硕实际上是地地道道的理工生，毕业于首都师范大学软件工程系。只不过他不太喜欢计算机专业，而应聘到国博也完全是机缘巧合。笔试是一份文史知识类的考卷，袁硕平日就注重文史积累，因此轻而易举完成了考卷。面试中要求背诵一首古诗，他就背了一首很生僻的《送日本国僧敬龙归》。2011 年 7 月 1 日报到这天，他立下志愿：要成为全国最优秀博物馆里最优秀的讲解员。

之后的工作却令人心灰意冷。“工作中当然遇到过打击，主要是我的讲解方式太怪了。”袁硕自嘲地说道。他曾写过一个地中海文明的讲解词，刚拿到任务，就热情洋溢、情真意切地写了 13 000 多字。可最后拿到终稿，他失望地发现，自己那 13 000 多字被删得面目全非，只剩 3 000 字还在“苟延残喘”。从那以后，他就很少碰讲解词了。

2013 年的业务考核更是给他浇了一盆冷水。考核中，有人认为他的讲解形式不适合展厅讲解，而讲解员恰是国博的形象窗口，最好还是按着规矩行事；有人却认为他讲得生动活泼，打出了高分。总结会上，他被批评为“没有搞清楚讲解和讲故事之间的差别”。

袁硕无数次觉得自己真坚持不下去了，当打印机一点点打印出辞职信后，袁硕却将之撕碎扔进了垃圾桶。他说：“我热爱这份工作，就继续按着自己的路数来。也幸好辞呈没有递上去，不然不会有今天的我。”

成名之前，最令袁硕兴奋的事情莫过于去学校给孩子们上课。那天本来应该是馆里的一位领导去给北京十二中初一、初二的学生讲课，但是上课时间跟一个重要的会议冲突。于是领导找到袁硕，说："你不是私下开发过一些专题课程吗，你去讲吧。"谁知讲课效果出乎意料地好，就这样，袁硕去讲了第二节课、第三节课，形成了之后的系列课程——《进击的智人》《命运之路》《天启四骑士》。

紧接着，2016 年 7 月袁硕在知乎上以"河森堡"为名，开始做收费的直播课程。谈及此，袁硕坦言："这个机会的到来完全是始料未及的。"一次，在完成了国博讲解的日常工作之后，一名游览者当即说道："我是知乎的员工，觉得您刚刚讲解得非常好。您能不能来我们知乎做一个 live?"回到家中，半信半疑的袁硕先买了一期别人的 live，听过后，他的信心上涨了不少，"挺简单的，就是把我展厅里的工作放到网上"。就这样，工作之余，袁硕开始在知乎上活跃起来，仅用半年时间，就被网友评为"在知乎不能不知的 40 位历史大神"——位列第十二。在半年中，他仅回答了 87 个问题，做了 3 次直播，发布了 5 篇文章，却获得了 277 752 次赞同、29 094 次感谢、59 022 次收藏。

资料来源　王若婷．袁硕，一路进击到底的国博讲解员［N］．北京青年报，2017-03-27.

［案例审视］

1. 语言是思想的外衣，没有思想的语言不能打动人心。学习写作先从知识积累开始。

2. 作者写出的作品，要适应读者的需求。你对袁硕从 13 000 多字到 3 000 字的讲解词，有什么感想？

本章小结

写作的过程性、主体性、综合性、实践性等特点，要求我们在学习写作的过程中发挥主观能动性，综合应用直接的和间接的各种知识储备，在具体的写作实践中提高写作水平。

新的写作定义，让写作者有"解放了"的感觉，带着愉快的心情学写作，每个人都是改革写作的主体。时代在进步，写作改革在进行，写作的方式、写作的工具、写作的机会都与过去大不相同，用改革的思维对待写作。正在学习写作的青年，已经自觉地投身到写作改革中。用写作的行为，增添自己书写个人历史的亮点。

思考与练习

1. 想一想，能否用写作的实践性特点将其他几个特点串起来？试着说一说。

2. 除了用笔在纸上写作，你用过其他什么方式、什么工具写过什么？写作的目的达到了吗？这时你是在什么状态下完成写作的？

3. 写篇短文介绍自己加入写作改革大军后的愉悦感受。

写作实操项目

对家乡的土特产品、名特优产品做实际调查。写出调查计划，设计一份问卷，做好访谈记录，整理访谈笔记，写好调查报告，与自己脑海中记忆的家乡土特产品、名特优产品相比较，发现调查的重要性。

出轨的创意

第3章

写作身心全动员

学习目标

通过本章的学习，重点掌握写作主体的行为过程，认识在写作这种复杂的思维活动中写作主体要做的事情，认清写作大师们进行写作的艰苦过程，学会应用观察、调查、阅读搜集写作素材，了解写作离不开众多学科知识的参与，用自己精心编织的知识之网，捞取想获得的“鱼”。

引例

普利策的记事本

普利策是美国著名的报业大王，是有“新闻界奥斯卡”之称的普利策奖的创始人。作为一名来自匈牙利的偷渡客，普利策进入美国报界后，从一名普通记者干起，在短短10余年时间里就拥有了自己的报社，并成为美国的报业巨子。

1921年，也就是普利策逝世10年之后，有人注意到了他生前留下的10余个记事本。这些记事本记载了大量的日常工作中的琐事，大多只是一句话而已，诸如“今天总编告诉我说，不要在一篇稿子中反复使用‘了’字，那样太沉闷”“今天我让马修先生下午3点准时来办公室谈印刷事宜”。

细心的研究者注意到，普利策的这些记事本以1878年为分界，此前记录别人对他讲过的话，那些句子的主语全都是他人，此后记录的全都是他自己对别人讲过的话，主语是他自己。这难道只是一种偶然吗？研究者查阅资料后发现，1878年正是普利策买下《圣路易斯快报》，终于有了属于自己的报纸的年份。身份、地位的变化意味着责任的变化。幸好有这些记事本留下了普利策书写的历史。

研究者由此得出一个结论：身为普通员工时，普利策一直记着别人说的话，那时他懂得谦虚，总是在提醒自己照办；成为报社的老板后，他记下自己的话，是想提醒自己要记得遵守诺言。

这个结论一经面世，就被人们广泛认同。

[引例审视]

1. 写作主体的写作一定有明确的目的性。普利策的记事本记载的“历史性的变化”就是例证。

2. 有成就的写作者，首先是一位有强烈责任心的人，“处处留心”，用“烂笔头”记下别人说的那些琐事，提醒自己照办。

3. 肩负责任，说话、做事都是在写历史，记下自己的话，是想提醒自己要记得遵守诺言。

4. 写作主体的行为虽然是复杂的思维过程，需要多种学科知识的参与，但是只要我们能在阅读与写作的实践中日积月累，终有一天，涓涓细流就能汇入沧海的怀抱。

3.1 写作行为过程与写作素材的采集

3.1.1 写作行为过程

写作，是写作者——写作主体，将自己对客体——外部世界——的认识、理解、诠释，用文字、图形、符号或语言、肢体动作、旗语、灯光、电码等记录或表现出来的一种行为过程。写作同任何事件的发生、发展一样，是有规律可循的。

策划书写作也是一种写作，它不能离开写作这个总体，它必须遵循写作主体的写作规律，才能向读者交出一件件合格的策划作品。

写作并不神秘。实际上每个人只要思维器官正常，每一天的多数时间，他都在进行不同形式的写作活动。他说话、打手势、打字、画图、发邮件、写微博等，都是在写作。更妙的是，有的人将梦境描写出来，成就了优秀的艺术品。普希金梦里写诗，门捷列夫梦里排化学元素周期表，可以算作奇特的写作过程了。更奇特的是，策划人陈放可以把白天未完成的策划，放到梦境中继续思考，可以在下一个梦里接着做策划。如果我们清醒地认识写作过程的规律，自觉运用这种规律，对写作就能应付自如，不受拘束，达到熟能生巧、巧能生辉的地步。

读者看到和接触到的策划书，实际上就是策划人的劳动成果。这些作品是怎样产生的？写作行为过程一般要遵循采集—内化—构思—起草—修改这样的基本规律。我们在这里主要阐述写作素材的采集。

3.1.2 写作素材的采集

1. 写作是复杂的思维劳动

写作行为过程的第一步是采集写作的素材，我们把这一步比喻为勤劳的蜜蜂奔忙在百花中采集花粉、酿制蜂蜜的过程。

写作活动是在正常思维指导下的一种有目的的活动。为了表达某种意念，说明某个想法，阐释某种观点，写作主体总要赞成什么、批评什么，或者是要说明白、讲清楚什么等。写作主体的写作活动是一种提供新信息的信息源发散信息的过程。

在信息的传播过程中，写作主体不可能永远只是信息源，他同时又是新信息——来自他所处空间的直接信息以及来自依赖声音、图像、文字、光等媒体传递的超时间、跨空间的间接信息——的接收者，他要对各种信息进行处理，才能将吸入思维机器中的信息再表达出去，他本身也成了信息的载体、信息处理器，也要承担处理信息的功能。

人们生活在信息世界里，每时每刻都在接收信息，但并不是所有信息都会被人们处理成要表达出去的新信息。为写作而采集信息，是一种有目的、有动机的自觉活动。写作主体总是带着某种需要去采集信息、选择信息。无意识中获得的信息，在写作过程中较难用上，无意注意不能产生记忆和兴趣，写作者对这种客体的朦胧意识较难占领主体的思维空间，特别是策划书写作。以其昏昏，使人昭昭，是绝对办不到的。

2. 采集的意义

俗话说，"巧妇难为无米之炊"，信息的接收、处理与传递，也只能先有"收入"然后才有"支出"。

美国的广告策划大师、著名的文案大师大卫·奥格威[①]在回答记者提出的"你是从调查研究转入文案的，你对什么事物能构成好的文案也有一定的构想。那你的构想是否曾完全改变过"这个问题时，他说了这番话：

我的构想曾改变过，可是改变得还不够多。我对什么事物能构成好的文案的构想，几乎全部都从调查研究得来而非个人的主见。在过去的许多年中，我都努力和最新的调查研究保持步调一致，因为它时常对各种事物有新的发现。

例如，盖洛普·罗宾逊在10年前告诉我们：制作电视广告影片在开始时不要用与商品不相干的事物，一开始的第一个画面就要呈现商品。好哇，我想这很对——因为他们的证据似乎非常好——我就照着那样去做。然而最近有些调查研究显示出，虽然过去是这样，但现在已全然不是那么回事了。事实上，在电视广告影片开始时，有一个与商品不相干的小手法，现在确实有效果。它在一开始就抓住人们的注意力。所以你知道，我就那么改变了。但是，我没有把我对怎样能做好平面广告的构想作大幅度的改变。

总而言之，对平面广告已经作过约40年的调查研究，我们已对其有深度的了解。你如再想追根问底的话，那是因为我们对电视只作了8年的调查研究（指1965年当时），我们对电视所知不多。

当记者采访美国的另一位文案大师李奥·贝纳时，记者提到"在你的书桌内或书桌上有一个小盒子，当你碰到一个新人发表演说或不寻常或者不落俗套时，你就把它记下来……"，李奥·贝纳这样回答：

我有一个大夹子——它永远是越来越大——在我的书桌的左下角。我记得自从

① 20世纪60年代，美国评出了5位"最杰出广告撰文人"，他们分别是威廉·伯恩巴克、李奥·贝纳、乔治·葛里宾、大卫·奥格威、罗瑟·瑞夫斯。广告人兼记者丹·海金司对他们分别进行采访，写出了《广告写作艺术》一书。这本书最初由台湾广告学者刘毅志编译，由中国友谊出版公司于1993年引进出版。

我开始经营这个广告公司时我就有了它，我称它为“不足称道的语言”（corny language）。无论什么时候，我在谈话中，或者在任何地方听到使我感动的只言片语，特别是适合表现一个构想，或者能使此构想活灵活现，或者能使此构想活色生香等——或者表示任何种类的构想——我就潦草地书写下来，同时把它粘在那里。

以后每年有三四次我把它们整个看一遍，把许多材料拣出去，挑出对我公司中现在进行的工作有用的，我就把它写成备忘录。

我另有一个档案簿，鼓鼓胀胀一大包，里面都是“值得保留的广告”（ads worth saving），我已经拥有它达25年了。所以，我查阅它们……

从以上两位策划大师的“自白”中，我们可以看到：

其一，采集信息、积累材料是写作活动的起点。

大卫·奥格威说：“我对什么事物能构成好的文案的构想，几乎全部都从调查研究得来，而非个人的主见。”李奥·贝纳说：“我每个星期都查阅杂志。我每天早上看《纽约时报》以及《华尔街日报》——我把各种对我有吸引力的广告撕下来。因为它们都作了有效的传播，或是在表现的态度上，或是在标题上，或是为了其他原因。每年我都要将那个档案簿浏览两遍，并不是想从上面抄袭任何东西，而是想激发出某种能够用到我们现在的工作中的东西来。”

不能等到写作任务落在肩上时，才去采集信息，寻找材料，而是要随时随地注意采纳和收集尽可能多的信息。平时就不停地采集，几十年如一日，当写作主体的仓储很丰富时，完成写作任务则是轻而易举的事。

在没有接到写作任务之前，写作主体就要抓住一切机会积累材料，这正是策划书写作与其他写作不相同的地方，也正是策划书写作要比文学创作、新闻写作、应用文写作难度更大的原因。

其二，材料是让写作丰满、生动的“血肉”。

策划书不是凭空生造出来的。大卫·奥格威认为，优秀策划书的创作人员所具有的特性，第一是好奇，第二是有丰富的语汇，第三是有良好的视觉想象力等。“好奇”就是对自己生存空间的各种信息都感兴趣，都注意去采集，都用脑子去思考；“丰富的语汇”就是可利用的语言极其丰富，需要的时候就可取之而用，头脑充实，才能胸有成竹。大卫·奥格威还说：“我在写好一个文案给别人去改编之前，要写多至19个草稿。上星期我给西尔斯百货公司（Sears Roebuck）写了37个标题。我想从中选出3个我认为够好的交给别人看，听取他们的评论。所以，你看（大卫·奥格威对记者海金斯说），写作的事对我而言真不好受。”“当我给劳斯莱斯汽车写广告时，也许你还记得，我为它写了26个不同的标题，我请广告公司的其他6位撰文人员将全部标题看过后，再从中选出最好的一个。”

著名作家们对写作资料的采集是那么入神，那么专注，留下了许多佳话。果戈理抄菜单就是一例。有一次，果戈理请一位朋友到饭馆吃饭。忽然，一份菜单引起了他的兴趣，他便拿出笔来，往笔记本上抄菜单。饭菜上齐了，他还在那里埋头抄。朋友见他这样冷淡，心里很不愉快，不耐烦地说：“你是请我来吃饭，还是请我来陪你抄菜单?”说罢，气呼呼地离开了饭馆。果戈理全然忘记了自己是陪朋友来吃饭的，照旧头不抬、手不停地抄，连朋友走了也没察觉，嘴里还不住地称赞说：“太好了！太有用了！”后来，果戈理在创作一篇小说时用上了这份菜单。

3. 采集素材的方法

（1）远观近察体会深。

观察即远观近察。写作主体要用自己的眼睛去接收信息。据视觉生理学研究，一个正常人从外界所接收的信息，90%以上是从视觉这一通道输入的。观察是一种在语言和思维参与下的积极的智力活动。写作主体自觉地运用目力去捕捉信息，用他的内部语言对信息进行编组、选择、记忆。

观察非常重要，写作主体一定要学习、运用、熟练地掌握它。

①观察的意义。

观察，是人们认识客观事物和社会生活的重要方法，观察的目的是积累生活经验。从能力的角度说，观察能力是写作实践中一种重要而又基本的能力。

人的知识绝大部分通过观察才能获得。一个人只有对客观事物和社会生活细观默察，才能获得大量的感性材料，才能积累丰富的写作素材。鲁迅先生说过：“此后如要创作，第一须观察。”又说：“静观默察，烂熟于心，然后凝神结想，一挥而就。”鲁迅先生强调了观察对写作的重要意义。列夫·托尔斯泰为了写《复活》，亲自走访法庭，深入监狱，观察了解；夏衍为了写《包身工》，冒着风险，亲自跑到工场和住区查问包身工的生活和疾苦；鲁迅先生写阿Q坐牢一节，因自己未曾坐牢而引为遗憾。福楼拜作为莫泊桑的老师，给学生上的第一课就是观察。他训练学生描绘商店门口的人的姿态、外貌，还要求学生去仔细观察一堆熊熊燃烧的篝火……契诃夫说：“作家应当样样都知道，样样都研究……我们作家的本分就在于观察一切，注意一切。”“作家务必把自己锻炼成为一个目光敏锐、永不罢休的观察者！”但是，有些初学者对周围的事物和生活熟视无睹，冷漠以待，他们在群芳怒放的生活苗圃里，不是下马采花，而是马上观花，不是辛勤采蜜，而是蜻蜓点水。因此，所得极为有限。

②观察的方法。

勤于观察，这是最基本的一条，但远远不够，还必须善于观察，讲求观察的方法。观察的方法甚多，举其要者有四。

第一，由此及彼，扩大视野。

所谓由此及彼地进行观察，是指我们在积累生活经验的过程中，在捕捉大千世界中一人、一事、一物、一景的同时，又以这些“一”为基点，由此及彼，生发联想，将与“一”有关的其他的人、事、物、景联结起来，形成若干个广阔的生活画面，形成一个完整的材料实体。它可以开拓观察的范围，扩大自己的视野。

由此及彼法又可分为横向、纵向两种。例如我们观察一个人，从时间上说，既可以了解他的过去，又可以观察他的现在，还可以想象他的将来；既可以采访他的童年，又可以了解他的青年、中年。由此，写出他的生活史及性格成长史，这就谓之“纵向”。就内容来说，我们既可以观察他的性格、思想的各个方面，又可以观察他的外貌、动作、语言、心理，还可以观察他的生活、工作、学习、事业等，这就谓之“横向”。事、物、景的观察，可由此类推。例如《白杨礼赞》，就作者茅盾在文中表现的思路来说，不难看出作者运用的观察方法。作者先写白杨生长的环境，次写对白杨的观感、白杨的形象特征、白杨的品格气质，后写白杨树的象征意义，这是作者运用横向观察法的结果。从这部作品产生的过程也可以看出，抗战中期，茅盾从迪化（今乌鲁木齐）经西安、兰州去延安，汽车在辽阔坦荡的黄土高原上奔驰，透过车窗，扑入作者眼帘的就是白杨，白杨树就成了茅盾观察的“焦点”（或“视角”或“观察角”）。作品中所描述的白杨的各个方面，则是茅盾在观察白杨时运用由此及彼法所积累的见闻观感，是茅盾在写作时根据以上积累进一步生发的想象。

由此及彼法是一种极为常见的观察方法，它有助于作者思路的开拓和作品容量的扩展。这正如老舍所说：“观察事物，必须从头至尾，寻根追底，把它看全，找到它的‘底’，不知全貌，不会概括。”

第二，由表入里，反复思考。

客观事物及社会生活是错综复杂的，它们各自的内涵又极为丰富，人们对它们的认识与把握也不是一次就能完成的。因此，我们在对客观事物进行观察时，就必须运用由表入里的方法。观察虽然属于感性认识，但与此同时，也会出现思维活动，形象思维与逻辑思维总是交替进行的。面对客观事物和社会生活，我们不但要观察它们的各种表象，体验它们的各种情景，还要透过现象思考、分析其本质，加深认识。为此，就必须由表入里，反复思考，不仅用“眼”，还要动“脑”。只有这样，才能对客观事物产生一定的认识和理解，较为全面地把握它们。这正如毛泽东同志所指出的：“感觉到了的东西，我们不能立刻理解它，只有理解了的东西才更深刻地感觉它。”

由表入里、反复思考这种方法的好处表现在：不仅可以在观察中培养我们的发现能力、理解能力、感受能力、思维能力，而且对于写作素材的加工、鉴别材料、选材立意、布局谋篇等，都有极大的好处。

鲁迅先生的散文《藤野先生》，在篇首生动地描绘了清朝留学生在东京的生活，笔下展示了两幅寓意深远的画面：一是他们盘着作为民族耻辱标记的辫子，恬不知耻地在风景旖旎的樱花树下徜徉游荡；二是他们在留学生会馆的楼上纵情玩乐，舞得震天价响，烟尘斗乱。看来，作者是兴之所至，信手拈来。其实，作者在生活中摄取这两个画面却是匠心独具，颇具思考的；否则就很难表现出清朝留学生挥霍人民血汗，不思刻苦攻读，只想留洋镀金、异日升官发财的肮脏灵魂了。如果鲁迅先生在观察生活时不能产生上述感受与认识，这样的材料就难以进入文章了。

第三，分类比较、深入开掘。

比较，是深刻认识事物的一种好方法。只有通过比较，才能抓住事物的特征，揭示事物的本质。因此，分类比较也是作者在积累生活中的写作素材的过程中经常运用的一种方法。世间事物，千类万状，各有特点；社会生活，多彩多姿，各具情态。为了准确地把握客观事物的特征和现实生活的情态，在文章中逼真描绘，生动表现，在观察时我们就必须运用分类比较的方法。

我们在观察自然景物时，可以用它的过去和现在比较，以此突出它的变化，如《普通劳动者》中对大坝工地的今昔对比；也可以用不同地点出现的不同景物比较，显示不同景物的不同特色，如《天山景物记》先采用纵比，是对同一事物的性质、特点、变化进行比较，后采用横比，是对不同事物的性质、特点、变化进行比较。再如鲁迅先生的《祝福》，从祥林嫂命运遭遇的变化不难看出作者在观察这一人物时运用了分类比较法。

鲁迅先生对祥林嫂的外貌特征做了三次出色的描写：

初到鲁镇时："头上扎着白头绳，乌裙，蓝夹袄，月白背心。年纪大约二十六七，脸色青黄，但两颊还是红的。"

重回鲁镇时："她仍然头上扎着白头绳，乌裙，蓝夹袄，月白背心，脸色青黄，只是两颊上已经消失了血色，顺着眼，眼角带着泪痕，眼光也没有先前那样精神了。"

临死时："五年前的花白头发，即今已经全白。全不像四十上下的人：脸上瘦削不堪，黄中带黑，而且消尽了先前悲哀的神色，仿佛是木刻似的；只有那眼珠间或一转，还可以表示她是一个活物。"

通过这三次描写，鲁迅先生以形写神，由祥林嫂外貌的变化，突出了祥林嫂精神、命运的变化，运用的是纵向比较。其艺术效果，从肖像说，特征鲜明；从表现说，逼真传神；从美学说，形神兼备，完美统一。如果鲁迅先生在现实生活中观察这一人物的原型时，不是运用分类比较法，那么在作品中是很难完成这一人物典型的塑造的。正如毛泽东同志所说："对于物质的每一种运动形式，必须注意它和其他各种运动形式的共同点。但是，尤其重要的，成为我们认识事物的基础的东西，则是必须注意它的特殊点，就是说，注意它和其他运动形式的质的区别，只有注意了这一点，才有可能区别事物。"

第四，探幽察微，捕捉细节。

写作文章是客观事物和社会生活在人们头脑中反映的产物。要使写作对象在文章中得到细致真实的描绘，取得栩栩如生、惟妙惟肖的艺术效果，在积累生活素材的阶段，就必须运用探幽察微的方法，洞察事物的幽微，捕捉生活的细节。

观察不能浮光掠影，不能走过场，一定要入"目"三分，锐意搜寻，在常人难以察觉的微小差异和变化中去观察生活。猎人凭借松鼠留在松树皮上的脚印，可以判断出松鼠的行踪；根据地面野猪的脚印，可以判断出野猪的去向。这是猎人在长期的实践中培养出来的独特的观察力。我们在观察中也应该培养这种观察力，去捕捉生活中的细节，发现事物的细微变化。我们要避免观而不察，尽管天天接触周围的事物，但仅仅是看看而已，缺乏细心观察，所得必定十分肤浅。

细节在作品中的重要性，这里不再赘述，但捕捉细节的艰难，应该引起初学写作者充分的注意。老作家沙汀曾十分感慨地说："编故事容易，找零件难。"这里所说的"零件"，就是指细节。一个人对生活不进行反复细致的观察，不仅难以找到生活中的细枝末节，即使找到了，也难以发掘它的本质。以丁仁堂创作的《嫩江风雪》为例。一次他在北大荒的一个偏远小站下车，取行李时无意中遇上一个穿着十分讲究的姑娘：上身，雪白的系扣女衬衫；下身，藏青色的毛料裤；脚着高跟鞋；发辫高高盘在头顶上；面目清秀，傲视一切。更令人惊讶的是，她从行李窗口取出的竟是一笼小白鼠，似乎颇有闲情逸趣。于是丁仁堂思忖：一个资产阶级的小姐，还玩小白鼠呢。后来作家又同这位"小姐"同车进镇，一路上见"小姐"对小白鼠爱护备至。第三天，在镇上食堂里又见到这位"小姐"，捧着一大碗饭只吃了几口，撂下就走。作家根据对这位"小姐"的观察，就对她产生了厌恶感。后经打听，原来姑娘是一位马来西亚的华侨，她特地回国学医，在北京卫校毕业后，坚决要求到偏远地区，后分配到这里的防疫站工作……最后，丁仁堂从上述积累的各种"细节"中，"幡然有悟"，离开小镇时脑海里还活跳着这个美好的人物，后来写出了小说《嫩江风雪》。

可见，细节不"细"事关重大。屠格涅夫说："在就寝之前，我每天晚上都在庭院里散一会儿步。昨天我站在桥上，仔细静听，努力辨别各种各样的声音：耳鸣声和呼吸声；树叶的沙沙声和簌簌声；蚱蜢的嚓嚓声，一共四只……"我们必须在观察中体察万物之微，揣摩生活之细，方可真实地反映生活。

③观察的要求。

第一，观察必须热情自觉。鲁迅先生告诫青年"要留心各样的事情"。这个"留心"，就是要求我们热情、自觉地进行观察，做生活的有心有情之人。不要只是为了写作才去观察生活，应该养成一种热情自觉的良好习惯。正如茅盾所说："我们在开始写作的时候或以前，身边就应该时时刻刻有一支铅笔和一本草稿簿，无论到哪里，你要竖起耳朵，睁开眼睛，像哨兵似的警觉，把你所见所闻随时记下来。"

第二，观察要全面细致。观察时观察者要眼脑并用，深入思考，准确把握，精确无误。例如，我们观察一个集贸市场，就应该了解它的位置、环境、历史、规模，它出售的商品货色、价格，还应该了解顾客的表情姿态，出售者的态度、情绪，以及他们的语言、动作，要"能从司空见惯的东西之中，发现新的事物，发现特别强烈、很奇妙的东西""从平淡无奇的生活当中，发现所有的惊心动魄的或者感人肺腑的东西""从一些细枝末节当中发现那些具有重大的时代意义的事物"。只有这样才能对客观事物获得全面认识。

第三，观察要敏锐迅速。客观世界中，各种事物千差万别，各种运动千变万化。观察者在纷纭错杂的现象中要辨别差异、察觉变化，就必须观察敏锐，捕捉迅速，具有一种特有的观察敏感性和发现能力。

第四，观察必须注意顺序。观察总是从一定的位置（"观察点"）、一定的角度（"观察角"），按一定的顺序进行的。朱自清的《绿》中写梅雨瀑，先写梅雨亭，次写梅雨瀑，后写梅雨潭水的"绿"。作者用移步换形的方法，多次变换观察点。

作者在观察时，由上到下，仰观或俯瞰，远望近看，多次变换观察的角度。因此，只有按一定的顺序去进行观察，认识事物才能全面、有条理，获得完整的印象。

第五，观察必须勤记笔记。观察的目的是认识客观事物，积累生活素材。为了实现这一目的，就必须勤于手抄笔录，将观察所得通过各种形式记录下来，贮存于记忆之中。笔记的方式很多，主要有观察日记和生活札记两种。观察日记是为了观察某一具体的事物、人物等而写作的一种目的和要求都十分明确的日记。它不同于实录日常琐事及有关个人生活的日记，它要求作者对某一具体事物或人物进行系统观察之后，综合地写出自己的观感，可以是只言片语，也可以是简要地勾勒。生活札记也可谓生活速写，是写作者在观察中的“自觉习作”，要求有事实、有人物、有细节，对生活中所观察到的一些生动的景象、对话、场面，用画家速写式手法，稍加修饰地记录下来。正如茅盾所说：“作为初学写作者的基本练习的速写，不妨只有半个面孔，或者一双手、一对眼，这应当是学习者在观察中确有所得时勾下来的草样，是将来的精制品所必需的原料。”

④观察的要素。

完成观察这种心理活动，需要注意、兴趣、思维、心境和正确的观察方式。

第一，注意。策划写作主体的有意注意非常稳定，以保持长时间目不转睛地观察客体。观察时，要不断地排除来自内部和外部的干扰。内部干扰是自己的心理定式，以自己的好恶先给客观事物作出定论，而后从观察中找论据；外部干扰来自于听取别人的判断结论，使自己先入为主，失掉了客观分析的基础。

第二，兴趣。这与策划写作主体原有的知识结构关系十分密切。比如，走在香港弥敦道上，一般游客看到的是花花绿绿的商店和琳琅满目的招牌，来往行人五花八门的服饰；初涉策划的行人，会对各种传播媒体感兴趣，他把接收信息的思维“雷达”全打开，尽力捕捉各种新玩意；对策划有较深了解的撰稿人则会对眼前的招牌文案投去更多的目光，看看香港的广告是怎样写的，特点是什么，也许还能发现其中一两处错误的地方。兴趣可以引导人们深入观察，边观察边思考。

第三，思维。有经验的观察者，总是一面观察，一面思考，绝不会把观察与思考割裂开来。所谓“外行看热闹，内行看门道”，外行人看广告，热热闹闹，他接收的是商品信息、劳务信息，而策划写作主体，就如大卫·奥格威和李奥·贝纳那样，要从广告中看出与众不同之处，还要找出与己不同之处，这种积极、主动的思考，能发现问题、发现特长，为今后自己撰写策划书积累材料。大卫·奥格威对报纸广告研究了几十年，有了较成熟的思想，而对电视广告进行校正性研究，发现其中的问题，针对别人的看法，拿出自己的见解和成功之作，用事实说话，这种思维的结果就是产生新的创意。

第四，心境。心境指观察时的情绪倾向，是愉快的还是苦恼的，是镇静的还是惊慌的等。对喜欢的东西，百看不厌；对讨厌的东西，看一遍也觉得浪费时间。广告要引起受众的愉悦感，让人愿看、爱看，改变他当时的心境。当他不愉快时，也能因为看了广告，改变心境。比如在高考之前和之后做的公益广告，就要精心策划，让考生、家长、亲朋放下包袱，不因高考在即而心神不定，不因高考失误而惶伤轻生，“通往胜利之门，不止一扇。这扇打不开，我们可以打开另一扇”“今日滑铁卢，明日诺曼底”等广告语的创意，会改变与高考有关的受众的心境。

第五，正确的观察方式。写作任务不同，观察时使用的方法也不一样。对于自然科学研究成果的写作，从物质运动的规律出发，揭示其本质特征，就是优秀的成果。对于社会科学的研究成果，写作者的主体意识会较强地作用于观察对象，由于主体认知水平的差异，思维方式、观察角度的不同，同样的客观对象，几个人同时观察，所得结论会迥然不同。苏东坡在《题西林壁》中写道：“横看成岭侧成峰，远近高低各不同。不识庐山真面目，只缘身在此山中。”这是极有哲理的诗句，它说明了要会观察，才能“识”庐山真面目。

⑤正确观察的注意事项。

这里仅就材料的采集介绍以下几个观察要注意的问题：

第一，观察的立足点要正确。策划书撰文者的立足点十分特殊，他既要站在广告主的立场，又要站在广告传播受众的立场。广告主接受了策划书，策划实施了，改变了受众的行为，策划文案才算成功。如果把消费者当成“衣食父母”（侯宝林大师如是说），策划书要让他们喜欢，但策划广告又是广告主付费的宣传，他是投资者，策划文案要得到他的首肯才能传播。当策划主与受众二者的利益不发生冲突时，策划书的写作主体比较好办；当二者的利益冲突时，写作主体要把立足点放到消费者一边，观察策划主的商品或劳务，观察策划主的竞争对象，这种客观的冷静的立场，最终会对策划主有利，明智的策划主也会接受这种策划立场。

第二，观察和思考紧密结合。策划书写作主体的观察，无论是在进行策划前还是策划后，都有极强的功利性。这种观察是有价值的，不是无意注意，而是恨不得看到骨子里去的观察。边看边想，边想边记，想就是探寻规律，把过去的知识储备取出来，与眼前之事发生联系，进行比较，看看有什么相同点、不同点，从而辨别出眼前看到的是优是劣。例如，有一位广告人看到“水到滩头起浪花，浪花洗衣机”这条广告语，他会联想到“车到山前必有路”这条脍炙人口的广告语，就会对“浪花”洗衣机的广告语产生“不怎么好”的判断。

第三，观察要抓住事物特质。事物的特质是一事物区别于他事物的特殊性。任何事物之所以是此事物，总是以它自己的特质面世而立的。如电视广告、广播广告、电子显示屏广告、霓虹灯广告、太空球广告、发光管广告幕墙等，虽然都是电子广告，但又各具特色，它们能独树一帜，自有各自的特质。观察广告不仅要看它的不同媒体——形式，还要看它的内容——广告传播的主体。形式怎样表现内容？具体内容又是什么？是从什么角度宣传内容的？现象可以说明本质，只有通过对现象的深入观察和体味，才能抓住本质。比如在1995年2月1日早上，走在上海市南京路上的行人惊异地发现，一夜之间所有的“555”香烟广告的灯箱下方都贴上了看来是应急印制的“吸烟有害健康”的口号。这是因为《中华人民共和国广告法》从这天开始实施，违法广告将会被取缔。“555”香烟广告的策划代理商知道，占领上海滩已经十分不容易，稍有不慎，广告会被取缔，这个损失就太大了，迫于“法”的威力，他们只得“明智”地守法——这就是本质。

（2）悉心调查获真知。

调查，是策划书写作主体为了了解情况、获得写作材料而进行的专项考察。

写作主体只有与客观的商品、策划主、消费者、竞争者、媒体发布者接触，从实践中感受各种信息，经过感性认识上升到理性认识，再酝酿成腹稿，草拟出初稿，才能使材料变为写作的成果，或阶段性成果。这一系列的行为中，基础的一步是主客体的接触。调查，就是策划写作主体带着对客体进行探讨的任务，主动地、有计划地去考察相关的方方面面，为策划写作而搜集材料的专项考察。

①调查的意义。

文章是对客观事物的反映，同观察一样，调查也是认识事物、积累生活素材的重要方法之一。观察的时候需要调查，调查的时候也离不开观察，积累生活素材时往往并用。观察和调查的区别在于：调查往往是为了完成一个明确的写作任务而去搜集一定范围的材料；而观察则不一定先有一个明确的写作任务，是处处留心，每事必问，贯穿于全部写作实践之中。当我们通过观察积累了丰富的生活素材之后，经过头脑的加工，我们才考虑应该写什么。

“没有调查研究，就没有发言权。”写作之前，对所要反映的客观事物进行周密的、有目的、有计划的调查，是写作者获得写作素材的重要方法。《亚洲大陆的新崛起》的作者黄钢，为了写地质学家李四光，1972 年就走访过李四光的前任秘书，了解了李四光的主要经历和重大成就。1975 年，作者又走访了地质队员及了解李四光的亲友、同事，掌握了不少李四光的生动事迹。写作前，他又走访了李四光的学生，学生们又向作者介绍了李四光钻研地质科学的不少动人事例。为了写好李四光在世界地质科学中的重大影响，写出李四光与西方地质学权威所展开的各种斗争，作者还查阅了大量的图书资料，获得了丰富的第二手材料。《亚洲大陆的新崛起》就是在作者四处走访、深入调查的基础上写成的。评论家理由说：写报告文学要勤于“奔跑”。这“奔跑”就是指写作者必须勤于调查采访。写报告文学、调查报告、经验总结、历史小说等文体时，调查的运用则更为普遍。

②调查的方式。

目前，我们常用的调查方式是直接调查，如交谈、开调查会、到现场参观等，以及间接调查，如问卷调查、查阅文献资料、观看策划主提供的广告作品等。

不同的情况，要采用不同的方式，不能千篇一律。

第一，交谈。交谈是直接获得信息的重要方式，一般采用个别交谈的方式，调查者提问题，询问策划主或消费者，从回答中获得所需的材料。交谈前，调查者要设计好若干问题，还应考虑到对方可能有几种回答，对方答不出来或不愿回答时如何使问答继续下去。提问时，先向对方说明来意，希望得到支持，尽量消除他的疑虑。对方的回答要尽可能地记下来，用笔记、用脑子记还是录下来，要看场合需要。

第二，开会。找几位能提供信息的人，在一起交谈，可以依次让每人说一遍，也可采用讨论式，相互插话、询问、补充，有不同意见也可争论。到会人数的多少根据采集材料的调查者而定，要以其需要、掌控会议的能力等几个方面来确定。

第三，问卷。问卷是一种以书面形式提出问题，请对方回答的调查方式。调查者先设计若干问题，印好，发给或寄给调查对象，请对象填写后再集中起来，进行分类、归纳。问卷调查质量的高低取决于设计的问题是否科学、切合实际，被调查者填写的认真程度等。

第四，查阅资料。调查者获取间接资料，少不了要查看和阅读有关方面提供的文献资料，将重要的内容记录在调查笔记中，另外也可以利用复印机复印或者用手机拍照等方式，但手中的笔记是十分需要的。李奥·贝纳将报纸中的有用资料收集起来，进行对比，为创作新的文案积累素材的方式很值得我们效法。

③调查的要求。

第一，调查要做到积极主动。首先，应该做好调查前的准备工作，认真学习与本次调查有关的方针、政策，弄清其精神实质，明确目的和指导思想，减少调查的盲目性。其次，在调查中，应积极主动，热情虚心。

第二，调查要实事求是。在调查中虚心听取他人意见和反映的情况，尊重客观事实和原始材料；调查后，分析所取得的材料时，要认真鉴别，严于取舍，做到不夸大、不缩水，更不能歪曲事实，力求真实可靠。

第三，调查要及时归纳梳理。在调查中要根据调查前预定的目的和要求，拟制调查提纲，做好详细记录。在调查、分析后，还必须对各种材料，按其不同的性质、不同的要求，及时归纳整理。

④调查材料的整理。

有些交谈内容，可能还装在自己的脑子里，需要赶快回忆追记；记在本上的，也许是随问随记，不成系统，需要按问题归类；调查会谈中，几个人的发言有相同的，要归纳，有不同的，要鉴别，有漏记的，要及时补上，会上提到的线索，可以在会后再找机会调查；通过问卷调查得到的若干份答卷，先鉴别有效卷和无效卷，用统计的方法计算出发出多少份，收回多少份，有效卷占多大比例，这次调查的效果怎样，再根据每个问题的答案，分析设计问卷所需要了解的问题；查阅资料时，有的是抄在本子上的资料，要重新填入调查表中，有的是复印得来的资料，要将其中的要点摘录出来。

调查资料的整理，一是按策划主的要求，二是按策划的需要，三是将调查中获得的信息按重要程度分门别类地排列、组合在一起，为撰写策划书提供足够的、可靠的、使用更为方便的材料。

策划写作主体采集材料如同蜜蜂，在百花丛中辛勤地劳动，采来成千上万的信息，经过自己的内部消化、加工，才能写出成功的策划书。大卫·奥格威的“劳斯莱斯”汽车广告之所以成功，正是他对企业商品作了深刻的调查研究，针对消费者的需要，把同类商品比下去，这才写成了经典的广告文案。

(3) 阅读为写作添砖瓦。

阅读是借助感官、通过思考了解文字、符号所传达的内容，理解其意义的智力活动。阅读是写作主体获得信息的重要来源。一个人的亲身经历毕竟有限，而通过阅读获取知识却是不可限量的。

①阅读的作用。

叶圣陶说："阅读是写作的基础。"通过阅读，写作主体可以悟意明理，了解文章语言文字的内容，进而知晓义理；可以积累知识学问，储备写作素材，有了丰富的材料，好文章的产生才有基础；可以识技法师，学习借鉴别人的写作方法和技巧，从阅读中找到不见面的老师；可以辨词知义，提高自己的分析辨别能力，准确地掌握文字所表达的深奥的道理，探寻写作者选词炼语方面的技巧，从中受到启发。

②阅读的范围。

虽说"开卷有益"，我们不必为阅读特意划出范围，但是因为时间有限，在有条件的情况下，应该有所选择。为了搜集材料而阅读，要不分古今，既读历史性材料，又读最新的材料；要不分中外，既读中国的材料，也读外国的材料；要不分正反，既要占有正面的材料，也要占有反面的材料；要不分点面，既要占有具体的材料，又要占有面上的材料。这样在取材上就可以新老相参、死活相证、点面相援、正反相成，把文章写得既有广度，又有深度。

③阅读的方法。

阅读的方法有朗读和默读、略读和精读、速读和跳读、有比较地读和有重点地读等。阅读讲究眼到、口到、心到，根据对手头的阅读物的需要程度，选取不同的阅读方法。对重要的内容，在阅读后还需要作摘记、提要等，也可将有用的资料整理在卡片上，留作以后写作时选用。

④阅读中养成使用工具书的习惯。

阅读中，总会碰到一些新知识、新名词，碰到自己一时理解不了的东西。这时最好翻翻工具书，把这些问题解决掉。词典、字典、专业工具书、手册等是我们阅读时帮助我们解决困难的老师。

在本书的附录中，我们依据相应的词典对本书涉及的几十个名词作出了解释，帮助学习者在阅读中获取知识。

知识链接 3-1　　**白岩松说读书**

我的阅读分为三个层面：第一个是工作性阅读，定下选题之后我就要为了做节目大量阅读。第二个是职业性阅读。我是一个新闻人，家里订有很多的报纸杂志，我没有一天不逛报摊的，包括上网。我觉得最重要的是作为一个人的阅读。每天必须有一定的时间去阅读跟这个时代没有关系的东西。我的乐趣来自"读与这个时代无关的、但作为一个人而读的书"。

我需要不同的角度，就像当初我看《胡适杂记》的时候，脑海中根深蒂固地认为社会进化必定从奴隶社会到封建社会到资本主义社会到社会主义社会。在书中出现了争论：谁说人类的发展一定是按照这个前进的？在同样一个时代里头，很有可能这几种层面都存在。如果没有触碰的话，就从来不会想思考。我觉得人的独立的思维是由独立的阅读开始的。

我现在只要不工作就在家，在家基本上就处在阅读的状态中。我们过多把创意当成了天才，但是我觉得创意是勤奋决定的。失去阅读必定失去独立思考的能力。

这就是我现在非常担心网络阅读的原因所在。最大的危害不是人们不看书，是过度被资讯俘虏，这个更可怕。

资料来源　白岩松．杂说读书［N］．扬子晚报，2010-09-06（B05）．

3.2　策划写作的多学科参与

3.2.1　写作活动离不开多学科的参与

书面写作是用笔把自己思维活动的轨迹记载下来，用以表达一定的思想。由此可见，写作活动与其他学科有着必然的极为密切的联系。可以想象，思绪不清的人，如何能写出流光溢彩的好文章来？语言功夫不硬的写作者，如何能恰当地表达自己复杂的思想？

郭沫若、老舍这些写作专家们认为，写作是一种创造性劳动。在写作过程中，语言学、修辞学、逻辑学、哲学、传播学、心理学、社会学、美学等社会科学，以及与写作相关的自然科学，都要参与创造文章的生产活动。每篇成功的文章都是多学科的有机结合，是它们共同作用于写作的结果。

曹丕说，“盖文章，经国之大业，不朽之盛事”，仅此简短评语就包含着社会学、史学、价值工程学等问题，如果将对文章的这十几个字的评语看成是针对某种说法而有的放矢的驳论，那就与心理学、口才学、演讲学不无关系了。当代的文章，如秦牧的散文，旁征博引，谈天说地，涉及物理学、化学、生物学、数学、经济学等学科的知识，所以他的文章受到青年读者的欢迎。《艺海拾贝》《语林采英》翻印几次，总印数达数百万册。

任何一篇文章，如果企图绕过其他学科而去单纯地写作，结果一定是一堆没有价值的文字符号。

策划书写作，在各种写作中又别具一格。策划书写作者要面对客户，随时为完成策划主“不能”“不可能”完成的事做策划，要有比策划主更胜一筹的本领，才能为策划主解决难题。

3.2.2 其他学科是怎样参与策划写作的

1. 策划的形式是以不同的载体来划分的

在不同载体上作策划，市场经济学、消费管理学、成本会计学、新闻学、美学、色彩学等相关的学科会参与策划形式和策划内容的写作。

不同的载体，产生不同的策划形式。选择什么形式的策划，策划人要从产品和市场的有关知识中做好搭桥、铺路工作。既要懂得产品生产过程、产品特性、成本核算，还要了解市场的需求情况、同类产品的竞争情况；既要了解产品和市场这一方面，还要了解策划载体的读者面、发行量、单价及各种载体的优点、缺点那一方面。所以，在选择策划形式时，经济学、新闻学、心理学等基本知识，会共同引导策划人的活动。

报纸广告的策划写作，要求广告文案结构完整，有标题、有正文，还要有广告主的单位、地址、电话、网址、联系人等内容。电视广告的策划写作要求打动人心和形象感染相结合，神形兼备地表达广告内容，多数情况下还配有音乐，需要选择恰当的演员，语言文字要精练、精彩，歌词短小精悍，给人以深刻印象，耐人寻味。矗立在公路边上的路牌广告，为了让乘客在几秒钟内了解内容，往往只有一句话，有的只有广告标题、广告标语和广告主的单位。如果有图案，也是商品的商标之类的简单图形。策划广告形式选择失当，广告肯定达不到预期的效果。例如，在路牌上做报纸内容式广告，行车中的乘客什么也没看清，车就已经开过去了。

新中国成立前，广州有一间铺子，用“行行行”三字做招牌，相当于路牌广告。过路人看到这三个字时，总要去试读一番，有的还议论开去。店主有意用“行”字的多音变化，使这三字看着相同，读法不同，从而使人产生探求的兴趣。其实，他的意思是，读成“xing xing hang”，标明本店是施行好德性的，以此代替“公平交易、童叟无欺、货真价实”等颇多的话语。策划时，店主如果没有对语言学、音韵学、社会学、民俗学、心理学等基本知识的了解，这三个字可能就不会挂在店门上了。

2. 策划的内容需要用文字和语言来表达

策划内容本身传达的信息也有相应的学科参与其中。

优秀的、脍炙人口的广告，在其丰富的思想里、内容的表达中、形象的语言中，无不映照出写作者渊博的学识。

其他经济应用文几乎都不能用诗这种体裁来表达，唯独广告得其神助。诗是从大量的语言中提炼出来的精品，古今中外确实产生了不少精彩的诗广告，被人们广为传颂。诗广告所表现的思想、表达的内容、使用的语言，更能反映出作者精深的知识。

苏东坡贬居海南岛儋州时，曾为一位卖油炸馓子的邻居老妇人写过一首诗广告：

纤手搓来玉色匀，碧油煎出嫩黄深。

夜来春睡知轻重？压匾佳人缠臂金。

28 个字中写出了馓子的加工过程，活脱脱地描绘出了馓子的色、香、脆。油炸馓子至今仍是人们喜爱的食品之一，这则广告历时近 900 多年，至今仍被人们景仰和效法，足以说明其永葆青春的艺术魅力。

明代的苏平曾写过一首豆腐诗，从广告学角度看，新颖别致，与今日一些俗气十足的广告相比，真不可同日而语。

传得淮南术最佳，皮肤褪尽见精华。
一轮磨上流琼液，百沸汤中滚雪花。
瓦罐浸来蟾有影，金刀剖破玉无瑕。
个中滋味谁得知，多在僧家与道家。

这首诗极其形象地把豆腐的生产过程细致地刻画出来，从豆子浸泡褪去表皮，到磨浆和煮豆浆，直到切开豆腐，吃上豆腐，比喻贴切、生动。作者构思精妙，读来情趣盎然，全诗未提“豆腐”二字，却突出了豆腐洁白细嫩、美味可口的特点，读后可以让人从欣赏、审美中获得豆子变豆腐的知识。苏平如果不懂得豆腐的生产过程，他能表达得这样绘声绘色吗？

李白的“兰陵美酒郁金香”，晚清诗人李静山的王麻子刀剪店广告“刀店传名本姓王”，当代诗人闻捷的“向太阳里取来熔岩”的电灯广告，苏联诗人马雅可夫斯基的三百首诗广告，无不折射出作者对商品具体知识的了解，也洋溢着作者对商品宣传的一片深情。他们的诗人才气与商品的价值有机地融合在一起，才产生了传之久（几百年，上千年，经久不衰）远（跨国，跨洲，流传甚广）的广告产品。

3. 策划书的读者是经营的专门家

要实现广告“说服”的目的，写作时作者要应用相关学科的知识。

公文写作有专门指向的读者面，文学作品有专门指向的读者群，而广告则是要广而告之，它要面向全社会，没有“密级”要求，不拘读者对象。让大家都接受，多数人欢迎，部分人有所触动，完成由注意到感兴趣，再到形成购买行动的广告，就是最理想的广告。

同一句广告用语，有的人欢迎，另一些人则反感，这种情况也是常有的。广告的写作者拟写广告时，要应用各方面的知识，将反感的人减少到最低限度。台湾广告学家颜伯勤在《广告学》一书中举例说：有一种洗衣机在报纸上刊出广告，画面是一位妇女辛苦地用手搓洗衣服，旁边还有一大堆衣服待洗，文字广告是：“你还能继续忍受吗？”这则广告意在激发家庭主妇对手工洗衣劳动的抵触情绪：“不能再忍受了，我要买洗衣机！”可是，当一位妇女拿着这则广告让丈夫买洗衣机时，丈夫却认为广告文字含有挑拨作用，反感这种牌子的洗衣机。结果，虽然他们买了洗衣机，但买的是别的牌子的。抵触情绪、逆反心理虽然也能起到引人注意的作用，但如果运用失当，不仅难以促销，反而会给销售增加阻力。法国一家洗衣机的电视广告，请一位 70 多岁的老妇人做模特儿操作洗衣机，反而赢得了很多买主，用的就是这句广告语：“她也能胜任洗衣的繁重劳动！”广告写作者不懂社会心理学，难免产生副作用。

美国有一家救护车公司经营多年，一直以“态度”“诚实”“可靠”“服务”为宗旨，并用这四个词的英文开头字母“A. I. D. S”印在救护车上做广告。由于服务周到，生意一直很好。不料，艾滋病在美国出现，防治艾滋病机构的缩写也是这四个字母。有用户呼叫这家公司的救护车后，看到印有“A. I. D. S”的救护车开来时，以为这辆车与艾滋病有关，当即要求停止服务。这家无辜受牵连的公司只好改变自己的宗旨的内容。

美国的奥尔广告公司采用计算机网络对3 000户家庭进行广告意向测验，中央控制室收到发自各家的信息，整理后传送给厂家，以此指导厂家如何做广告。中央控制室发现，康贝尔公司应该把冷冻晚餐广告严肃的表达方式改成轻松的方式。康贝尔公司接受建议后，冷冻晚餐的销量果然增加了14%。如果广告写作者对先进技术一无所知，是绝对完不成整理信息并建议厂家更换广告词的任务的。

策划写作离不开多学科的参与，策划广告的写作及其特殊要求，更离不开多学科的共同工作。优秀的写作者应是尽可能用各门学科知识武装自己的杂家。策划书写作者，身居竞争激烈的商战火线上，只有主动学习、探索、实践各门学科的理论与知识，才能不断地写出颇受策划主欢迎的策划书作品来。

3.3 在知识之网中确立定位

3.3.1 每个人都有自己的定位

生活在社会中的每一个人，都可以在市场细分之后归入某一社会群体之中；同一群体中的个体与这群人在许多方面有共同点，如生存基础、生活目标、生活追求及自身的形象展示——用各种外在的形式表达出内心对世界的思考。

虽然说“物以类聚，人以群分”，但是，在同一类人中，每个人都以自己“这个人”的面目出现。每个人要细分，总有几十个“因素”能把他描绘出来，他的性别、年龄、职业、职位、学历、兴趣、爱好、性格、气质、能力、家庭、身体健康状况、对生活的追求是奢或是俭、待人以诚或是诈、喜欢外露或含蓄等因素，使他区别于身边的其他人。

3.3.2 每个人都在编织自己的知识之网

1. 学习是人的本能

我们从小学说话、学走路、学唱歌、学做饭……家庭的生命在延续，社会在不停地进步，就是因为人能够学习。在这个世界生活，谁也不能拒绝学习。

2. 每个人学习的环境、条件、教师又是不同的

旧时有儿歌唱到“同锅吃饭各修行”，有一个劝学故事讲到，一位长者在屋外石桌上教两少年下棋，一位认真学习，仔细听，就怕漏掉老师说的一招一式；另一位虽然天资聪慧，但心不在焉，看着蓝天白云，想着大雁成行，想到野味之美。他们学习的结果一定不一样。

3.3.3 用好知识之网，获取预期的猎物

1. 人的一生都在编织自己的知识之网，也在享用这张网

“人生识字糊涂始”，因为不识字，做不了明白人，学习识字、写字就可以聪明了。毛泽东在湖南第一师范读书，任学友会负责人，他组织办夜校，请校外的人来读书，他在招生广告中写道：

列位工人听我们说句白话：列位最不便利的是什么？就是俗话说的：讲了写不得，有数算不得。都是个人，照这样看起来岂不是同木石一样！所以大家要求点知识，写得几个字，认得几个字，算得几笔数，方才是便利的。虽然如此，列位做工的人，又要劳动，又无人教授，如何这样，真是不易的事。现今有个最好的法子，就是我们第一师范办了一个夜校，今年上半年学生很多，列位中想有听到过的。这个夜校专为列位工人设的，从礼拜一起至礼拜五止，每夜上课两点钟；教的是写信、算账，都是列位自己时刻要用的，讲义归我们发，并不要钱。夜间上课又于列位工作并无妨碍。若是要来求学的，请赶快于一礼拜内到师范的号房报名。列位大家想想，我们为什么要如此做？无非是念列位工人的苦楚，想列位个个写得算得。

列位何不早来报个名，大家来听听讲？有说时事不好，恐怕犯了戒严的命令，此事我们可以担保；上学以后，每人发听讲牌一块，遇有军警查问，说是师范学校夜学学生就无妨了。

若有为难之处，我替你们作保，尽管放心。快快来报名，莫再耽搁![①]

毛泽东用晓畅的文字，写出列位工人想说说不出、想写写不了（家信）、想算算不得的苦楚，帮助需要帮助的人编织他们的知识之网，用“学以致用”的简单道理，直接打动列位工人的心，结果，报名来学习的有 120 多人。

1915 年《新青年》杂志开始发行。毛泽东读到这本刊物后，认为要求得更多的志同道合者结成一个团体，才有力量。于是，1915 年暑假，在长沙城的各个学校里，都有一张不大的石印启事。上面写着几十行简练的、美丽的文字，约七八百个字。有一句是“效嘤鸣之求，步将伯之呼”，下面是征求有志上进、愿为救国救民出力者为同道……末尾签署的不是姓，也不是名，而是“二十八画生启事”。

这位“二十八画生”就是毛泽东。他名字的繁体字共二十八画，以此代称自己的名字。

这份启事在长沙的几个城门口和照壁上也张贴了，在报纸上也登出来了。这份广告引来了几十位热情的青年。经过两年多的酝酿，他们组成了“新民学会”。这个学会的名称采自“大学之道在新民”，即顺应新的潮流，提倡革新之意。最初学会的会员绝大部分是第一师范的同学，也有少数其他学校的同学，个别进步的中小

---

① 王多明．青年毛泽东与广告［M］//逐日集．北京：中国广播电视出版社，2012.

学教员也加入了。

显然，青年毛泽东用他的知识之网，针对不同的读者编写了两则不同的广告。两则广告都产生了作用，后者为中国共产党的建立，为湖南的共产革命史留下了辉煌的一页。

2. 学习做策划、写策划书者的知识之网与众不同

列宁说：共产党员要用全人类的知识武装自己。我们说，策划人要以解决难题为己任。准备好了吗？

有人开价年薪 1 000 万元招聘网络游戏策划人，虽有炒作之嫌，但必定是能值这个价，才有人开这个价。我们列出几条，看看策划人如何编织自己的知识之网。

此人年龄应该在 35 ~45 岁之间，必须有相当坎坷、大起大落而又自强不息的生活经历。只有这样的人才能够深刻地了解人生，知道什么时候要忍，知道什么时候要稳，知道什么时候要狠。此人必须拥有成熟的世界观，并且拥有自己的思维方法，建立起自己的思想体系。只有这样的人，策划出来的游戏才有深度。

此人必须拥有相当广的知识面，上知天文，下知地理，中间还必须晓得无数的人文知识，并且将其融会贯通成为系统。静态地说，此人必须是一个“百晓生”。只有这样的人，策划出来的游戏才有广度。

此人要保持非常人能比的学习力，形成自己的学习方法，每时每刻都在学习，有学无类，博学百科。动态地说，此人必须随时把自己的身段放低，谦卑而又高效地学习。

此人必须经过市场的洗礼，了解市场的需求，了解客户的想法，不仅了解游戏领域，而且必须拥有传统行业的市场经验，因为传统行业的市场竞争更成熟、更激烈、更残酷。

此人一定要是一个工作狂，对工作无比专注，对胜利无比渴望，而且要具备极大的野心，不断地挑战极限、挑战自我。

此人要有很强的管理能力、领导力和凝聚力。毕竟游戏不是个人能开发出来的，团队的力量永远是第一位的。但是团队一定要有最好的管理者才能爆发出效率，一定要有最好的领导力才能更有战斗力，一定要有凝聚力才能更有竞争力，而策划就应该起到最核心的作用。

此人倒不必具有多么深厚的技术功底，但必须了解技术能够实现什么、怎么实现，技术发展趋势是什么。

这份开价千万元的招聘广告，是为开发网络游戏的领军人物而量身打造的。

我们为这位网络游戏的领军人物设计了他的知识、能力之网，这张网有人品的塑造，经历的磨砺，知识结构的广度、深度和运用。

许多读者也许认为，价值千万元年薪的人不会来应聘，有这么大本事的人，自己创业当老板，一年何止赚千万。

话又说回来，我们要用人类的知识武装自己，编织一张知识之网，在需要时能随时拿出来解决难题，那么这张知识之网就有用了。

本章小结

本章是第 1 篇的重点，揭示了写作者这个写作主体的行为过程。通过观察、调查、阅读采集写作素材，建立自己写作的素材仓库，调遣已进入写作主体的思维仓库的多门学科知识，随时听从写作主体的写作“安排”，以备“三天打鱼”之用，这就要让写作主体编织的知识之网能“两天晒网”。只有充分利用自己编织的知识之网，才能获取预期的猎物。

思考与练习

1. 用语言描述自己某次写作的过程，重点是当时怎样想的，让大家分享你有所感悟后的快乐。

2. 说说你读过的“作家谈写作”或“名人传记”或“网络文学”中关于写作的“酸甜苦辣咸”的故事，再用一句话概括读后感想。

3. 思考我们在进行策划书写作前，要做好思想定位，持有积极的态度，不怕酸辣苦咸，让写作体会更甜的问题。

4. 厘清写出“家乡的土特产品、名特优产品”的难处，用修补知识之网的办法，迅速完成本章“写作实操项目”的阶段性任务。

写作实操项目

找出“家乡的土特产品、名特优产品”在经营中的“卖点”、消费者的“关心点”、经营者广告的“吆喝点”，理清这三点的关系，从中发现与现实不一样的情况，写出自己的认识和体会。

“多彩贵州——家乡美”大赛创意方案

第 4 章

写作手段新操作

学习目标

本章是写作过程的具体实施，对写作的认识、对写作新定义的理解和接受、写作前的各种准备，都会在本章的写作实践中展现出来。

通过本章的学习，重点掌握写作构思——提炼主题，展现思想——遣词造句，传递信息——表达方式等的意义和方法。懂得修改写作初级成果的作用及修改的方法。

引例

第 16 次投稿

凡尔纳（19 世纪法国著名的科幻小说作家）于 1863 年将第一部科幻小说《乘气球五周记》的书稿先后寄给 15 家出版社，但每次都被退了回来。当他每次接到写着“尊稿我们审读后不拟刊用，特此奉还”的退稿信时，心里总是一阵绞痛。他想：“这些出版商看不起我这样的无名作者，我再也不写作了！”他走近壁炉，打算把书稿付之一炬。“凡尔纳，不能烧呀！”妻子夺回书稿，说，“不要灰心，再试一次吧，也许能交上好运呢！”凡尔纳听了妻子的劝告，抱起一大包书稿毅然走向第 16 家出版社。这家出版社的主编读完凡尔纳的小说，立即断定这是一位很有天赋的作家的作品，作品中有一种与众不同的独特的魅力。主编不但决定马上出版，还同凡尔纳签订了一份为期 20 年的合同：在 20 年内，凡尔纳的作品全部交该出版社出版。

［引例审视］

1. 《乘气球五周记》无疑是那个时代最有想象力的科幻小说，所提及的事件在那时是不可思议的，因此被眼光短浅的 15 家出版社退了稿。但是，凡尔纳的妻子相信“成功总在‘坚持一下’之中”，鼓励他“不要灰心，再试一次”。果然，第 16 家出版社的主编独具慧眼，毅然同他签下 20 年的出版合同。如果凡尔纳被第

16 家出版社退稿，今天就看不到凡尔纳留下的《乘气球五周记》《格兰特船长的儿女》《海底两万里》《神秘岛》《从地球到月球》《环绕月球》《旋转乾坤》《八十天环游地球》等 99 部长短篇小说和剧本作品了。

2. 写作者对自己的劳动成果要有信心，要坚信“天生我才必有用”，不能用付之一炬对待艰辛努力的成果。留下手稿，许多年后，也许会被有智慧的有心人发现，如同人们发现普利策的记事本那样，虽然几十年过去了，但记事本至今仍然对我们有意义。

3. 凡尔纳把科学知识融入小说之中，构思奇特，语言精彩，才会被出版社推荐给读者。1863 年凡尔纳已经 35 岁，《乘气球五周记》出版以后，他继续发挥他的写作才干，为社会奉献出许多宝贵的精神产品。

4.1 奇思妙想动人心

写作主体从生活中积累写作素材，从信息接收到在动手写作，用手指、口头或体态等形式表达出来，每一个接收、消化、表现的细节，都离不开思维的构想活动。为了认识策划创意的规律，我们把构思单独列出来研究。对构思进行剖析，有助于我们提高思维能力，有助于让我们清楚地认识一个新奇的策划创意是怎样产生的，从而让写作者自觉地去遵循创意的规律，把自发创意变为自觉创意，策划更多、更好的让人喜闻乐见的广告作品，从策划广告作品的传播中达到策划主预期的效果。

4.1.1 构思的意义

构思被解释为写文章或制作艺术品时运用心思。策划书的构思，是从事策划写作活动的人在写作过程中所进行的思维活动。

1. 构思是对策划书作通盘规划和总体设计

构思要对采集到的材料进行反复深入的思考和研究，挖掘出深刻的主题，选择恰当的表达手段，针对不同媒体和主题表达的需要，以完整而巧妙的结构，将写作主体的聪明才智表现出来。

2. 成功的构思有助于策划主和受众-顾客-消费者的沟通

美国著名策划人罗瑟·瑞夫斯在回答记者提出的关于构想的问题时，举了这样一个例子：

那是 1954 年，有两个人——怀特和约翰·麦那马拉，跑到我的办公室来。约翰是 M&M 糖果公司的总经理，他说他们的策划不成功，需要一个能够被消费者接受的构想。

另一位美国的著名策划人乔治·葛里宾说：

譬如说，只是把一块肥皂画在策划书中，这个并不能引人注目。你一定要设法使你创作的画让人感兴趣。当然，这需要穷索枯肠，挖空心思，努力去创作这些映象。

在乔治·葛里宾为箭牌衬衫做策划时，他的奇思妙想使广告耐人寻味，让人愿看、爱看。他回答记者时，说了这样一番话：

我当时认为应该用一个普普通通的人，不是一个用在服装广告上的那种动人的模特儿，而是像你和我一样的普通人，也就是那些你们想卖给他们衬衫的人。我觉得，如果你能传达这一点，就可能做出一个好广告。

因而我想出了一个标题："即使是我，穿着箭牌衬衫也好看。"同时，我觉得，我们一定要用一位外表真实的普通人——这样，我们也许可以多少将他画得更像漫画人物一点。

安东尼（乔治·葛里宾的合作者）比我聪明，他认为这样做是对的，这是一个好构想，但是，他有一个聪明的想法：这个人一定要是洛克威勒笔下的那种类型的人物，是一个脸上有雀斑的青年人，虽然不漂亮，但不是漫画人物。

现在，这个广告本身有了一个构想，有了一个图照，也有了一个标题——同时它把一切都融合到一起，而这就是我在构想广告时的方法。这是不能够一块块地分解开的。现在，广告做好之后，你才能开始分析它，也会常常改进它。

虽然我不能告诉你一个"怎样创作广告"的典范，可是在你做好一个策划之后，我绝对能告诉你一个"要怎样做"的典范。

看完这个标题后你是否想去读文案的第一句话？而看完文案的第一句话后，你是否还想去读第二句话？……直到你看完整个文案。一定要做到使读者看完广告策划案的最后一个字才想去睡觉。

这些策划大师把策划的构想定位在让读者喜欢，使读者顺着标题往下看，直到读完最后一个字才去休息。策划构想的首要意义就在于策划写作主体心中有受众，使策划出来的广告文案能够被受众-顾客-消费者接受。

没有经过认真构思的策划书，定位不准，实行后难以引起受众-顾客-消费者的注意，更说不上准确传达商品信息，实现策划主的意愿。

3. 成功的构思能使写作主体对策划主题的认识由朦胧走向清晰

写作主体要完成对客体对象的摹写、推荐、诉求，不管他以多么独特的方式或途径接近对象，不管他以哪种方式把对象介绍给受众，他都必须对他要反映的对象作深入细致甚至苛刻的揣摩，逐渐在自己的认识中形成客体的鲜明印象，使主题逐渐明确，甚而在未写出文案之前，使策划的主题由朦胧走向清晰，只待下笔，策划构思在这里又使写作过程向前推进了一步。

罗瑟·瑞夫斯在听了 M&M 糖果公司的总经理约翰·麦那马拉的介绍后，事实上，他在经过十分钟的谈话之后，便找出了策划主题的构想。他认为，这种表现主题的构想"天生在这个商品之中"。从约翰的介绍中，策划写作主体明白了它是美国唯一用糖衣裹着的巧克力糖果。从这一点来说，构想就在眼前的桌子上，完全用不着另外搜求构想，其唯一的难题是，你在策划中怎样利用这个构想。

威廉·伯恩巴克在回答"写作的人会有某些累积构想的方法，他们也许会把这些构想存储起来，等到将来什么时候才使用。在你的经历中，你有许多了不起的构想。我想知道……”这个问题时，他谈了构思的一些基本规则：

“我们认为，论对商品的了解，我们永远赶不上客户。客户毕竟和他的商品同食共寝。客户制造了商品，他们大部分时间都跟商品生活在一起。我们根本不可能像他们知道那么多。同样的道理，我们坚信，我们对策划的了解就像他们对商品的了解一样。因为我们整天跟策划生活在一起。”“他们需要的是制造和销售该项商品的技巧，而我们则需要激发和说服消费者的技巧。”“我仍然构思广告标题。我要重点说明的是：有一句老话——这当然不是我的，但是，我完全赞同——就是‘当你言之有物时，你就会写得更好’。如果我要给人忠告的话，那就是，在他开始写作之先，他要彻底地了解他要策划的商品。你的聪明才智、你的煽动力、你的想象力与创造力都要从对商品的了解中产生。”

美国的这些策划大师，从他们创作策划文案的实践中深刻地体会到，构思是从对商品的了解开始的，直到找到激发和说服消费者的切入点。只有经过深思熟虑的构思，成功的策划才能产生出来。

4.1.2 构思的过程

我们把构思当作一个单独的写作环节来认识，其实是为了研究的需要。

构思贯穿在整个写作活动中：构思的开始就是写作活动的开始，构思的形成，催动策划写作主体动笔行文；草稿完成之后，作为思维活动的构思仍在继续；策划书交给客户审读之后，构思也在进行；即使策划已经实施了，撰文者发现其中的问题，或补充或修改或暂停发布，这些都是构思的继续。

1. 始发期

任何事物的产生，都要有一定的条件。策划书的写作构思也有它产生的条件：策划主找上门来；策划文案人员接受任务；策划人员主动“出击”为还未建立代理关系的策划主构思新的策划书；敏感的策划人发现某策划主的策划有重新制作、重新撰稿的必要，事先为其构思；基于提纲或初稿向策划主提建议等。

这里的始发条件有外部的差事，也有策划者发自内心的主动。当策划书写作主体接到任务之时，或发现别人的策划有问题需要重新修改时，始发期构思就开始了。罗瑟·瑞夫斯接待两位委托他撰写策划书的客户时，他的思维机器就开动了，他在一边听客户介绍用糖果裹着的巧克力的情况时，一边就在为其判断——这是美国第一家，为其选择——以此特质作为策划广告的定位，为其推荐自己的创意。当客户接受这种建议后，他再继续顺着这个构思去建构完整的策划书。

2. 酝酿期

策划书写作者不可能都具有罗瑟·瑞夫斯那样的本事，一边听策划主介绍，一边就构思出策划书中广告的标题或口号，绝大多数人都要对获得的各种材料进行分析、归纳，把自己积累的知识和现在的情况进行比较，从策划主介绍的情况中，判断哪些是商品的特质，哪些是没有什么意义的“人皆有之”的共同点，进而从冗长的介绍或一大堆材料中选择最精彩的，初步确定进入写作的内容，把写作的欲望变为写作行动。这个阶段，策划写作主体要调动他的思维活动和已有的成果，对初步的感知进行比较，用经验和现实作出各种测定，一方面为写作做充分的准备，另一方面还要审视采集的材料是否够用。

写作这种较高级、较复杂的思维活动，酝酿过程是不可缺少的，策划大师们的写作也不是不经酝酿，信手拈来的。大卫·奥格威为“劳斯莱斯”汽车写广告文案时，写了26个不同的标题，请了6位公司的其他撰文人员共同讨论，从其中选出最好的一个。他写文案也是这样，先写出几千字，找三四位文案人员把文案看完，再把枯燥无趣及含糊的部分删掉。乔治·葛里宾也说：“在他（指策划主）说出够好了之前，你可能从3次、4次一直改写，达15次到20次。”

3. 雏形期

经过酝酿，将来的策划书是什么样子、由哪些内容组成，会逐渐在写作主体的大脑中明晰起来。在这个时期，写作主体对文案有了粗线条的“蓝图”，形成大体框架。正如做过27年策划广告撰文员的乔治·葛里宾（当总经理时也常常动手撰写广告文案），在一次纽约广告撰文人员协会的演讲中说：“再就我们的行业——策划——而论，实际上文字则是我们终日所从事的。调查研究、市场营运计划、媒体分配能够给商品的未来草拟出光辉灿烂的前途，但只有文字——标题及文案——才能决定商品是否会活力十足、精神百倍地迈向成功之路，或者像南部山地人一样，徐步缓行，可能永远达不到成功的境地。”

我们这里讲到雏形，是因为策划书还不成熟，是策划写作主体思维活动的最初表现，它还得经过文案部主任、广告策划公司经理审读，或送到策划主手中，让他裁定。这种策划书的未定稿，需要再讨论、修改、补充或删除，但它毕竟是从写作主体手中交出的一份“蓝图”式的作品。

4. 确立期

构思基本成熟，策划书得到策划主的首肯，犹如建设“蓝图”被批准，策划写作主体要将脑子内的构思全部书写下来，连细节也要作周密安排，构思的成果被确定下来了。

以上是我们就构思过程的几个阶段进行的划分以及对所涉及的问题进行的分析。如果构思是成功的，产生的策划书是完善的，我们从写作自身的规律来认识构思，会发现：构思开始时，策划写作主体产生朦胧意识，根据主题把材料集合起来，排列、组合，中心是怎样突出主题；在构思的后期，中心是怎样表现主题，用什么奇思妙想的创意使策划主题更为醒目，更容易被受众发现、注意到和引起他们的兴趣。

策划书的构思过程反映出，人是一种“有意识的存在物”①，因此，人做什么事情都是有标准、有选择、有追求、有理想、有设计的。人们进行写作构思，是“在自己脑子里就已把它建筑起来了”，没有构思的辛劳，策划书不可能产生出来。

① 马克思，恩格斯．马克思恩格斯论艺术［M］．曹葆华，译．北京：人民文学出版社，1960：368.

这一点是策划大师们和一般的撰文者多次证明了的。

4.1.3 构思的要求

1. **物体**

构思前、中、后都要体察商品、劳务、策划主、企业、市场和竞争对手，以及广告法、商标法、消费者权益保护法等法规。

写作主体要把自己放到写作对象之中去，遵循事物变化规律，绝不能把对象当成“玩物”随心所欲地摆弄。

2. **自我**

策划出的广告作品也反映创作者的个性和风格。写作主体在认识事物、思考问题时，一定会融入自己的思想、情绪、意念等。我们可以从威廉·伯恩巴克、李奥·贝纳、乔治·葛里宾、大卫·奥格威、罗瑟·瑞夫斯的作品中，看出他们各自的不同风格来。虽然策划作品不像文学作品那样能淋漓尽致地展示写作者的个人风格，但个人的创作风格无论在哪种作品中，都是显而易见的。撰文人员要在长期的辛勤劳动中培养自己的良好作风，养成一种独特的风格，让中国大地上也产生出有世界影响力的策划及广告撰文大师。

3. **卓见**

策划贵在创意。构思就是选材、提炼主题、表现主题的思维活动，只有与众不同、别具一格、出类拔萃的创意，才能引起受众-顾客-消费者的注意。卓见来自真知，写作者采掘得深、看得透、摸得准，才能产生别人意想不到的新点子、新主意。

4. **胆识**

策划本身是一种高难度的创造性事业，策划书写作主体的劳动，也是极富创造性的劳动，需要有一定的胆识。策划主把希望寄托在策划书的创意上，策划写作主体要对自己的能力充满信心，有胆量挑起这副担子，有一股闯劲，构思时不怕提出异端怪说，只要在法制的轨道内活动，什么奇思妙想都是允许的。只要言之有物，言之在理，就要大胆坚持。“有胆”是以“有识”为后盾的，所谓“艺高人胆大”，策划写作主体学识丰厚、善于采集、娴熟运用，能在知识海洋中纵横驰骋，胆量自然也就大了。一两次、三四次成功了，又会培养他向更新、更难、更高要求的策划迈进，勇敢走进新领域。

4.2 语不惊人死不休

4.2.1 语言是思想的外壳，是思想的外在表现

本书作者曾经当过多年新闻记者和杂志、报纸编辑，在给策划专业、新闻专业、市场营销专业的大学生们讲策划书写作时，多次强调策划书写作对写作者的要求比新闻记者高得多。这是因为记者如实写出新闻、反映时代强音就是好新闻，而策划书的写作，是要让策划主乃至受众-顾客-消费者接受策划的内容，让受众-顾

客-消费者自愿购买策划主需要推销出去的东西，或接受策划主提供的服务。策划行为比新闻采写难度大，就在于受众接受策划的诉求后，要有所行动，这一点是策划主要求的，也是众多策划竞争者所期冀的。

正因为如此，策划写作对语言的要求真是如唐代诗人杜甫所说：“为人性僻耽佳句，语不惊人死不休。”表现思想、表达情感最好的方式和用得最多的方式，是语言。用话语、文字语言来表达又比其他表达方式更容易让多数人明白和接受。策划使用的表达方式，语言当是首选。有的广告虽然不是先出现语言，但传达主要信息还得靠语言。如贵州“神奇”脚癣一次净的电视广告策划，先是一双脚在跳踢踏舞，但最终还得用字幕和口播语言来传递广告策划商品的信息。

广告策划的语言要求不同于新闻。乔治·葛里宾说：

“然而，要写出一罐羹汤的好广告又比写一段车祸或抢劫案的新闻要难得多。因为车祸和抢劫案的新闻本身就使人们发生兴趣，并不再需要运用创造力来使那些故事写得有趣，而在今天所策划的许多商品则需要极大的创造力，方能使人们感兴趣。”

4.2.2 策划书语言的艺术魅力

用好的语言才能准确、完美地表达商品或劳务的内容，这好比用优质的武器来装备士兵一样。要把策划书写好，就得先磨砺语言这个武器。

策划语言，可以称为语言的结晶，它集语言文学艺术之大成，担负极其重大的责任，要求具有言简意赅、提纲挈领的特点，并富有鼓动性、感染性和幽默感。

策划语言的艺术魅力主要体现在策划语的构思上。策划写作主体撰写策划语，首先要构思立意。根据客户所诉求的意愿或销售的建议，突出策划宣传的关键和信息的焦点。对策划准备诉求的信息资料进行综合分析，使确定的策划主题理性化、概念化、形象化，引起策划所指向的对象的注意，并能迅速产生反馈。在撰写策划书的关键性话语之前，要有明确的立意：是对商品的用途立意，还是对策划广告接受对象（消费者）立意？采用什么形式的策划语言对策划对象有利？这些都要经过反复、综合的考虑，从不同的角度分析，然后慎重地挑选出几个较完善的构思方案，以便使策划主与策划对象达成一致的愿望，产生共鸣，在经营实践中满足策划对象的心理欲望和现实要求，实现策划广告的语言艺术魅力。

4.2.3 策划语言的重要作用

在策划中，语言所起到的作用是深远的，它不但要准确地传递信息，而且要鲜明地介绍策划广告的特点，才能引起受众-顾客-消费者的注意。策划广告的语言和其他文学艺术作品如诗歌、散文、小说等的语言不同，后者是为具有一定专业知识的特定对象而创作的，针对性较强，阅读它需要较长的时间和一定的艺术修养；而策划广告是面向社会大众的，语言要深入浅出，雅俗共赏，影响面广，号召力强，篇幅要短小精悍，而且要在有限的字数里传递产品的特点、质量、用途等诸方面的情况，对这些方面的介绍还要做到准确、自然、寓意深刻，主题突出，具有诗情画意，使人爱看、易读、好记。

策划在用语言传递信息时，首先要准确地表达主题，即你要向消费者表达什么。要显现出商品的个性和主要优点。一则成功的策划，应是旗帜鲜明、重点突出的。比如，海尔双动力洗衣机的主要特点是采用世界第四种洗涤动力模式，能够高效快速地将重达 5 千克的衣服全部洗好，洗净比达到 1.05，比普通洗衣机高 50%，同时减少衣物和波轮直接接触，降低磨损率。策划时要突出、准确地说明这个特点，其他性能只需略提一下，这就重点解决了人们对衣服洗不干净或者容易磨损等的疑虑心理，使产品易被人们接受，销售情况很好。

其次要注意介绍商品的鲜明特点，使受众-顾客-消费者树立明确的商品形象，对商品产生好感，进而促成购买行动。如 20 世纪 30 年代的梁新记牙刷，“我厂生产的牙刷一毛不拔”这则策划广告仅用寥寥数语向受众-顾客-消费者表明了该厂生产的牙刷在质量上是可以信赖的，牙刷的特点鲜明地表现出来了。全文写得紧凑、简练、富有情趣。

在现代策划广告文稿中，这样的例子也并不少见。例如，南京市某校办工厂销售涂料采用的策划广告文稿，没有用“价廉物美”“环保”等套话，而是着重强调商品“经济实用”的特点：“涂料每千克 7 角钱，可以涂刷 4 平方米左右墙面，27 平方米的房屋，只用 6.5 千克涂料，用不了 5 元钱。”因为写得具体，消费者满意，涂料销量大增。策划广告语言如果用得恰当、生动，收到的效果也就更好。

策划广告文稿不但要说理，而且要表情；既要用概括性的语言说服人们购买某种商品，还需要结合生活情趣以艺术性的语言来引发人们的购买需求。策划广告文稿的概括性要求策划广告的正文重点突出，简明易懂，言简意赅，收到以一当十的效果。策划文稿的艺术性要求策划广告正文表达尽量生动、别致、贴切、形象，使策划广告有趣味性、人情味，受众-顾客-消费者读了感到亲切，乐于欣赏，细细品味，回味无穷。因此，策划广告正文往往根据策划商品的特点、广告表现策略、策划对象心理等因素，采用叙事、说明、论理、散文、诗歌、戏剧等多种多样的写作体裁，以增强策划广告的感染力和说服力。

策划广告语言要有趣动人，往往运用富有人情味的语言，以抒情方式来表达，使策划广告商品与受众-顾客-消费者有更为密切的情感联系。如某茶叶的策划广告：“你工作累了吗？请喝杯茶，醒醒脑，提提神！”比之单纯说茶叶如何气味馥郁，其味如何浓、滑、鲜、爽等空洞词语显得亲切、关心、体贴。又如，南京市某饲料公司的一则广告，原稿中列举了饲料含有的硫酸亚铁、硫酸亚锌等七种元素的各自作用，作为销售对象的农民很难听懂，后来改用这样的语言：“养猪的都想猪仔肥得快，养鸡的都想下蛋多。这不是梦里吃仙桃——想得高，现在是馒头吃到豆沙边——尝到甜头！”农民听了都感到亲切、生动、易懂。

4.2.4 策划书语言的艺术性表现

策划书语言的艺术性在策划中的表现有很多方面。

1. 夸张

在策划中有意地夸大或缩小策划广告商品的品质、性能或外观，从表面上看是不真实的，甚至是不合逻辑的，但人们很容易理解这是有意识地渲染商品形象。策划广告的夸张手法往往使人们对策划广告留下深刻的印象。比如婴儿鞋的策划广告，形容婴儿鞋柔软舒适“像母亲的手捧着婴儿的两只脚一样”。鱼牌挂锁的策划广告形容锁的坚固安全是“一夫当关，万夫莫开”。雕牌洗洁精的策划广告形容其洗涤效果非常好，以至于“我家的盘子会唱歌”。

夸张的方法具体可分为三种：

第一，向上夸张。这又叫夸大的夸张，即把一般的事物故意往大处说，往高处说，往重处说，往快处说，往远处说，往强处说等。例如皮鞋广告，形容皮革很坚韧，为“天下第一厚皮”。虎标万金油的命名是夸张命名：“价值万金”。

第二，向下夸张。这又叫缩小的夸张，即把一般事物故意往小处说，往少处说，往短处说，往弱处说等。比如清仓商品广告：“存货不多，欲购从速。”又如以色列航空公司的喷气式飞机航班广告标题“从12月23日起，大西洋将缩短20%”，以缩短大西洋20%来形容飞机速度比过去快20%。

第三，超前夸张。这是在两件事之中，故意把后出现的事说成是先出现的，或是跟眼前的事同时出现的。比如，精工石英表广告“明日科技创先河”。在美国1985年的策划广告评比中，评出的最佳比较性广告便是超前夸张的策划广告，那是百事可乐公司耗资100万美元拍摄的电视广告。该策划广告脚本的基本内容是：公元3000年前后，有一位博学的老教授带领一批学生，乘坐“百事可乐”号帆船来到某地考古。在废墟间散步时，学生们捡起许多“古董”，老教授一眼就鉴定出，这是一只垒球，那是一架电子琴。但是，当学生们捡到一件“怪物”时，教授瞠目结舌了，经过复杂的激光处理，终于认出，原来是一只“可口可乐”的空瓶。事后，老教授不好意思地对学生承认：他确实不知道“可口可乐”是何物！这个策划暗示当时可口可乐已经绝迹市场许多年，故无人认识了。

2. 比拟

在策划中，把物当作人或把人当作物来写的表现手法便是比拟（拟人和拟物）。除这两种方式以外，在广播广告、电视广告的创意中还常用拟声的手法。

第一，拟人。这是把物当作人来写，赋予各种“物”以人的言行或思想感情。比如牛仔裤的广告“有如第二皮肤”便是拟人比喻。又如西施兰夏露的广告，一位患了狐臭的男子汉认识了一位漂亮的姑娘名叫西施兰，后来姑娘发现他患有狐臭便疏远了，这位男青年很着急。后来男青年经人介绍使用了西施兰夏露，从此治好了狐臭，故而用“西施兰”（指夏露）赢得“西施兰”（指姑娘）的爱情。

第二，拟物。这是把人当作物来写，也就是使人具有物的情态或动作。比如，杠铃的广告策划："杠铃使您健壮如牛"。又如，一种运动鞋的广告策划，形容运动员穿了这种运动鞋打网球，能使运动员像豹子一样"疾跑急停"。

比拟的特点是作者凭借客观事物来表达自己的感情，使策划主题思想形象化，把策划广告商品的独特个性表现为人们可以联想到的具体事物，加深人们对策划广告商品的认识和好感。

第三，拟声。如深圳广播电台（声图广告公司）为 TCL 美之声清晰无绳电话制作的广播广告：

男孩：啊哈！这儿有脆饼！

（清晰的吃脆饼声——）

（电话铃响——）

喂——

父亲：（电话里的声音）森森，在家干吗？

男孩：（又吃一口——）我在做功课。

父亲：做功课时不要吃东西，毛病老改不掉。

男孩：（惊诧地）爸爸，我没……没吃。

父亲：（威严中透着慈爱）别骗人了！（清新的音乐起）

家里装的可是 TCL 美之声清晰无绳电话，声音清楚极了。你一定是在吃刚买的脆饼。

男孩：（沮丧地）TCL 美之声清晰无绳电话，嗯——！

女：方便谁都做得到，声音清晰更重要。

TCL 美之声清晰无绳电话。

这里巧妙地利用了孩子吃脆饼的声音，造成一种特殊的音响效果，突出了 TCL 美之声清晰无绳电话声音的清晰度。如此用法在国外也曾用于对某种香脆食品的广告。

3. 比喻

比喻是策划广告语言表现主题常用的创意表现法。比喻就是"打比方"，由被比喻的"本体"和用作比喻的"喻体"组成，使用比喻是为了更生动形象地突出商品的特点，使消费者易于理解和记忆。如早些年富士胶卷的广告"盒中自有花满谷"，形象生动地形容胶卷的色彩鲜艳多姿。又如花士通客车用车胎的广告语"强韧耐久的长途健将"，形容轮胎经久耐用的品质。这些都是比喻策划广告。

4. 双关

广告语中经常使用双关语。广告的一个词语、一个句子或一个语言片断同时关顾两种事物，表达双重意义，这就是双关。如红鸟鞋油的广告语"优质的产品，为足下增光！""增光"一词有双重含义：一是指使皮鞋发光锃亮，另一种含义是指为穿皮鞋的人增加仪表美。"足下"一词既指具体的脚下，也是对消费者的尊称。

双关的特点是幽默、诙谐。双关是一种含蓄的表达方式，可以加强语言的余味，启发读者的思考，使读者从中悟出深刻的道理，收到一举两得的策划效果。

5. **幽默**

幽默这种语言形式在策划广告语中使用得较多，它主要通过比喻、夸张、象征、寓意、双关、谐音、谐意等多种多样的表现手法达到幽默的效果。策划应用幽默手法，能以活泼风趣、俏皮轻松的语言，含蓄地宣传策划商品的特征，使消费者在一种轻松愉快的气氛中接受与领会策划广告的信息。例如，外国有一种可尔必思饮料，味道是酸酸甜甜的，它策划的广告语是："初恋的滋味——可尔必思"。一家设在高速公路旁的小吃店门口的招贴广告："请到这里用餐，否则您我都要挨饿!"将幽默用得恰到好处，使人看后久久不忘。

6. **奇巧**

有些策划的语言是用非常规形式出现的，比如日本某牌手表的广告语："这种手表走时不太准确，24 小时内会慢 24 秒，请君购买时要深思"。一般标准的手表，在 24 小时内快或慢 24 秒就算是比较好的手表了。这种非常规的策划语重点放在暴露缺点，其目的是以诚待客，以取得实至名归的策划效果。

7. **虚实**

图文并茂、虚实映带是策划广告作品的一大特征，广告文案的表达也往往采用这一艺术表现形式。图、文是广告的基本元素；虚、实变幻是艺术的基本特质，也是广告艺术的基本特质。《第七届全国广告优秀作品展获奖作品集》中有一幅平面广告，全黑的底色上写着的文案由"保护绿色资源永无止境"几个字和一个显著的大逗号组成，而空灵的逗号中圈人的是一片葱郁的树林。这一环保广告的文案，实中有虚，虚实结合，十分奇妙，特别是那巨大的逗号，已经引起了人们的认知失谐，而逗号中又独出心裁地放进茂盛树林的照片，这就诱发出人们对绿色的美好向往和企盼。还应特别强调的是，设计者用的是一个逗号，而不是句号，句号具有完结的意义，而逗号却与"永无止境"相应相扣，使现实主题蕴蓄于虚旷的延续之中，令人回味。

8. **抑扬**

抑扬，即抑扬顿挫。抑是压，是低；扬是抬，是起；顿挫，是停，是折，是伏，是弛。抑扬顿挫，说的就是曲折波澜，起伏跌宕，或先抑后扬，或先扬后抑。创意有了抑扬顿挫，也就有了情节，有了节奏，有了趣味。策划广告文案采用抑扬顿挫的手法，可以起到引人注意并产生兴趣的积极作用。

9. **象征**

象征，是用对具体事物的描绘表示某种抽象概念或思想情感的一种艺术表现手法。这种手法着眼于整体而不是局部。它作为一种表现手法，对于所描绘的对象，除了表层的意思之外，还有深层中隐含着的更丰富的意味。象征有着浓郁的民族和地域历史积淀，有符号，也有物象。这些图腾、符号、客观物象，往往蕴涵着某种民俗、信仰或观念。已往的象征体虽然大都是固定下来的，但随着社会的发展和人们认识客观事物的渐趋深入，也再次出现在人们的思考、探索之中，并创造出新的象征体。运用象征的表现手法，应力避晦涩难懂，当然也不能过于浅露。

最典型的要数“人头马”的策划广告文案：“人头马一开，好事自然来。”开启“人头马”酒象征着运气好，很吉利。再如，黄山香烟的广告语“天高云淡，一品黄山”，即是用世界级的文化遗产象征黄山牌香烟质量的纯美、清雅、奇特和无与伦比。

10. **类比**

类比，是用同类事物相比，或通过比喻来证明论点的方法。类比是从个别性的前提推出个别性的结论的一种推理方法。其前提必须反映事物的本质，推出的结论才能确定可靠。这是理性诉求经常使用的方法。

南京卓越形象创意公司制作了题为“找对位置方能发光——‘对口’择业观”的公益广告。这是一幅长方形的图案，以灰为底色，上方是一个电源插头，中间用黑体写着“对口”二字，下方是一个连着电源的插销板，最下面黑底上写着“找对位置方能发光”几个白字和“‘对口’择业观”几个小号的红字。创作者用插头与插孔对口方能发光的电学原理，以具体实物的形式表达了一个抽象的择业观念，其类比意义不仅鲜明而且颇具新意。

11. **境联**

境联，指心理学上的境联效应。它说的是上下联系、左右联系，都会对知觉产生影响。境联，往往伴随着知觉推论，即根据线索对客体得出某种结论。知觉推论，依知觉的组织特性创意，将离散的感觉信息组成一个完整的知觉形象时，是按照接近、相似、连续和封闭等规则实现的。境联在策划广告创意和广告文案写作中起着举足轻重的作用。

12. **失谐**

认知失谐，通俗地讲，是认知的反常态。在现实环境中，人们接触到各种各样的事物，获得了许多经验和知识。这些熟悉的事物、经验和知识，在人的大脑里会形成一种定势，也就是形成习惯性思维。当熟悉的事物、经验和知识突然以一种反常的方式出现时，业已形成的定势就会被破坏，认知失谐现象就出现了。

认知失谐的手法多种多样。一种称为合成艺术的平面设计，就常常采用“反时空”的失谐策略。例如，美国某品牌长裤的策划广告文案“长裤使审判中断”，就使用了这种方法。在法庭上被告不管穿着什么，总不会令审判中断，这是常态，而一条笔挺的西裤竟然能使审判中断，可见这条裤子有多大的魅力。这是认知失谐的巧妙运用。

电视广告中，情节反常引发的误会也是一种认知失谐。例如，立白洗衣粉的电视广告：乘警们在围堵一名携带着一个大行李包的紧张失常的男子，经严厉搜查，翻出来的物品竟是一包包立白洗衣粉，从而突出了产品的品牌和特性。

采用上述种种认知失谐的手法，可望得到一个直接的心理效果，即引发受众注意的失谐点，通常该失谐点正是广告所要传播的主要商品信息。

认知失谐不仅有利于实现信息的传播，还有利于引发受众产生积极的态度去接受广告的诉求，因为策划广告的诉求常常融于失谐点上。

当然，不恰当和过度的认知失谐，也会影响信息的加工效率和准确性，甚至还可能引发受众的反感和不适。

4.2.5 策划语言艺术表现力

如何把策划语言写得生动、幽默、准确、具体、重点突出、简明易懂、有趣动人、有号召力呢？这就要提高策划写作者语言的艺术表现力了。

1. 通过调查获得第一手资料

策划写作者要有一定的经济头脑，要勤于动手，用经济学、市场学的有关知识对市场进行调查，如市场需求规模的大小、需求变化的趋势，销售变化的情况，竞争企业在市场上的数目、地位性质、市场占有率，以及在商品、价格、销售渠道、销售促进等方面的策略运用等，写作者都要进行调查。

（1）对商品市场做调查

策划文稿宣传的最终目的是促进商品的销售，因此，对商品市场做调查，就要调查策划商品的生产历史、生产过程、生产设备、加工制作工艺水平、商品原材料来源，以及商品的外形特点、体积大小、花色款式和包装装饰等。

（2）向消费者做调查

策划文稿是向特定的消费者宣传、介绍商品或服务信息与市场信息的大众传播活动，所以消费者必须是策划文稿的宣传目标与对象。具体调查包括消费者的需求、动机、购买习惯与消费习惯，还有消费者的性别、年龄、收入、文化程度、民族、宗教、职业、家庭状况等，以及消费者的购买目的、购买范围、购买时间、购买地点、购买频率、购买后的反映等。

除此以外，策划写作者还要学习商业心理学，要了解消费者对待商品或服务的一般心理活动，还应了解消费者行为及其活动的规律，包括对消费者的购买动机、购买行为、购买习惯与模式的了解，从中悟出策划文稿的诉求重点和诉求目标，从而收到良好的效果。

（3）向策划广告媒体做调查

策划广告媒体是策划稿借以传播信息的物质条件。选择恰当的媒体能收到事半功倍、费省效宏的作用。策划写作者要对印刷媒体（指报纸、杂志等）、电子媒体（指广播、电视等）进行调查，还要对交通媒体、邮政媒体、路牌媒体、霓虹灯媒体、网络媒体、手机媒体等进行调查，从而实现“从善而流”。

2. 将调查资料变成策划文字

通过调查收集到的材料要通过文字反映出来，这就要有基本功。中国有句俗话：“拳不离手，曲不离口。”写东西也是一样，不经常练习，要想提高写作水平，是很困难的。只有从基本功抓起，如坚持生活速写，坚持写日记，常写阅读笔记，并进行商品特征的素描训练和策划广告语言写作竞赛等，常进行文字语言的锤炼，才能写出好的策划书来。同时，还要学习发达国家的策划广告创作经验，实行

“拿来主义”，这样就能使自己的策划水平不断提高。

图 4-1　鲁迅做广告实话实说（姚尧　绘）

策划写作最主要的是实事求是。如鲁迅先生曾为自己主编的《未名书刊》写过一则广告：

大志向是丝毫也没有。所愿的无非是：一、对于自己，是希望那印成的从速卖完，可以收回钱来再印第二种；二、对于读者，是希望看了之后，不至于以后太受欺骗了。

鲁迅做广告的超人之处就是说实话，不骗人。他当众坦率承认，出书是为了把它们推销出去，收回钱来，再印第二种书。也就是说，他做广告策划是为了推销商品，加速资金流转，继续生产精神产品。鲁迅不讳言钱，实事求是。再有，鲁迅不吹牛，不侈言“为读者服务”之类，只是希望买书者读完后不会大呼上当受骗。这本书被他这样一做广告，反而销量大增，鲁迅做了一则十分成功的广告策划（见图 4-1）。

策划写作者的知识面要广。策划出一句成功的广告语，要具备各方面的知识，既要懂社会科学，也要懂自然科学，还要懂心理学、美学、公共关系学等。策划学本身是一门综合学科，要创作好广告语，每一个撰稿员必须善于观察事物，总结正反两方面的经验，撰写出商品的精华，用既通俗易懂又富有哲理的语言向大众传播。

3. 广告文案语言的艺术性

策划广告是科学与艺术的融合，那我们在探讨广告文案的语言艺术时，就必须尊重这一前提。广告文案的语言虽然属于应用的范畴，但它与一般应用文体的语言和文学创作的语言均有所不同。应用文体的语言，讲究科学、庄重和实用，更多地显示出“直指”的意义，侧重于信息的传递，意义相对单一，也更程式化，情感意味比较淡；文学创作的语言讲究情感、新颖和独创，更多地显示出“联想”的意义，在传递信息的同时也传递着个人的感受，意义相对模糊而多义，很少有程式化的东西，审美意味比较浓重。因此，广告文案的语言，应视之为科学语言与文学语言的融合，也就是说，广告文案的语言既要有科学的严谨，又要有文学的审美。处理好这两者的关系有一定的难度。广告文案的语言艺术也正体现在科学与文学的交汇和融合之中。基于这一认识，我们从语言表达的角度介绍广告文案语言的艺术性。

广告表现的根本是语言，当然也包括体式语。广告文案语言所涉及的方面十分宽泛，语法、逻辑、修辞，无一例外，但我们不是从现代汉语的角度谈语句的成分与结构、功能与性质，而是立足于表达的层面，从整篇广告的情境与表达效果来讲述广告文案的语言艺术。有人说，广告人所做的工作是对不想看广告的人传达不想听的商品信息，因此要使广告文案抓住那些“不想看”“不想听”的广告受众的注意，让他们真的明白，并产生兴趣，就需要语言别开生面、别具一格。

我们就从语义——指向主旨、语式——灵活多样、修辞——平添神采三个方面谈一谈文案语言的艺术性。

(1) 语义——指向主旨。

关于语义，使用时还有具体的用法和要求。

①语义简洁，主旨突出。“简洁是才能的姊妹。”这句名言不仅适用于文学创作，也适用于广告文案的写作。多余的词语、啰唆拖沓的表述，都是广告文案语言所不能容许的。正如美国广告专家马克斯·萨克所说：“广告文稿要简洁，要尽可能使你的句子缩短，千万不要用长句或复杂的句子。”要使广告文案简洁而又能突出主旨，就必须确定语言的指向或者说是语言流动的去向。因此，广告文案中的每一句话、每一个词语都要有重点的方向，都要直接或间接地指向文案的主旨。

②语义鲜明，通俗易懂。一般来说，人在瞬间能够看到和理解的字是10个左右。因此，语言必须有力度。日本的山本良二在《大阪的文案》一文中说：“我在大阪写了13年文案。我认为最重要的就是广告首先要好懂。也就是说，要看受众能不能明白商品具体好在哪里。而且，不只是用‘大脑明白’，要‘用心明白’，用‘皮肤明白’，用‘身体感受’……其次是明白的速度，也就是说广告必须让受众能够马上明白。”文中还讲道，“在处处可见的无数广告中，如何突出自己是关键”“形式化的东西不容易深入人心。让人吓一跳也行，让人喉头哽噎也行。听了一次不会忘记，不愿意接受也堵在心头。我所追求的就是这种文案”。当然，通俗又具有民族特色的语言，最适合作为文案语言。

③语义柔美，令人心动。虽然低声低语、自言自语、大声叫喊、引发共鸣等表现形式，在广告中都能获得明显的表达效果，但柔美的语言更能深入人心，因为柔美伴随着从容，伴随着缓缓流动，伴随着潇洒和宁静，所以更具渗透力，更能打动受众。

为了使文案的语言柔美，文案作者应尽量避免使用拗口、难懂的词语，特别是那些容易引起误会的同音字。

④语义隽永，魅力无穷。措辞造句要做到含义隽永，突出主旨，比较好的方法就是形象化地强调。西铁城手表的“手形动物”广告语就是这样：

像鸭子一样防水
像天鹅一样优雅
像长颈鹿一样修长
像斑马一样粗犷

这一连串的比喻把用手形展示出的动作做了明确的注解，每一句都自成一个意象，化神为形，以形传神，既突出了西铁城手表的性能特点，也突出了不同性别、不同年龄的人戴着它会产生的不同效果。让受众真切地感受到该手表的形美与质美，新颖奇特，鲜明生动，成功地突出了该广告的主旨。

广告信息作诗意的表达，会产生深深的情感和平添更多的韵味。如台湾《自立晚报》曾登载浙江省丝绸进出口公司的一则广告诗：

年华如水涓涓逝，故土情思日日深，
穿上一款家乡衣，以慰一片思乡情。

慨叹岁月的流逝和对故土的思念，若能穿上一款家乡的衣裳，那该是怎样的一种满足啊！这是广告，也是诗，它道出的不仅是商品的信息，更是绵绵的乡情。由此激发出的购买欲望，不是显而易见的吗？

好诗不仅能增加广告的情韵，而且能更真实地传达出商品的特点。

（2）语式——灵活多样。

这里所说的语式，是汉语行为结构系统的方式。从言语交际的角度说，它指的是言语行为的结构系统。汉语交际中言语行为方式可概括为七种：陈述式（述事、状物、说理、陈情等），使令式（请求、希望、命令、劝说、禁止、警告等），发问式（是非问、选择问等），招呼式（称呼、应答等），应答式（嗯、啊等），表态式（表示赞成、反对、褒扬、贬斥、允诺等），宣告式（公布、通知、命名等）。这七种方式几乎囊括了汉语全部有意识的言语行为。实际上，这些有意识的言语行为方式体现在各种不同语体风格的作品和日常人际交往之中。广告文案的语言行为结构系统当然也不例外。灵活地运用这些方式，无疑对广告文案的语言行为方式起着十分重要的作用。

广告文案的语体表现形式十分多样，可以是诗歌体、对联体、曲艺体，也可以是故事体和影剧体。但从表达方式来说，无外乎叙述、描写、说明和议论。而这四种基本表达方式，也正是以上七种言语行为方式在具体表达中的运用。

①述事陈情。述事陈情，指的是在叙述事情原委的过程中抒发感情。或者说，述事陈情是将情感蕴蓄在具体的叙述之中，使字里行间或话语间渗透着情感。

②状物说明。状物，是对客观人、事、物的描摹，或者说状物是用语言造型。说明，是对事物做清楚的解说，对事理做明白的剖析，或者说是科学的解说。

广告作品中往往将状物与说明交织运用，边状物边说明，或边说明边状物，或者是一种状物式的说明。

③议论说服。说理，是在不施加任何压力的情况下，仅用态度和语言影响他人的一种行为，或者说说理是一种逻辑的说服。

④语气和句式的变化。

第一，语气——陈述、感叹、疑问、祈使。各种语气的灵活运用在广告文案中也起到了很好的作用。

陈述句："在韩国最受欢迎的除了荡秋千还有竹盐牙膏"（《竹盐牙膏之秋千篇》，作者：广州传奇广告有限公司邹晖、邓锦初等），向受众陈述了一个基本事实，很好地宣传了"竹盐牙膏"这一品牌。又如，"努力钻研是再就业的金钥匙"（《再做革命的螺丝钉》，作者：吉林艺术学院美术设计系王征良），以肯定的语气告知下岗工人一条人生的哲理。

感叹句："人类不至于那么愚蠢吧！"（《保护生态环境》，作者：深圳大学文学院传播系伍远萍），画面是一个人和一只动物共处在架于高山之巅的跷跷板上。那人正端着猎枪准备射杀对面的动物。它提示人们，如此下去，人类的性命也难保全了。

疑问句："该到哪儿去呢?"（《我该到哪儿去》，作者：吉林艺术学院美术设计系才威），画面是用简笔勾勒出的一叶小舟上一条鱼正撑着桨发愣，舟下的水异常混浊。它提示人们如果再污染下去，鱼儿将无处生存，人的生命也将受到严重威胁。

祈使句："捐血救人，重感情的你怎会无动于衷"（《捐血救人》，作者：深圳红十字协会），祈使人们赶快行动起来，义务献血。

第二，句式——长句与短句、整句与散句。在表达同一意义时，句式的长句与短句、整句与散句的配合使用，也会给文案的表达带来理想的效果。长句信息容量多，大气且庄重；短句简约有力，明快活泼。长短结合，句式富于变化，增加节奏感。整句结构相同或相似，整齐且匀称；散句结构不同，自由且变化。整散结合，句式富于变化，多姿多彩。

(3) 修辞——平添神采。

修辞的范畴比较广泛。它是为了获得语言的修辞效果，更好地完成表达任务而调动语言诸因素的种种手段，从大的方面来说，包括选择词语、句式、调配韵律、运用修辞方法，以及合理创新等。修辞有消极修辞和积极修辞两类。我们这里主要指的是积极修辞，即积极地随情应景地运用各种修辞方法，极尽语言的一切可能性，使所说所写呈现出形象性、具体性和体验性，呈现出新鲜活泼的动人力量。

①常见的修辞方法。

第一，排比。排比，是指把意思相关、相连，结构相近、相似，语气连贯一致的三个以上的词组或句子排列起来的修辞方法。广告文案使用这样的方法，可以突出所要传达的信息，并增强语势，强化情感。

第二，比喻。比喻，就是打比方的方式。联想是比喻的桥梁，广告文案运用比喻的修辞方法，可以产生通俗、形象、生动的诉求效果。比喻有明喻、隐喻和借喻三类。

第三，对比。对比，是把两种相反、相对的事物，或一个事物的相反、相对的两个方面，加以比较或对照的修辞方法。广告文案中使用对比，可以将同一类商品的两个对立点放在一起进行有意识的比较，以突出所宣传商品的优点。

第四，双关。双关，是指借助语音或语义的联系，使语句在语音或语义上同时关涉两种事物，即一语相关。广告文案中的双关语，往往能起到语义丰富、活泼生动、情感浓郁、幽默风趣的作用。如"孔府家酒，叫人想家"（孔府家酒），"擦尽人间不平处"（骨质宁擦剂）。

第五，反复。反复，是为了突出强调某个意思或某种情感，特意将表达那个意思、那种情感的词语或句子有规律地多次重复使用的修辞方法。广告文案中常常运用反复的手法增强受众印象并加强受众的记忆。

第六，反问。反问，是用疑问的语气表达了与字面相反的意思。如“怎能视而不见?”（东晶・国际公寓）运用的就是反问——无疑而问，语义更加肯定。

第七，设问。设问，是设疑而问，自问自答，以引起受众注意的一种修辞方法。

第八，拈连。拈连，是指利用上下文的联系，巧妙地将适用于甲事物的词语用于乙事物的修辞方法。广告文案因使用拈连而显得新颖别致。

第九，对偶。对偶，是用结构相同或相似、字数相等的两个语句来表达相似、相反或相关意思的修辞方法。

第十，示现。示现，是把已经过去的，或者未来的，或者处于悬想中的事物活灵活现地表现出来，让人产生身临其境的感觉的一种修辞方法。

第十一，反语。反语，即说反话。用说反语的方法表达真诚的态度和商品的独特点。

第十二，押韵。押韵，就是某些按照一定规律排列的句子，句尾字的读音韵母相同或相近。广告文案中的语言因押韵，读起来会产生音韵美，不仅上口，也平添了文化意味。如“天天送健康，年年天赐庄”（纯净水）中的“康”与“庄”均押“ang”韵。“活力28，沙市日化”（洗衣粉）中的“8”与“化”均押“a”韵。“吃了忘不了，学习会更好”（营养品）中的“了”与“好”均押“ao”韵。

第十三，仿拟。仿拟，是比照固定词语临时仿造出来的新词语。广告文案中的仿拟运用得好可以增强创造性、新奇感和幽默感，给受众留下深刻印象。

第十四，顶真。顶真，又叫蝉联、联珠，是用前一个语、句、段的后面部分作为后一个语、句、段的开头部分，前后连锁式地递接下去的修辞方法。这种修辞方法可以使语言步步拓展，前后叠应，承转衔接，畅通自然。如“万家乐，乐万家”（家用电器）。

第十五，省略。省略，是为了语言简练，在不影响明确表意的前提下省略某些句子成分的修辞方法，主要有承前省、蒙后省、对话省、突显省、自述省、泛省等。

此外，修辞中的回环、衬托、层递、叠音，以及感叹语和标点符号的巧妙运用等，也都对文案的表达起着不可忽视的作用。

②修辞方法的综合运用。

修辞方法的综合运用是在同一个话语单位里，把几种修辞方法结合起来使用。根据综合使用的特点，可以分为连用、套用和兼用几类。

例如，“平时注入一滴水，难时拥有太平洋”（太平洋保险）——有比喻也有夸张。再如，博义堂纯中药面膜的印刷广告文案中写道：“面膜，面膜，给我美丽几多？要想化蛹成蝶，只需轻松一刻”——不仅有比喻而且有夸张。

③关于语言的规范。

《中华人民共和国广告法》对广告的真实性和可靠性都作了相关的规定，但对语言的规范性所言甚少。广告面向受众，立足传播，因此广告文案的语言更应注意规范，应做到童叟无欺。早在1995年，国家语言文字改革委员会主任许嘉璐就曾谈到广告用语存在的问题，他说："语言和文字，是一个民族、一个国家的进步和文明程度的标志之一。一个统一的国家，要政令畅通就需要文字的统一；要想保证教育的发展，也需要文字的规范。"对于广告语言，他说："我对'咳'不容缓、无所'胃'惧、'饮'以为荣、洗'新'革面、'鳖'来无恙之类用所谓'换字术'的方法篡改成语的做法很反感。因为汉语中的成语是汉语的精华，是中华优秀文化的一个部分，不该随便糟蹋。"从某种意义上说，广告文案就是驾驭语言的艺术，因此对以下问题应格外注意：

第一，用语不可有霸气，如：

"甜甜的，酸酸的，妈妈，我要喝……"（饮料）

"聪明的孩子要用……"（文具）

第二，成语的仿拟不可太随意，如：

"美好人生，'鸡'不可失。"（三黄鸡）

"……我行我速"（摩托车）

"……尽情享瘦"（减肥胶囊）

第三，国产商品的品牌不可太洋化，如：

"克利斯"（火腿肠）

第四，同音字不得乱用，如：

"终身无汗（憾）"（空调器）

"食（十）全食（十）美"（食品）

"一见盅（钟）情"（酒类）

"有被（备）无患"（被褥）

此外，广告中还不时出现诸如错别字，不规范的简化字、繁体字，已经弃用的旧体字的现象，很不顺眼；广播广告、影视广告中也时常有不标准的读音，南腔北调，很不顺耳；还有的广告滥用外来语或说一些低俗的词语，着实不雅。

因此，策划人在写作广告文案时应该对维护语言的正宗和纯洁性作出自己的努力。

4.3 善于表达征服人

策划书的表达是一个系统，而系统是普遍存在的。自然界中千差万别、形形色色的事物、现象，都是物质的各种表现形态，都有一定的物质系统。在社会中，一个人、一部机器、一所学校、一个地区以至国家、社会都可自成系统，作为对客观物质世界反映的人的思维活动，也必然以系统的形式存在着。

写作是一个系统。写作主体行为过程，就是一个由生活到实践感受，主体将其"内化"升华，到读者对作品给予反馈，再回到生活的循环系统。

在写作主体行为过程这个系统中，表达是它的子系统。这个子系统与其他子系统以一定结构组成相互联系的整体。表达又可以分解为若干基本要素，表达作为一个系统时，有不同于各组成部分的新的功能，这个系统中存在物质、能量和信息的流通。表达这个系统有一定的环境，它与环境可以组成新的系统。

在表达这个系统中，各要素如何工作，相互关系怎样，是本节研究的问题。

4.3.1 选词炼语

写作文章，要用文字把思想外化成物质形式的文章，让人们读了它能了解写作主体的思维轨迹。要表达作者的思想，词语是最好的外化工作。文字是书面的语言，能表达一种确定的思想的语言又总是由字组成词，一个个的词又是按语法规则组成短语、构成句子，若干句子根据表达的需要又集合成各个语言段落，再由段落组成文章。

在写作时，选词炼语是非常重要的一环。

1. 意义

（1）词语是思想物化的形式。

人在思考问题时，别人是无法看得到的，只有他通过写作或用语言表达出来，或用绘画表现出来，或用手势表演出来，或用体态变化传达出来，别人才能了解他此时此刻在想什么。有说话能力的人，用词语表达思想是最方便、最有效的方法。人类在长期的生存斗争和社会实践中产生出了词语这种外化思想的形式，使人类彼此交流思想和文化成为可能。人类发明了文字，将思想记录下来，用物化了的形式表达思想，才能让更多的人了解某个人的思想。

词语这种形式是有内容的，因为它是人类在长期的共同创造中约定俗成的，是以一定的内容为依托的形式。当人们看到词语这种物化了的形式时，大体能了解它们所要表达的一定内容的思想。

（2）词语是信息物化的符号。

信息的最简单的定义是：“两次不定性之差。”不定性之差是指原来的情况不清楚，人们使用各种科学手段了解情况后，不定性就减少或消除了，人们获得了新知识。现在，随着科学的发展，人们认为：信息是客观存在的一切事物通过物质载体所发生的消息、情报、指令、数据、信号中所包含的一切可传递和交换的知识内容，是表现事物存在方式、运动状态、相互联系的特征的一种表达和陈述。

从信息的定义中，我们可以清楚地认识到，写作主体通过词语的表达，将只有自己知道的新内容、新知识告诉别人，使别人能明白自己思维的结果或思维的过程。这时的词语发挥了物化信息、附载信息的作用。写作主体以外的人，通过对这种约定俗成、能传递共同意思的符号的认识，就可获得新的信息。比如我们读一篇游记，就可从中了解作者的游踪、观感，也可以使我们了解作者要传递的思想，不清楚的问题减少或清除了。这就是词语符号完成了物化信息的作用。

（3）不受时空限制。

写作的词语留在龟甲上、岩石上、钟鼎上、竹简上、丝帛上、纸张上，或其他物质上，可以长久地保存下来，几千年前的人的思想行为都可以从这些词语中得到了解。一封书信中的词语、根据电波传递出去的信号译出的词语，可以翻山越岭，跨国越洲。在舰船上使用手旗和灯光可以将要问的话、要回答的词语隔着汪洋大海传达给对方。经过人们组织的词语能表达思想，可以不受时间和空间的限制，因而成为人类创造文明、发展文明的重要手段。

（4）汉语言文字的立体性特点。

汉字与西方的文字相比较，有许多自己的特点：汉字属于非拼音文字，在语言上表示音节，不表示音素；而拼音文字用字母记录语言，由一定数目的字母组成单词，不同的字母代表不同的音素。拼音文字记录语言是以词为单位，汉字记录语言基本上以最小的语音语义的结合体语素为单位。汉语的语素以单音节为主要形式，而汉字又是代表音节的，所以汉字和汉语的语素正好适应。每个汉字独立占有一方块地位，在音和义之间，存在着单音单义、多音单义或多音多义、一音多字等情况。这些就是汉字的立体性特点。

2. 内容

词是最小的能够独立运用的语言单位。词一般总有特定的意义，如“白菜”是一个词，而不是“白色的菜”。这里“白”同“菜”不能拆开，这即是词的“义”。

词都有自己的读音，从音节角度看分单音词和多音词，古汉语中单音词占优势，而现代汉语中是双音词占优势。

汉语的词许多是带感情色彩的，有褒义与贬义之分，运用时要注意词的本身色彩，不能随意乱用，但有时用贬实褒或假褒实贬也是可以的。

汉字中有许多象形字的痕迹至今仍留在字体里，如“从”字，就是一人跟在另一人的后面，“歪”是由“不”和“正”两字组合而成，“甘”是表示口中有一块糖，“甜”是“舌”字与“甘”并用。这些字在教学和实际运用中，都可以从兴味的角度引发学习者的趣味，增强学习效果。

汉语中的词同样有许多趣味可寻。如孔子重名而轻实，不饮“盗泉”之水，宁可忍受极度干渴；矛盾一词出自“以子之矛攻子之盾”的典故；将唐代诗人杜牧的《清明》，不增减一字，只需重新组织一下，就可编成一个有时间、地点、场景、人物、台词的小剧本。由此可看出汉语字词的丰富内涵。

3. 要求

（1）精确、凝练、生动。

写作时，要借助词语表达复杂的思想，这就对词语的使用提出了严格的要求。

①精确。精炼准确是选词炼语的基本要求。不准确的词语不能表达本意，传达出去，让别人捉摸不透，就达不到传递信息和表情达意的目的。准确，从逻辑上说，一要概念明确，二要判断恰当，三要推理有逻辑性。我们所用的词语要正确反映客观事物，从语言运用角度说，要选用恰到好处的词语，组织成通顺的句子，准

确地表达思想。

②凝练。文笔紧凑简练。简练就是简洁、精炼，不啰唆，不拖泥带水，用最少的文字表达最丰富的内容，传递尽可能多的信息。紧凑是使表达确定意思的词语密切连接，中间没有多余的废话，在一个表达的语意系统中，不随意插入不搭界的其他系统的词语。表达时词语要凝练，应该如鲁迅指出的：“竭力将可有可无的字、句、段删去，毫不可惜。”写作时尽可能用短句，选词造句如调兵遣将，选那些最准确、贴切的词，组成一支精悍的队伍，就能在表达中建树功勋。

③生动。写作的语言具有活力能感染人。生动的词语必须具体形象。写作时写人要求写得栩栩如生，叙事绘景要求有声有色，不用抽象的、笼统的语言去描摹本来生机勃勃的生活。生动的词语必须新鲜活泼。从现实生活中汲取并经过加工提炼而创造出来的语言往往是生动的。向生活学习词语，才不会使自己语言贫乏，无话可说，或说不出话。表达时适当地变换句式，能使词语生动。生动的词语还讲究和谐匀称。语言的这种形式也是反映一定的内容的，老舍曾说：“好文章不仅让人愿意念，还要让人念了，觉得口腔是舒服的。”这就是说选词造句时要注意音节匀称和音韵和谐。汉字的双音节词在词汇中占大多数，使用时注意不要乱拆乱用，汉字还讲求声、韵、调的配合，用得好，可以使文章读起来朗朗上口。

（2）信息量大，传真率高，速度快。

我们在写作中，总希望文约事丰，用最少的字传达最丰富的信息。从古汉语被接受的情况中可看出，诗、词类比散文较易被大家记住和传诵。例如人民军队的“三大纪律八项注意”，也被编成顺口的诗句让人们背诵和歌唱，几十年也不会忘记。

策划广告词时最为讲究的是选词造句。广告词要在三秒钟内抓住读者，所以要字斟句酌，选用最生动形象的词语。另外，广告传播是要付费的，有的是一字千金，所以要特别注意使用的词语信息量大、内涵丰富，尽量使用名词和动词，少用形象词和副词，不用意义比较抽象的介词、叹词等。经济应用文中的合同、司法文书中的判决、政务公文中的法规等都要求选词造句要信息量大、传真率高。

写作的速度取决于写作主体对生活和写作对象的熟悉程度，以及写作主体的学识水平。要使写作速度提高，从技术上讲，要避免那种“九步一回头”的行文方式，在拟好提纲后，对某一单元的文稿要一气呵成，待写完后再进行修改，不要边写边改，这容易使文气不连贯，思路不顺畅。

（3）形式美、音韵美、质朴美。

选词炼语最重要的是内容，但一定的形式总是同内容密切相关的。特别是汉语，它的形式对内容能产生极大的作用。因此，我们写作时必须注意词语的形式美、音韵美、质朴美。

①形式美。词语组成的句子，或骈或散，或长或短，都能造成一种势态，读了让人感到震撼就能达到目的。如果一味地使用一种句型，让人读后负担很重，精神上有压力，也就不能对文章作准确和深刻的理解。这就是形式与内容的统一。

②音韵美。汉字的读音有平、仄之分，阴平、阳平属平声，上声、去声属仄声。平声字高亢响亮，仄声字低回短促。平声字与仄声字按一定规则结合起来，可以产生语言的抑扬之美，如同谱了曲的歌词，让人唱后久久不忘。汉字中的韵母使用恰当，使文章读来如诗一样美。声韵在使用中组合成双声叠韵，在修辞上加以利用，使词语更生动和形象，更具感染力。

③质朴美。写作时词语要求朴素，平易近人，不堆砌形容词，不用杜撰的、别人不懂的词语，不说空话、大话、套话。写文章是要使别人明白自己的思想，如果自己都不明白，“以其昏昏，使人昭昭”是不行的。写作主体应表达一个明确的思想，选用那种符合表达需要的词，他应该时时把自己当成读者，考虑读者是否明白他要表达的思想，这样就能满足文章质朴的要求。

4.3.2 贯通文气

“文以气为主”，这里的气，有的指精神，如孟子所言“我知言，我善养吾浩然之气”，是说他坚持不懈地进行思想与道德的修养；有的指物质，如韩愈说“气盛，则言之短长与声之高下者皆宜”，“气”是自然的语气和音节。

我们认为“文气”不仅是语气和音节的问题，首先它是文章内在的逻辑力量，要使文章组成一个系统，形成一个有机的整体，然后才是外在的表现形式，即语气和音节。

1. 内在逻辑力量

好文章，读起来能让人感到有一股“内气”在其中运转。这是因为写作主体思路顺畅，表达时左右逢源，使人读起来如同走上一条使人心旷神怡的道路，作者的思想在道前层层展现，该有的都有，不该有的绝不旁逸斜出。

写作构思要贯通思路，行文要展现思路，文字表述是思路的“物化”外显。思路要有顺序性、连贯性，善于区分主次，表达缜密稳妥，这样文章就有了内在的逻辑力量。

2. 思想观点正确

好文章，有内在的逻辑力量，但它应该建立在“理直”的基础之上。

刘勰在《文心雕龙·檄移》中说“事昭而理辩，气盛而辞断”，梁肃在《补阙李君前集序》中说“道能兼气”，李翱则说得更明白：“理辩则气壮。”这些道理都是讲，理直则气壮，理丧则气衰。这里的“理”我们认为就是指文章的思想观点是正确的，所传达的道理、情理是反映客观事物本质的，因而要贯通文气，先要强调文章本身站在“理”上。

3. 襟怀宽广

好文章如一条顺畅的道路，人行于中目不暇接，美不胜收。这条路不是笔直大道，而是扑朔迷离、耐人寻味的奇峰异景。这就要求写作主体将他知识宝库中的精彩思想奉献出来。文章要放得开，收得拢，如谨小慎微、思想禁锢，绝不能产生出鸿篇巨制。

孟子讲的浩然之气，指自己的修养，我们也可借鉴。写作文章时，要高瞻远瞩，从总体把握，力求立意高远，即使是以小喻大、见微知著，也应把文气定在一个高尚的起点上。

4. 义正而辞严

我们要求贯通文气，必须道理正当，措辞严肃。义正，我们前面已经介绍了，是指思想观点正确和襟怀宽广。措辞严肃、严谨，也是文气贯通必不可少的。

词语达意，顺畅的思路才会逐渐显现；文理不通，措辞无章法，必然不能反映正确的思想，也不能让读者获得准确的信息。

写作用词要符合语法规范，句子结构完整，段落层次清晰。这里的用词是基础的工作，我们要在准确把握词义、正确运用词汇上多下功夫。

4.3.3 常用的表达手法

常用的表达方法有五种，即叙述、描写、议论、抒情和说明。在具体应用中，实用类文体极少在一篇文章中同时使用这五种方法，而文学类文体在表达中常常使五种手法相得益彰，相互补充。这五种表达手法，后面还要详细论述，此处从略。

4.3.4 表达的基本要求

1. 言之有物

写作中的表达，是在有了信息，有了将要写入文章的材料后才开始的。写作主体的劳动、客观存在着的对象、写作主体大脑里储存着的各种信号，舍此不可能完成写作过程。

我们把表达叫作“言”——说出来，写出来，在这种复杂的行为过程中，认识论和反映论告诉我们，没有材料，我们不能解决“写什么”的问题。

对材料的选取，要注意从表达主旨的需要出发，选取那些反映人和事的本质的、真实准确的、新鲜生动的材料。

2. 言之有序

有了材料，“写什么”的问题解决了，还得考虑“怎么写”，把这些材料安排得有条不紊，在整个系统中，它们只能占据属于自己的位置。

写作过程中，写作主体在构思时就已经在考虑将一个个应该用上的材料，以最能表达主旨的需要为目标，按部就班地串起来。

这里的“序”是指要注意正确反映客观事物发展规律的内在联系，服从于表现主旨的需要和适应不同体裁的文章的特点。

3. 言之有文

有了材料，构思也完成了，但好文章不一定就出得来，尚需文气沟通，文采点缀。写作不是现代化的批量生产，它应有各自的特色，各领风骚。

表达方式的选择、词的安排、语言的锤炼，都是使作品有文采的必需手段。

要使文章给读者留下深刻印象，关键的是要抓住特点，即写出“这一个”来。

把人物或事件的准确、生动的特点表达出来了，也就“言之有文”了。

4. **言之有义**

人们表达思想，总想说明什么，传达什么，申辩什么，通过写作行为总想做出有意义的成果来。写作的目的越高尚，写作主体的动力就越强，通过多方努力，表达出来的文章也才会有社会价值和审美价值。

4.4 美文修改见功夫

在整个写作活动中，主体的行为过程除了采集材料、构思文章、表达思想外，修改订正草稿也是很重要的一个过程。没经过打磨的产品叫“毛坯”，没经过修改订正的草稿，还不能“交卷”。文章不厌改，改中出佳作，这是一条重要的经验。

修改是从内容到形式，从整体到局部，甚至包括标点符号都在修改之列。修改的方法有增删、调动、改正等，修改时统一使用规定的符号，便于交流信息。修改的方法要根据写作要求、文种需要、时间等条件来综合选择。

以文笔简洁清新著称的美国作家、诺贝尔文学奖获得者海明威，不止一次地说：“我要学习写作，当个学徒，一直到死。”他每一页稿纸只写90个字，以便留出大量空隙不断修改、加工。他还有一个奇怪的习惯，就是经常站着写。他说：“我站着写，而且用一只脚站着，使我处于一种紧张的状态，迫使我尽可能简短地表达我的思想。”

4.4.1 修改的意义

修改，一般来说是指初稿写成以后，经过加工润色，到文章定稿的过程。其实，修改贯穿在写作的全过程中，构思谋篇打腹稿，离不开边想边改，拟提纲时也在边拟边改，具体写作时也在不断改动，甚而推倒提纲重写，行文起草时也常是边写边改。现在，我们是把修改当作主体写作行为过程的一个环节来研究的。

1. **修改是定稿的必由之路**

人们对客观事物的认识，不可能是一次完成的，认识的反复深化，反映到写作上，就是对作品进行推敲、斟酌、增删、调整等。在写作的构思起草阶段，文章的立意，主题的表达，材料的搭配照应，字、词、句的使用，必然瑜瑕兼有。“玉不琢，不成器”，写作这种创造性劳动的成果，更应该精雕细刻。李沂在《秋星阁诗话》中说：“安能落笔便好？能改则瑕可为瑜，瓦砾可为珠玉。”俄国评论家陀思妥耶夫斯基评论普希金的诗歌时说：“你应该相信，普希金的几行轻盈优美的诗句，之所以会使人觉得好像是一挥而就的，那正是因为被普希金涂改得太多了的缘故。”

著名作家都非常重视文章的修改。列夫·托尔斯泰说：“写作不加修改，这种想法应该永远摒弃，三遍、四遍——那还是不够的。”甚而说：“不要讨厌修改，而要把同一篇东西改写十遍、二十遍。”他自己就是这样身体力行地修改自己的作品的。他的《安娜·卡列尼娜》写了5年，仅开头部分就改了12次；《复活》前后写了 10 年，其中对玛丝洛娃的 171 字的肖像描写修改了 20 次；《村中三日》的重大修改达 20 多次，草稿有 45 种；《生活的道路》写于他的晚年，仅序言就修改了 105 次。有人研究了白居易、欧阳修、苏东坡等人的手稿后，感叹道："虽大手笔，不以一时笔快为定，而惮于屡改也。"哪一篇优秀作品，不是作家呕心沥血、日锻月炼的血汗结晶？有人问郭沫若，什么是剧本创作？他回答："改、改、改、改、改、改、改，写剧本最重要的是多改。"

2. 修改是真实反映事物的需要

生活的真实靠我们去认识，艺术的真实靠作者努力去表现。客观事物是复杂的，要真正认识事物，有一个由浅到深、由粗到细的过程，这就决定了写作不可能下笔"即达胜境"。要恰当反映，就要使认识不断深化，多一次修改就更加接近生活真实和艺术真实的统一。表达主题思想也有一个由朦胧到清晰、由含混到准确，由粗疏到精美的加工过程，多一次修改，就多一次对表现技巧和语言形式的选择。

3. 修改是对读者的负责

写作无论发表与否，在客观上都有教育人、影响人的作用，因而不能马虎草率。柳青说，作家的创作不能像市场上的投机商推销商品那样，出手了事。欧阳修的夫人问欧阳修："何自苦如此，尚畏先生嗔耶?"欧阳修笑答道："不畏先生嗔，却怕后生讥。"写文章要对读者负责，想到自己在写作"经国之大业，不朽之盛事"，就会不厌其烦地修改，真正改好了，才脱稿提交给社会。

4. 修改是提高自身写作能力的途径

写过文章的人，都有这样的体会：写初稿时往往可以一挥而就，如要对初稿进行修改提高，却感到相当困难。这说明修改是一种艰苦的劳动。写作主体不怕困难，精心修改，也就进行了一种实际的写作锻炼。修改涉及主题的提炼、结构的安排、语言文字的润色，因而是对写作的各种规律的又一次全面学习和运用，而且是在更高层次上的学习和运用。作者对自己作品的每一次修改，都是一次提高，也是一次写作经验的总结，还是在更高水平上的一次写作实践。

4.4.2 修改的内容

修改的内容涉及整篇文章，从选材、炼意、表达到结构，从语言的整体风格到具体的词汇运用，从分段、标题到标点符号的使用，都属修改的内容。

1. 针对文章的毛病进行修改

修改是对文章的不妥之处进行修正改进，因而先要找出毛病所在，有的放矢，对症下药。从整体看，文章抽象笼统、四平八稳，以及见解平常却自以为是，是我们常常见到的两种毛病。

抽象笼统、四平八稳，是在材料选择上不够典型，因此也不够精彩，作者只掌握一般化的材料，难以通过材料反映出带有本质规律的深意来。这种写作成果看似平稳，实则一般，不能打动读者。

见解平常却自以为是，这是在主题的提炼上下的功夫不够，也就是对事物的认识还较肤浅，甚而错把现象当本质。

从具体文章看，乱用术语、词不达意，以及层次不清、逻辑混乱，是我们常见到的两种毛病。

写作主体行文时，未经深思熟虑，随意选择一个词语来表达一种思想，并不去推敲是否恰当，有时会适得其反，把原来要表达的思想扭曲了。

有的人没有拟提纲的习惯，构思时也不打腹稿，即所谓“拿着笔就写”“写到哪里黑，就到那里歇”。文章虽完成了，但只是一堆杂乱无章的、头绪不清的梦呓。

初学写作的人，有的不会分段，一篇文章一段呵成；有的不会用标点，一逗到底或一点到底。这就要在停笔后，反复诵读，隔开段落，恰当标点，使写作主体的思想能准确地外化，让人能透过文字了解作者的思维轨迹。

2. 修改的具体内容

（1）修改观点。修改时，涉及文章主题的变更，立意不正确、不深刻，或构思角度、情节线索有变化，就会引起整篇文章的变动，有时会把初稿推翻重来。列夫·托尔斯泰的《安娜·卡列尼娜》初稿为《两段婚姻》，写的是“一个不忠实的妻子以及由此而发生的全部悲剧”。托翁对此很不满意。后来，他对俄国宗法统治的黑暗社会有了本质的认识，对初稿做了大手术，对人物原型、构思、结局都作了重大修改，把家庭悲剧改为社会悲剧，有力地批判了沙皇制度的暴政，成了不朽的名著。

（2）增删材料。写作初稿后，如果认为还缺少能表现主题的典型材料，就应及时补充上去。《一厘钱精神》这篇通讯的初稿提到了三种材料，即节约一厘钱、一克纸浆、一滴药水。作者修改时发现，这几个材料角度重复、单一，只在节约财物这个圈子里转，题大材料薄，不能充分表现主题，后来删掉后面两个材料，同时又把采访中获得的“一根火柴”和“一分钟”两个材料加进去，就不只是从一个角度，而是从三个不同角度（财物、质量、时间）表现主题，使材料与观点相统一。

（3）调整结构。一篇内容好的文章，还需要与之相适应的结构。修改文章的结构，要从如何开始、如何展开和如何结束着手，把文章的思路调整得合情合理，做到内容和形式的统一。如《县委书记的榜样——焦裕禄》这篇通讯，“关键在于县委领导核心的思想改变”这一节，原来的位置很靠后，是想放在后面“鹄收”，予以“强调”。修改时，把它移到了前面第一节。这一结构的“调整”对于表现人物的革命精神，增强斗争的严峻氛围，起到了很好的作用。

（4）润色词语。起草过程中，来不及对语言细加润饰，所以修改的大量工作常落在语言文字方面。字句上的修改也会涉及观点的表达、人物的刻画、内容的连贯照应等，所以词语的修改，要注意内容表达的需要。润色词语不仅是对不正确的字句的修改，更是对字句的锤炼，提高语言表现技巧。方纪的《挥手之间》，有一句原稿为“他眼睛里露出一种亲切的微笑”，后修改为“他脸上露出一种亲切的微笑”。眼睛是不会露出微笑的，改为脸上就比较准确了。

4.4.3 修改的方法

文章的修改一般采用边读边改的方法，杜甫、白居易、老舍、叶圣陶等都在这方面留下了许多可以借鉴的经验。叶圣陶在《和教师谈写作》中说：“这个办法有效验，不管出声不出声，念下去觉得不顺当，顿住了，那就是需要修改的地方，再念几遍，修改的办法也就来了。”“用念的办法——也就是用说话的办法来检验写成的稿子，最为方便而且有效。”誊写也是很好的修改方式，俄国作家克雷洛夫就是通过反复誊写抄正进行修改的。列夫·托尔斯泰也很重视反复誊写的修改方法。他谈道，写作过程是“（1）起草……（2）誊写一次，删去一切赘余并给予每一思想以真正的位置；（3）再誊写一次，改正表现得不正确的地方”。

现在的写作很少在纸上进行，誊写基本上无人使用。为了修改时便于阅读、沟通和交流，将原稿打印出来，在纸质的打印稿上运用规定的修改符号修改。

作家们的修改方法是多种多样的，这里着重介绍五种。

1. 冷却法

文章初稿写出后，如果马上修改有困难，就暂时搁一搁，使头脑冷静下来，过些时候再拿出来修改。这是因为文章刚写成的时候，自己往往不容易发现毛病。过些日子，原来的构思逐渐淡化，又有可能想到新的材料、新的意思，这时再读原稿，容易找出问题。鲁迅在《致叶紫》的信中就介绍过：“等到成后，搁它几天，然后再来复看，删去若干，改换几字。”这就是冷却法。

2. 征求法

文章写成后，最好主动向别人请教，让别人提提意见。别人看自己的文章较为客观，容易发现问题，他们的意见往往是自己始料不及的，有启发意义。有时即便别人误解、曲解文意，这也值得自己注意，看看是不是自己未表达清楚。重要的文章，要经过集体讨论和修改。这就是征求法。

3. 对照法

初学写作，总要参照范文。初稿写好后，可相应地找范文与自己的习作相对照，进行分析，从主题到结构，从段落到句子，看看范文好在何处，自己的文章需在何处动手修改。这种修改办法笨拙，但正是“先学爬，再学走”的一种学习步骤。

4. 核对法

文章完成后，对文中的材料、论据再进行一番认真的核对，使事实准确，材料真实。特别是策划书及新闻类、经济类稿件，要用事实说话，不能凭自己的记忆写出大概情况或数据。有的初稿还得找采访对象和信息提供者再次核对，发现问题及时修改。

5. 重来法

对初稿极不满意，修修补补无济于事时，不如推倒重来。这往往是因为主题的提炼与要求相距甚远，即使调整段落或改动语句，也无法符合要求，不如忍痛割爱，另起炉灶，从头开始，重新聚集材料，安排段句。当然，这要在写作时间允许的情况下进行。如果是临堂作文，现蒸热卖，行文至半时，这种办法还是不宜采用。

4.4.4　修改的符号

修改文章的具体方法是增补、删削、调换和移动，进行这些活动时，需要使用一些符号。这些符号是在长期实践中约定俗成的，是社会上通用的。国家技术监督局 1993 年发布了国家标准《校对符号及其用法》（GB/T 14706-1993）。写作主体应熟练地掌握和使用，不能乱造乱用修改符号。这些符号也是在打字、排版、校对时与其他人交流思想的符号，它们同文字一样重要。

使用修改符号时要注意：

（1）考虑清楚后再使用，不要画上修改号后又删除或换别的修改号，那会使文稿难以辨认。

（2）使用规范的修改号，不要随心所欲，不能创造一些只有自己才懂的修改符号。

（3）如果是画给别人看的修改号，如送去打印、排印、请别人再校对等，最好用与书写原稿不相同的色笔作修改。

本章小结

写作的真功夫，在于动手写。受思想支配的写作，关键在构思，即从各种信息中提炼出主题。

要让大脑思维活动的轨迹和结果展现出来，调遣知识储备中的词语大军，需要用恰当的方式将恰当的语言安排在恰当的地方，造就攻克主题的尖兵，能够一举俘获写作的主动权。

五种表达方式各有自己的用途，学习中不要挑肥拣瘦，不要爱恨分明。五种方法握成拳，打出去才有力量。

本章介绍了多种传情达意的写作技巧和方法，介绍了使写作结果更精彩的修辞手段，能为我们写作出有创意的策划书和广告文案提供最直接的帮助。

修改写作的初级成果和阶段性成果是一件愉快的事，不仅要树立“处处留心皆学问”的观念，还要坚信“好文章是改出来的”，不拒绝修改，甚而培养修改的习惯。

思考与练习

1. 构思对整个写作有什么意义？构思过程分为哪几个时期？你写作时是怎样构思的？

2. 词语对表达思想的意义是什么？怎样使词语表达得精确、凝练、生动形象？

3. 五种表达方法的具体内容是什么？它们各自的用法是怎样的？

4. 写了文章为什么要修改？修改文章的主要方法有哪些？

5. 对自己和同学完成的本章“写作实操项目”的成果作修改练习，改好后对修改部分作批注式说明。

写作实操项目

找出“家乡的土特产品、名特优产品”在经营中的“卖点”、消费者的“关心点”，经营者广告的“吆喝点”，理清这三点的关系，从中发现与现实不一样的情况，写出自己的认识和体会。

波仔奶茶店促销策划案

第2篇　策划篇

第5章

策划的基本要领

学习目标

通过本章的学习，重点掌握策划的概念和本质、策划的规则，懂得策划的特征、策划的程序，了解策划的分类，知道策划的结果是写出策划书。能运用这些基本理论读懂别人撰写的策划书，能肯定其优点、发现其缺点，能简单地用策划理论支持自己的观点。

引例

被湖畔大学录取的“农民”企业家把一颗生菜卖到全世界

“我们开着几十万的车，住着几百万的房子，却吃不上一片好生菜。农药、化肥，无时无刻不影响着送进我们嘴里的每一口蔬菜。”这个第一次给生菜架上游标卡尺的人，名叫马铁民。

马铁民手里的每一颗生菜，从形状间距到重量成熟度，都有着精准的数据：七成成熟度，400克以上一颗生菜，整体圆整，里边有较为明显的一个空隙度，这样一刀下去，碎屑就少。

凭借这样的标准，小小的一颗结球生菜，马铁民用14年时间做到了产量和种植技术亚洲第一，研发水平、生产规模、年出口量全国第一。马铁民承包了肯德基、必胜客两大国际西式快餐巨头在中国60%的结球生菜市场份额，成为百胜等20多家世界五百强企业在中国的合作伙伴，打开了20多个国家和地区的海外市场，占据着韩国50%、新加坡90%的生菜进口市场，成功将中国蔬菜贴上了国际标签。

创业

2001年，当公司宣布倒闭的时候，马铁民失去了大学毕业以后的第一份工作。这是莱西一家外资蔬菜企业，主要生产高端蔬菜，他们把种子提供给农民，从种子、种植流程到收割都有着条条框框的标准，合格产品回收，全部出口，但是——

“太麻烦了。”

“不明白为什么要搞那么多花头，种出来能吃不就行了?”

很多农民摇摇头，表示不理解，一杆烟枪打在菜园栅栏上，一手随意地撒着化肥，一眼望过去，大小不一、参差不齐的蔬菜一颗颗并排在自己规整的位置上。

马铁民明白了，再多的要求标准、再严苛的管理条规，都没有办法拯救现状，观念是第一生产力，要先统一思想，“做农业最重要的是让农民信任你，使他们相信你的想法和做法都是对的，愿意接受新的理念，这才是企业成功的关键”。

马铁民决定自己创业。他东拼西凑了40万元，包了260亩地，开始种菜。吸取以往公司的教训，他全部租地自营，不采取农户分散种植的方式，以保证品质。

这批生菜最后卖给了肯德基，80多亩100多吨，肯德基全部收购，每吨价格4 200元，马铁民赚了10多万元。

前进

2003年年底，马铁民从亲戚朋友那里借了100多万元，在内蒙古三海洼村租了250亩地。次年7月，马铁民终于种出了夏天里的生菜，总产量300多吨。经过验收，生菜全部达标。

2008年，马铁民的蔬菜基地被指定为奥运蔬菜供应基地。2010年12月，马铁民生产的鲜切产品通过全球最大餐饮集团——百胜餐饮——的管理体系审核和质量认证，实现对其在山东区域近400家肯德基、必胜客餐厅的蔬果产品直供。

如今马铁民在山东、河北、福建、上海四省市有11处基地，总种植面积已经上万亩，是国内首家结球生菜露地种植周年均衡供应的基地。

不仅如此，他的浩丰公司还带动山东、河北、福建、上海、陕西等种植基地周围的10 000多农户参与到标准化、精细化农业生产中来。

2017年3月27日，他带着他的经验和持续增长的好奇心，走进了湖畔大学的课堂。

担当

马铁民的初衷很简单，无非就是种出一颗好蔬菜，让每一个人餐桌上的蔬菜都食之心安。

湖畔大学校长马云在开学典礼上说：“北宋张载有‘横渠四为’：为天地立心，为生民立命，为往圣继绝学，为万世开太平。湖畔大学也要有四为——为市场立心、为商人立命、为改革开放继绝学，为新经济开太平。”

马铁民无疑是发自内心地支持“湖畔四为”的。这个价值观甚至可能是他的行为准绳，让他积极地参与和投身于当下中国实体经济建设事业。

事实上，马铁民们今天走进湖畔大学的大门，也是实体经济转型升级的必然选择。

湖畔大学从2014年创办至今，已经进入第三个年头，从第一年入学互联网新贵居多的比例来看，2017年加入了很多实体经济的代表，44名学员来自近30个行业领域，只有不到1/3从事纯线上行业。

其中，有不少像马铁民这样来自实体经济领域的隐形冠军，他们的冲劲和创新精神，连马云都惊叹。

资料来源 佚名．“生菜大王”入学湖畔大学 他把生菜卖到亚洲第一［EB/OL］．［2017-03-30］．http：//picture. youth. cn/qtdb/201703/t20170330_ 9383003. htm.

［引例审视］

1. 人生需要策划。选准了目标，找准了市场需求，用自己的努力，做出满足市场需求的产品。当这三个点连在一条线上时，人生策划就有了创意。

2. 策划要有现实的和长远的意义，即价值。引例中的马铁民，将一颗普通的生菜卖到全世界，没有策划是办不到的。

3. 在实施策划的过程中出现不能掌控的情况，会使策划功亏一篑。科学的策划在多地执行中要有统一的标准，预防“一处不慎，伤及全局”。

4. 湖畔大学，由柳传志、马云、冯仑、郭广昌、史玉柱、沈国军、钱颖一、蔡洪滨、邵晓锋等九名企业家和著名学者共同发起创办，位于杭州西湖浴鹄湾附近。湖畔大学坚持公益性和非营利性，旨在培养拥有新商业文明时代企业家精神的新一代企业家，目标学员主要为创业三年以上的创业者。2015 年 3 月 27 日，第一届学生入学；马云出任首任校长，曾鸣教授任教务长。

5.1 策划的概念和核心内涵

5.1.1 策划是什么

“策划”一词在现代社会的各种场合和媒体中已被广泛运用，电视剧有人策划，大型体育、音乐活动有人策划，亲朋好友聚会要策划，几个同学恶作剧式地开玩笑也有人策划……但策与划的本意是什么？策划又是什么？我们认为有必要深究它。

策，在《辞源》中有八个义项。其中有作名词词性的，如“马鞭”“杖”“简”“策书”“一种文体”“占卜用的蓍草”；有作动词词性的，如“以鞭击马”，古书中的策马向前，用的就是其动词义项。策，最重要的义项，现在用得最多的也就是“谋略”，这一义项既可作为动词“谋”，也可作为名词“谋术”。

划，在《辞源》中的义项不多，“忽然”这种义项已不多见，“割裂”“筹谋”这两个义项被广泛运用。

《辞源》把“策”和“划”联系在一起，认为“筹谋”就是策划。这个词解显然无法让读者满意。

我们在本篇重点研究策划的问题，为写作策划书做好知识理论的准备。

唐忠朴，这位中国改革开放以后最早进入广告研究和实践的专家，他认为“策划”这个名词，在当今社会甚为流行。什么“形象策划”“影视节目策划”“大型活动策划”“营销策划”，以及“策划大师”“策划人”等，比比皆是，风光夺目。究竟何谓“策划”？对它的确切含义，不可不知。

他认为“策划”一词，在中国古代文献中早有出现，当时是指“计策谋略”的意思，既可用于褒义，也可用于贬义。如所谓“策划于密室”，就具有负面的含义。在现代管理科学、现代营销学范畴里，“策划”是指“企业的策略规划”，英文为 strategy planing。

企业策略规划，是关于企业整体性与未来性的策略构想，包括从构思、分析、归纳、判断，一直到拟订战略战术、实施方案、事后追踪、评估等整个系统的过程。简而言之，它是企业决策的一种方法，是一种理性决策的过程。它完全不同于那种凭感觉、撞大运、看风水的个人主观决策，而是建立在科学基础之上的理性决策。它是现代企业在复杂多变的市场环境中取得竞争优势的重要手段。

有的人喜欢把“策划”叫作“企划”或者“企画”。这二者其实是同一个意思。“企画”来源于日本语，意思是：“为了实现某一目标或解决某一问题，所产生的奇特想法或良好的构想，而且此构想可以付诸实施，并期待其成果。”企画（企划）就是“根据希望，订立具体可行的计划，谋求使希望成为事实”。所以，日本企业通常把它看成企业面对问题提出对策、解决问题时的一种思考作业。

总之，策划（企划）就是企业在考虑其现有资源（内部或外部）的情况下，激发创意，制定出有目标的、可能实现的、解决问题的一套策略规划。

策划的三个构成要素是：必须有新颖独特的创意；必须有明确具体的主题；必须有操作实现的可能。

对“策划”这个词，陈放认为它全面的含义为：如何在全面谋略上指导操作者去圆满地实施对策、计策或计谋，从而达到办事的目的。①

吴粲对“策划”下了一个比较具体的定义：对市场信息进行管理、运作、技巧处理或操作的过程以及对市场进行计划、酝酿、决策、运用谋略的过程。②

王多明在《中国广告大词典》中将“策划”解释为：激发创意，有效地运用手中有限的资源，选定可行的方案，达成预定目标或解决某一难题。

综合以上的解释，我们认为：策划是充分利用现有的资源，为解决某一问题而提前进行的全局性科学策略的统筹规划。

5.1.2 策划的核心内涵

1. 策划主的策划目标是策划的方向和出发点

任何策划活动都必须根据策划主（需要策划的人或社会组织）提出的目标而进行，本事再大的策划人都不要试图改变策划主正确的、合理的目标，只能对目标作修正或补充。

2. 策划有特定的程序，这种程序是科学的、规范的

按事物的规律做策划，总是从认识事物开始，一步步走进事物的核心圈，洞察此事物与彼事物的联系与区别，才能找出解决此事物的策略。

---

① 陈放．策划学［M］．北京：中国商业出版社，2000.
② 吴粲．策划学［M］．北京：中国人民大学出版社，2012.

3. 策划应该是总体的统筹规划

策划要提出活动的总体战略规划，仅停留在具体行动计划层面上的“计划”并不是策划。

策划是统领全局的战略性思考的结果。计划是局部具体的执行方案，与策划有很大区别。

4. 策划以调查为开端

策划的依据来自调查的结果，虽然策划主已经为策划提供了依据，但它仅来自单方面的信息，不足以显示整体全貌。

策划主提供的资料具有较强的主观性，只能作为策划的参考资料之一，更准确、更合理、更全面的资料还得靠策划人亲力亲为去掌握。

5. 策划包含定位策略、诉求策略、表现策略和媒介选择等核心内容

策划就是要拿出解决难题的办法和措施，说得理性一些，就是策划出各种策略。

6. 策划的结果以策划书的方式来表现

策划的结果是策划人完成策划书并交给策划主，由策划主审定、补充后予以肯定或否定。

7. 策划效果的测定方法应该在策划中预先设定

策划书中要坦诚地告诉策划主，这份策划在实施后会有什么效果，检测这些效果要用什么方法。

8. 进行策划的目的是追求进程的合理化和效果的最大化

策划的终点又是其出发点，要用策划主的策划目标检验结果，将过程记在策划书中。

5.1.3 策划的意义

1. 人类社会在策划中进步

策划是人类希望驾驭自然、驾驭社会的一种准备付诸实践的主观意识活动和行为。人类社会的发展与人类策划能力的高低，其关系密不可分。

(1) 人类为求生存，离不开策划。

恩格斯在《自然辩证法》中指出，“没有一只猿手曾经制造过一把即使是最粗笨的石刀”，当第一件石器被制造出来，这就标志着从猿到人发展过程的飞跃。一旦制造出工具进行劳动，人对自然的作用就是自觉的、能动的。离开了动物界的最初的人，要制造石器，也是要经过思维活动去寻找那种便于制造石器的原始的石块，寻找制造石器的另一块手握得住的石块。为了求得生存和御敌，原始人过着群居生活，依靠群体力量，以正在成长中的智慧、技巧、观察力和自然界作艰苦斗争，向自然界索取现成的食物，捕捉较小的动物，最困难的时候，还出现人食人的现象。这些都是需要经过思考后产生“策划”来指导行动的。

人类的思维和语言的产生，为策划提供了基础条件。从偶然地采用天然石块，经过多少万年，到有意识地把石料制成工具，这是劳动过程的开始，也是思维的萌芽。随着劳动的复杂化，人类思维日益丰富，石器也不断改进，思维的发展使得人脑不仅能反映外界的直接刺激，而且能反映间接的即语言的刺激，能够通过语言，用抽象思维来反映现实。思维的发展推动了策划水平的提高，进而推动了现实的劳动。例如法国西南维泽尔河岸的穆斯特文化，经过考古发现，原始人用石头尖状器刮兽皮，削树枝，狩猎野兽，尖状器是男人使用的工具；用三角形石片修整成的刮削器，主要用作切刀，裁割兽皮，制作衣服，这些刮削器是女人使用的工具。狩猎时，或用陷阱，或用石块袭击动物，或将猛兽逼上悬崖使它坠落而死，要靠集体劳动，原始人用语言把大家的思维联络起来，这里的领头人、出主意的人的策划是十分重要的。

大禹治水，李冰父子修都江堰，都是在策划指导下，人们为求得生存和发展而进行的实践。

现代人的生存更离不开周密细致的策划。广西壮族自治区、贵州麻山瑶山地区将一些生活在自然环境恶劣的群众迁徙到外地，我国的南水北调工程、宇宙飞船遨游太空、月球车考察月球，这种种策划绝不是个别人拍脑袋后就能产生的。

（2）在人类社会发展中，策划成为自觉行为。

原始人的策划也许是自然界逼着人们不得不策划而出现的，在人类社会漫长的发展史中，人们越来越重视自觉地策划。

春秋战国时期，之所以出现百家争鸣、策划谋略竞相争奇的局面，是严峻的斗争事实使当事人不得不精心策划。一部《战国策》记下了战国时游说之士的策谋和言论；湖南长沙马王堆出土的西汉帛书，记述战国时事，定名为《战国纵横家书》，内容与《战国策》相似，现在读来，就是一份份策划书。

大量的文化古籍给今人留下了前人以策划求胜利的历史，也昭示后人“惟事事乃其有备，有备无患”（《尚书》），“凡事预则立，不预则废”（《礼记》）。孔子在《论语》中说：“临事而惧，好谋而成。”“惧”是慎战而不轻敌，“成”是决定的意思。曹操说“欲攻敌，必先谋”，诸葛亮则说“夫计谋欲密，攻敌欲疾”，在对方还未策划好的时候，有计划地进攻，容易获取胜利。《三国演义》中诸葛亮这位中华文化智慧的化身，对将帅——策划人提出的要求是：“夫将者，人之司命，国之利器。先定其计，然后乃行。”军队的将领，要对百姓的生命负责，担当保国护民的重任，凡征战旅途，行军打仗，克敌制胜要先有细致的计谋，然后才能行动。

知识链接 5-1　罗贯中在《三国演义·三顾草庐》中没有向读者说明的事

带着以下几个问题阅读《三国演义》第 37 回“司马徽再荐名士　刘玄德三顾草庐”原文，请思考：

1. 刘玄德为什么要三顾草庐？
2. 诸葛亮与刘玄德在策划中各担任什么角色？

3. 诸葛亮为什么要让刘玄德跑三次？这期间，他在干什么？

4. 后人赞赏的《隆中对》本质是什么？

罗贯中很会写策划书。不相信？且看缩写以后的第37回和我们的评说。

却说玄德正安排礼物，欲往隆中谒诸葛亮，忽人报："门外有一先生，峨冠博带，道貌非常，特来相探。"……徽曰："孔明与博陵崔州平、颍川石广元、汝南孟公威与徐元直四人为密友。此四人务于精纯，惟孔明独观其大略。尝抱膝长吟，而指四人曰：'公等仕进可至刺史、郡守。'众问孔明之志若何，孔明但笑而不答。每常自比管仲、乐毅，其才不可量也。"玄德曰："何颍川之多贤乎！"徽曰："昔有殷馗善观天文，尝谓群星聚于颍分，其地必多贤士。"时云长在侧曰："某闻管仲、乐毅乃春秋、战国名人，功盖寰宇；孔明自比此二人，毋乃太过？"徽笑曰："以吾观之，不当比此二人；我欲另以二人出之。"云长问："那二人？"徽曰："可比兴周八百年之姜子牙、旺汉四百年之张子房也。"众皆愕然。徽下阶相辞欲行，玄德留之不住。徽出门仰天大笑曰："卧龙虽得其主，不得其时，惜哉！"言罢，飘然而去。玄德叹曰："真隐居贤士也！"

（诸葛亮的自我评价，引出关云长的不屑。司马徽将诸葛亮的身价再次提高，"众皆愕然"，引出刘备急于邀诸葛亮前来辅佐的急切念头。）

次日，玄德同关、张并从人等来隆中。遥望山畔，数人荷锄耕于田间，而作歌曰："苍天如圆盖，陆地似棋局；世人黑白分，往来争荣辱：荣者自安安，辱者定碌碌。南阳有隐居，高眠卧不足！"玄德闻歌，勒马唤农夫问曰："此歌何人所作？"答曰："乃卧龙先生所作也。"

（荷锄耕田的农夫，唱出由诸葛亮作的歌，营造出诸葛亮生活的"躬耕"环境，诸葛亮的学识带动一方文化的发展。这为褒扬诸葛亮添了一块"小瓦片"。）

玄德曰："卧龙先生住何处？"农夫曰："自此山之南，一带高冈，乃卧龙冈也。冈前疏林内茅庐中，即诸葛先生高卧之地。"玄德谢之，策马前行。不数里，遥望卧龙冈，果然清景异常。后人有古风一篇，单道卧龙居处。

玄德来到庄前，下马亲叩柴门，一童出问。玄德曰："汉左将军宜城亭侯领豫州牧皇叔刘备，特来拜见先生。"童子曰："我记不得许多名字。"玄德曰："你只说刘备来访。"童子曰："先生今早少出。"玄德曰："何处去了？"童子曰："踪迹不定，不知何处去了。"玄德曰："几时归？"童子曰："归期亦不定，或三五日，或十数日。"玄德惆怅不已。张飞曰："既不见，自归去罢了。"玄德曰："且待片时。"云长曰："不如且归，再使人来探听。"玄德从其言，嘱咐童子："如先生回，可言刘备拜访。"遂上马，行数里，勒马回观隆中景物。

观之不已，忽见一人，容貌轩昂、风姿俊爽，头戴逍遥巾，身穿皂布袍，杖藜从山僻小路而来。玄德曰："此必卧龙先生也！"急下马向前施礼，问曰："先生非卧龙否？"其人曰："将军是谁？"玄德曰："刘备也。"其人曰："吾非孔明，乃孔明之友博陵崔州平也。"玄德曰："久闻大名，幸得相遇。乞即席地权坐，请教一言。"二人对坐于林间石上，关、张侍立于侧。州平曰："将军何故欲见孔明？"玄德曰："方今天下大乱，四方云扰，欲见孔明，求安邦定国之策耳。"州平笑曰："公以定乱为主，虽是仁心，但自古以来，治乱无常。自高祖斩蛇起义，诛无道秦，是由乱而入治也；至哀、平之世二百年，太平日久，王莽篡逆，又由治而入乱；光武中兴，重整基业，复由乱而入治；至今二百年，民安已久，故干戈又复四起：此正由治入乱之时，未可猝定也。将军欲使孔明斡旋天地，补缀乾坤，恐不易为，徒费心力耳。岂不闻顺天者逸，逆天者劳；数之所在，理不得而夺之；命之所在，人不得而强之乎？"玄德曰："先生所言，诚为高见。但备身为汉胄，合当匡扶汉室，何敢委之数与命？"州平曰："山野之夫，不足与论天下事，适承明问，故妄言之。"玄德曰："蒙先生见教。但不知孔明往何处去了？"州平曰："吾亦欲访之，正不知其何往。"玄德曰："请先生同至敝县，若何？"州平曰："愚性颇乐闲散，无意功名久矣；容他日再见。"言讫，长揖而去。玄德与关、张上马而行。张飞曰："孔明又访不着，却遇此腐儒，闲谈许久！"玄德曰："此亦隐者之言也。"

（归途中，遇见崔州平，看模样也是一位高人，刘备以为他是回隆中的诸葛亮。得知是诸葛亮的朋友，刘备请教心切，"乞即席地权坐，请教一言"，攀谈后，张飞很反感，却让刘备求见诸葛亮的心情更加迫切。）

三人回至新野，过了数日，玄德使人探听孔明。回报曰："卧龙先生已回矣。"玄德便教备马。张飞曰："量一村夫，何必哥哥自去，可使人唤来便了。"玄德叱曰："汝岂不闻孟子云：欲见贤而不以其道，犹欲其入而闭之门也。孔明当世大贤，岂可召乎！"遂上马再往访孔明。关、张亦乘马相随。时值隆冬，天气严寒，彤云密布。张飞曰："天寒地冻，尚不用兵，岂宜远见无益之人乎！不如回新野以避风雪。"玄德曰："吾正欲使孔明知我殷勤之意。如弟辈怕冷，可先回去。"飞曰："死且不怕，岂怕冷乎！但恐哥哥空劳神思。"玄德曰："勿多言，只相随同去。"……

（过了数日，即不到十天，刘备求贤若渴，冒着隆冬飞雪，怀殷勤之意，又踏上请诸葛亮的山路。忽闻路旁酒店中有人作歌，玄德立马听之。见二人凭桌对饮：上首者白面长须，下首者清奇古貌。玄德揖而问曰："二公谁是卧龙先生？"回答说他俩只是诸葛亮的朋友。刘备说："欲访先生，求济世安民之术。"这又是一层铺垫，让诸葛亮的朋友们一一亮相，他们或容貌轩昂、风姿俊爽，或白面长须，或清奇古貌；他们对汉室历史的推演、唱出来的歌词，再度敲打刘备的心：朋友皆是高人，高人中的高人，更值得寻访。）

玄德乃辞二人，上马投卧龙冈来。到庄前下马，叩门问童子曰："先生今日在庄否？"童子曰："现在堂上读书。"玄德大喜，遂跟童子而入。至中门，只见门上大书一联云："淡泊以明志，宁静而致远。"玄德正看间，忽闻吟咏之声，乃立于门侧窥之，见草堂之上，一少年拥炉抱膝，歌曰："凤翱翔于千仞兮，非梧不栖；士伏处于一方兮，非主不依。乐躬耕于陇亩兮，吾爱吾庐；聊寄傲于琴书兮，以待天时。"

玄德待其歌罢，上草堂施礼曰："备久慕先生，无缘拜会。昨因徐元直称荐，敬至仙庄，不遇空回。今特冒风雪而来。得瞻道貌，实为万幸。”那少年慌忙答礼曰：“将军莫非刘豫州，欲见家兄否？”玄德惊讶曰：“先生又非卧龙耶？”少年曰：“某乃卧龙之弟诸葛均也。愚兄弟三人：长兄诸葛瑾，现在江东孙仲谋处为幕宾；孔明乃二家兄。”玄德曰：“卧龙今在家否？”均曰：“昨为崔州平相约，出外闲游去矣。”玄德曰：“何处闲游？”均曰：“或驾小舟游于江湖之中，或访僧道于山岭之上，或寻朋友于村落之间，或乐琴棋于洞府之内：往来莫测，不知去所。”玄德曰：“刘备直如此缘分浅薄，两番不遇大贤！”均曰：“少坐献茶。”张飞曰：“那先生既不在，请哥哥上马。”玄德曰：“我既到此间，如何无一语而回？”因问诸葛均曰：“闻令兄卧龙先生熟谙韬略，日看兵书，可得闻乎？”……

（又一处精彩的伏笔，“文似看山不喜平”，让刘备对诸葛亮身边的人都有景仰之心，一次次的误会更为企盼求贤之心不断加注砝码。

刘备被诸葛均谢客，留下一书，以表心意。刘备写道：“备久慕高名，两次晋谒，不遇空回，惆怅何似！窃念备汉朝苗裔，滥叨名爵，伏睹朝廷陵替，纲纪崩摧，群雄乱国，恶党欺君，备心胆俱裂。虽有匡济之诚，实乏经纶之策。仰望先生仁慈忠义，慨然展吕望之大才，施子房之鸿略，天下幸甚！社稷幸甚！先此布达，再容斋戒熏沐，特拜尊颜，面倾鄙悃。统希鉴原。”留下一书后，只好拜辞出门。

回程路上又遇一人，刘备以为“此真卧龙矣！”滚鞍下马，向前施礼曰：“先生冒寒不易！刘备等候久矣！”那人慌忙下驴答礼。诸葛均在身后说：“此非卧龙家兄，乃家兄岳父黄承彦也。”一而再、再而三地让诸葛亮身边的人一一以饱学之士出现，让刘备多次失望，欲速而不达，想见偏不让，正是小说家成功策划的功夫所在。）

玄德回新野之后，光阴荏苒，又早新春。乃令卜者揲蓍，选择吉期，斋戒三日，熏沐更衣，再往卧龙冈谒孔明。关、张闻之不悦，遂一齐入谏玄德。正是：高贤未服英雄志，屈节偏生杰士疑。

却说玄德访孔明两次不遇，欲再往访之。关公曰：“兄长两次亲往拜谒，其礼太过矣。想诸葛亮有虚名而无实学，故避而不敢见。兄何惑于斯人之甚也！”玄德曰：“不然，昔齐桓公欲见东郭野人，五反而方得一面。况吾欲见大贤耶？”张飞曰：“哥哥差矣。量此村夫，何足为大贤；今番不须哥哥去；他如不来，我只用一条麻绳缚将来！”玄德叱曰：“汝岂不闻周文王谒姜子牙之事乎？文王且如此敬贤，汝何太无礼！今番汝休去，我自与云长去。”飞曰：“既两位哥哥都去，小弟如何落后！”玄德曰：“汝若同往，不可失礼。”飞应诺。

（两次登门皆不遇，引发关云长、张飞的牢骚。其实，这正是《三国演义》更大的伏笔，关、张小看诸葛亮，由此埋藏根子。在生死存亡的关键时刻没依诸葛亮的策划，导致关云长走麦城丢了性命，张飞凶暴、酗酒引来杀身之祸。）

于是三人乘马引从者往隆中。离草庐半里之外，玄德便下马步行，正遇诸葛均。玄德忙施礼，问曰：“令兄在庄否？”均曰：“昨暮方归。将军今日可与相见。”三人来到庄前叩门，童子开门出问。玄德曰：“有劳仙童转报：刘备专来拜见先生。”童子曰：“今日先生虽在家，但今在草堂上昼寝未醒。”玄德曰：“既如此，且休通报。”吩咐关、张二人，只在门首等着。玄德徐步而入，见先生仰卧于草堂几席之上。玄德拱立阶下。半晌，先生未醒。关、张在外立久，不见动静，入见玄德犹然侍立。张飞大怒，谓云长曰：“这先生如何傲慢！见我哥哥侍立阶下，他竟高卧，推睡不起！等我去屋后放一把火，看他起不起！”云长再三劝住。玄德仍命二人出门外等候。望堂上时，见先生翻身将起，忽又朝里壁睡着。童子欲报。玄德曰：“且勿惊动。”又立了一个时辰，孔明才醒，口吟诗曰：“大梦谁先觉？平生我自知。草堂春睡足，窗外日迟迟。”孔明吟罢，翻身问童子曰：“有俗客来否？”童子曰：“刘皇叔在此，立候多时。”孔明乃起身曰：“何不早报！尚容更衣。”遂转入后堂。又半晌，方整衣冠出迎。

（刘备拱立阶下，犹然侍立不止一个时辰，才与午睡后的诸葛亮说上话。几经波折，刘备这次看见了真正的诸葛亮。

图 5-1　刘备三顾茅庐（姚尧　绘）

“文似看山不喜平”，作者一再让刘备求贤若渴，对诸葛亮的朋友们和亲人们产生多次误会，使三顾草庐的关羽和张飞多有怨言，反衬刘备的真心实意。从策划的角度看，作者先让司马徽介绍的与诸葛亮平日在一起谈论经国大事、研讨诗文的朋友一一露面，再写出刘备对他们的尊重，诸葛亮的朋友个个都是高人，希望他们辅佐自己，最后刘备的真心终有回报，这是作者成功策划的结果。）

玄德见孔明身长八尺，面如冠玉，头戴纶巾，身披鹤氅，飘飘然有神仙之概。玄德下拜曰：“汉室末胄、涿郡愚夫，久闻先生大名，如雷贯耳。昨两次晋谒，不得一见，已书贱名于文几，未审得入览否？”孔明曰：“南阳野人，疏懒性成，屡蒙将军枉临，不胜愧赧。”二人叙礼毕，分宾主而坐，童子献茶。茶罢，孔明曰：“昨观书意，足见将军忧民忧国之心；但恨亮年幼才疏，有误下问。”玄德曰：“司马德操之言，徐元直之语，岂虚谈哉？望先生不弃鄙贱，曲赐教诲。”孔明曰：“德操、元直，世之高士。亮乃一耕夫耳，安敢谈天下事？二公谬举矣。将军奈何舍美玉而求顽石乎？”玄德曰：“大丈夫抱经世奇才，岂可空老于林泉之下？愿先生以天下苍生为念，开备愚鲁而赐教。”孔明笑曰：“愿闻将军之志。”玄德屏人促席而告曰：“汉室倾颓，奸臣窃命，备不量力，欲伸大义于天下，而智术浅短，迄无所就。惟先生开其愚而拯其厄，实为万幸!”孔明曰：“自董卓造逆以来，天下豪杰并起。曹操势不及袁绍，而竟能克绍者，非惟天时，抑亦人谋也。今操已拥百万之众，挟天子以令诸侯，此诚不可与争锋。孙权据有江东，已历三世，国险而民附，此可用为援而不可图也。荆州北据汉、沔，利尽南海，东连吴会，西通巴、蜀，此用武之地，非其主不能守；是殆天所以资将军，将军岂有意乎?益州险塞，沃野千里，天府之国，高祖因之以成帝业；今刘璋暗弱，民殷国富，而不知存恤，智能之士，思得明君。将军既帝室之胄，信义著于四海，总揽英雄，思贤如渴，若跨有荆、益，保其岩阻，西和诸戎，南抚彝、越，外结孙权，内修政理；待天下有变，则命一上将将荆州之兵以向宛、洛，将军身率益州之众以出秦川，百姓有不箪食壶浆以迎将军者乎?诚如是，则大业可成，汉室可兴矣。此亮所以为将军谋者也。惟将军图之。”言罢，命童子取出画一轴，挂于中堂，指谓玄德曰：“此西川五十四州之图也。将军欲成霸业，北让曹操占天时，南让孙权占地利，将军可占人和。先取荆州为家，后即取西川建基业，以成鼎足之势，然后可图中原也。”

(诸葛亮取出的一轴挂于中堂的画，即《隆中对》的载体，是诸葛亮准备多时的“辅佐刘皇叔恢复汉室的策划书”。)

玄德闻言，避席拱手谢曰：“先生之言，顿开茅塞，使备如拨云雾而睹青天。但荆州刘表、益州刘璋，皆汉室宗亲，备安忍夺之?”孔明曰：“亮夜观天象，刘表不久人世；刘璋非立业之主：久后必归将军。”玄德闻言，顿首拜谢。只这一席话，乃孔明未出茅庐，已知三分天下，真万古之人不及也!后人有诗赞曰：“豫州当日叹孤穷，何幸南阳有卧龙!欲识他年分鼎处，先生笑指画图中。”玄德拜请孔明曰：“备虽名微德薄，愿先生不弃鄙贱，出山相助。备当拱听明诲。”孔明曰：“亮久乐耕锄，懒于应世，不能奉命。”玄德泣曰：“先生不出，如苍生何!”言毕，泪沾袍袖，衣襟尽湿。孔明见其意甚诚，乃曰：“将军既不相弃，愿效犬马之劳。”玄德大喜，遂命关、张入，拜献金麻礼物。孔明固辞不受。玄德曰：“此非聘大贤之礼，但表刘备寸心耳。”孔明方受。于是玄德等在庄中共宿一宵。……

(策划高手“身未升腾思退步，功成应忆去时言”。诸葛亮为自己留的退路，是说给刘备等人听的：“吾受刘皇叔三顾之恩，不容不出。汝可躬耕于此，勿得荒芜田亩。待我功成之日，即当归隐。”

小说中的赞诗“南阳卧龙有大志，腹内雄兵分正奇；只因徐庶临行语，茅庐三顾心相知。先生尔时年三九，收拾琴书离陇亩；先取荆州后取川，大展经纶补天手；纵横舌上鼓风雷，谈笑胸中换星斗；龙骧虎视安乾坤，万古千秋名不朽!”果然精彩。

好书不厌千回读，熟读深思乃自知。《三国演义》这本好书，值得学策划的人千百回诵读。)

前面我们设置了四个问题需要回答，其答案是：

1. 刘玄德为什么要三顾草庐?

他要找一位能帮助他“恢复汉室”的策划人。

2. 诸葛亮与刘玄德在策划中各担任什么角色？

刘玄德是策划客户、策划主，诸葛亮是刘玄德请来的专职策划人。

3. 诸葛亮为什么要让刘玄德跑三次？这期间，他在干什么？

其一，诸葛亮在考验刘玄德请人做策划的诚意；其二，刘玄德第二次访问草庐时，诸葛亮本在家中，正在写策划书，但没写完，谎称没在家。

4. 后人赞赏的《隆中对》本质是什么？

《隆中对》就是一篇先求三分天下有其一，再图“恢复汉室”的策划书。

（稳操战争胜券的诸葛亮，在政治管理策划中，也表现了极高的策划水平。他曾说：“夫治国犹于治身。治身之道，务在养神；治国之道，务在举贤。”在诸葛亮生命垂危之际，尚书李福奉刘禅之命，问诸葛亮百年之后，谁可任大事。诸葛亮回答：“吾死之后，可任大事者，蒋公琰其宜也。”李福再问：“公琰之后，谁可继之？”诸葛亮说：“费文伟可继之。”福又问：“文伟之后，谁可继者？”诸葛亮不回答了。众将近前细看，诸葛亮已经死了（见《三国演义》第104回）。由此可见，举贤策划乃是治国之大事。

说到用人的策划，宋朝陈亮有一番精辟的见解：

“人才以用而见其能否。安坐而能者，不足恃也。

疑则勿用，用则勿疑。与其位，勿夺其职；任以事，勿问以言。

才不堪此，不以其易制而姑留；才止于此，不以其久次而姑迁。

才者以所驰而弃，不才者以平稳而用。”）

三国时的孙权，能在魏蜀之间，独居东南沃土，他也是一位善于策划的谋略家，他的施政之道无不体现他善于治国、管理、用人的策划能力。他曾说：“能用众力，则无敌于天下矣；能用众智，则无畏于圣人矣。”“天下无粹白之狐，而有粹白之裘，众之所积也。”天下并无十全十美的人，如把众多人的智慧集中起来，就可造就十全十美的事，其关键在于要有将众人的长处都发挥出来的周密策划。

现代社会，人们对策划的自觉性更是自不待言了。在人类社会发展过程中，积累起来的正面经验和反面教训，使现代人充分认识到了策划的重要性。汉语言中便有很多与策划相关的成语或短语，如“三思而行”“千虑一得”“不破不立”“不经一事，不长一智”“不学无术”“水落石出”“玉不琢，不成器”“巧妇难为无米之炊”“推陈出新”“安土重迁”“百炼成钢”“因地制宜”“因势利导”“众人拾柴火焰高”“众志成城”“牵一发而动全身”“差之毫厘，失之千里”“鹬蚌相争，渔翁得利”等。从国际上的大型活动，到一个企业一次小小的举措，从政治斗争，竞争总统宝座，到一次极平凡的出游，从与某位要人见面会谈，到参加一次例行的酒会，都需要事先策划，提前安排。

（3）为稳操胜券，成功的事业都是精心策划而后付诸行动所取得的。

2008年北京奥运会的成功举办，就是几届中国领导人和奥运会的组织者们成功策划的结果。

一些中小企业的厂长、经理总是感叹自己的企业没有竞争优势，在品牌知名度、资金、商品质量、价格、销售手段、销售人员素质方面都无法与名牌企业相抗衡，真是一筹莫展。现代企业的竞争，已经不再仅仅是商品、资金、技术、品牌等方面的竞争，还有策划的竞争，思维方式的竞争。一个企业可以缺乏资金，缺少商品的知名度，但不可以缺少思路，不可缺少正确的策划。有了全新的观念，科学的、正确的策划，小企业同样可以战胜大企业，非名牌商品也可以战胜名牌商品。这样的事例不胜枚举。

唯物辩证法告诉人们，代表事物发展方向的新生事物是不可战胜的。企业的产品策划成功了，总有一天会冲出各种障碍，一飞冲天。七喜当年敢于在两大世界名牌产品之外打开天地，就是通过成功的策划赢来的。小企业不知名的产品要获胜，有人总结了经验："引入全新的营销观念"，把"智力资源"与企业已有的"市场资源""人力资源""组织资源"结合起来进行优化组合，形成企业强有力的"营销资源"。在营销思路和策划上获得优势，可以获得意外的成功。

通过策划取得成功的思路大体有：

第一，发挥自己所长，争取自己应得的市场。贵阳春风学校的陈世学校长之所以能在5年内将只有一两个班的小小民办学校发展到拥有1 800多名学生的大学校，原因就在于他们在策划中找准了自己的定位，选择了当年别人不屑一顾的流动人口（农民工）的子女这个新生出来的生源。能否把春风学校办成"贵族学校"？一则自己的条件不够，再则也没几家有钱人送子女来就读。他们充分认识并发挥自己的优势，获得了属于自己的市场，因而这一新生事物表现了自己顽强的生命力。

第二，宁做鸡头不为牛尾。有的小企业在一个地区成了名牌，家喻户晓，在这种产销两旺的势头下，急于发展成集团公司，把产品打出去，结果市场扩大了，自身能力不济，只好滥竽充数，最后连原有的市场也会因为自己的产品质量下降而失去老客户。

第三，对是否策划进行对比，从中发现该怎么干。可以用两个城市的营销商或两组批销人员作对比试验，不断总结；也可以采用两套策划方案在两个不同的城市做试验，从中总结优秀的方案。

第四，知不足而后进取。在与大品牌争饭吃的情况下，应该承认自己的差距，不能打肿脸来充胖子，硬要与力所不能及的高标准攀比。善于从名牌成长、发展的过程中汲取营养，总结它们成为名牌的经验，借他山之石，攻自己之玉，但是要学其精神，不能完全仿效。

第五，其他好的思路……我们不能穷尽人们正创造着的新的策划思路。

（4）商务策划是策划特殊且重要的方面。

第一，在"和平与发展"是国际社会的主流的今天，商务活动、市场经营成为各国内部乃至各国间的主要社会活动，因此商务策划在当代具有特别的意义。

商务活动要接受社会的检验和批判。在诸多策划中，商务策划难度最大，特别不好把握。人们常说“众口难调”，商务活动面对的是全社会的老老少少，男男女女，想让大家都说好，都按商务策划者的意愿去行动，太难了！

商务策划的传播面非常广，要想取得预期效果，必须付出比别的策划更多的努力。

第二，以经营商品和推销服务为手段赚取利润的企业，在市场营销组合策划中，商务促销策划占有特别重要的地位。这一环节是决定企业生死存亡的关键，只要这一着“活”了，企业就有指望。而在促销的几个方面，如公共关系、人员推销、特殊推销，同策划比较起来，策划又有更重要的作用。商品或服务信息传不出去，不能打动受众的心，不能刺激他们的购买欲望，其他促销手段就达不到预期效果。

商务策划能带动促销的四个方面，促销组合的策划问题解决了，市场营销也就能成功。

第三，商务活动在销售促进的几个活动中，是投入最大的，它要耗费很多的人力、物力和财力，动员企业职工共同努力，因而要认真策划，才能实现企业目标。商务活动可以由企业的策划部门着手策划，企业负责人要提出企业目标、营销目标、广告目标，使策划为实现目标而努力。商务活动多数应交由有策划能力的商务经营者去策划，他们能发挥优势，站在受众的角度为企业出谋划策，取得较为客观的效果。委托专业的商务公司代理商务活动的策划，能减轻企业负责人的压力，使企业负责人能够集中精力抓企业的整体目标的实现，包括对商务活动的督促，对策划的审定、实施和效果检查。

第四，在商务活动策划中，要涉及企业形象，商品定位，价值取向，市场细分，销售线路，公共策略，销售（服务）人员的语言规范、着装、仪表仪态等许多方面。做好策划，能带动全盘工作，推动其他方面的进展。企业在市场营销活动中，要抓的关键就是商务策划，放弃了对商务策划的精心组织和实施，就会导致全盘皆输。

第五，商务策划除了要站在受众的角度外，还得面对竞争者，面对同类商品和服务的挑战，必须精心谋划。策划好比在市场竞争中斗法，优胜劣汰，适者生存。它比别的方面的谋略更具挑战性。

5.2 策划的特征和规则

知识链接 5-2 **刘玄德到东吴被招亲的故事**

《三国演义》中有一回讲刘玄德到东吴被招亲的故事。互联网上讨论着这样几个问题：

1. 刘备到东吴入赘，为什么是赵云陪同前往，而不是别的大将？

答案之一是，因为刘备需要一名智勇双全又有名望的大将当保镖，以震慑东吴。为确保万无一失，诸葛亮的策划就放在三个锦囊妙计中，要交给随刘备去东吴接受招亲的大将。锦囊只能在关键时刻打开，并且要依计行事。为什么没有选中关羽：关羽太傲，东吴人在他眼里都是“鼠寇”，他压根儿不会听从诸葛亮安排用什么锦囊妙计，只会用青龙刀和东吴人说话，会把事情搞砸。为什么不选张飞：张飞太莽撞，估计船还没到东吴，诸葛亮的锦囊妙计就都被他看完了。还有，此人贪杯，会被灌醉，带了锦囊妙计跟没带一样。因此选择了赵云。

2. 诸葛亮给赵云的三个锦囊妙计是什么内容？

第一，到吴地后派人到处宣扬孙权妹妹与刘备即将结婚的消息（特别要告诉乔国老，他是周瑜的岳父，通过他告诉孙权的妈妈——国太）。声势造得越大，刘备越安全。

第二，让赵云在孙权和周瑜用缓兵之计变相扣留刘备时，告诉刘备，曹操要来打荆州，催刘备回蜀国主政。

第三，在吴国派人欲追回刘备时，让刘备告诉孙夫人实情，由孙尚香出面喝止追兵。小说中有一情节：赵云拉弓搭箭，射下了追兵船上的帆，以示如果再追，则会丢掉性命，追兵只好眼睁睁看着刘备和孙尚香的船逆江西去。

其实，在真实的历史中，诸葛亮有没有留下锦囊，很值得商榷。大多数历史学家认为，《三国演义》毕竟是小说，不可信，而在正史中，根据诸葛亮生平记载，并没有发现他留有锦囊。

小说《三国演义》把诸葛亮描绘成智慧策划人，的确是给后人作出了巨大贡献。

策划案例 5-1　“创意时代 策划未来”主题招贴画的创意设计

第七届中国广告节在江苏无锡举办，这一届的主题是“创意时代 策划未来”。组委会面向全国征集本届广告节主题招贴宣传画的创意设计。贵州民航广告公司以郑波为首的策划创意人，设计了四幅创意画稿，请本书作者帮助提意见。其中有一幅画稿，左下角是一把鹅毛扇，扇的右上方是装饰性很强的几簇火焰，画面正上方是第七届中国广告节等信息（见图 5-2）。这幅画稿让人眼前一亮：一把鹅毛扇，代表了诸葛亮，他是中华智慧的化身，是策划人仰慕学习的表率，一簇簇火苗正是策划之扇煽出来的创意之火。广告节的主题“创意时代 策划未来”被这把鹅毛扇和几簇火焰表现得既蕴涵其意，又彰显其表，让懂得“创意时代 策划未来”主题的人有一种想说说不出、终于有人表现出来了的痛快淋漓之感。

本书作者当即指着这张设计中的招贴宣传画，说：“这张有希望。”其他三张没有在脑海中留下什么印象。

当贵州代表团几十人走上无锡市的街头，看见以横幅、四方联等各种形式出现的鹅毛扇火焰宣传画时，郑波等人的自豪感油然而生。

图 5-2　鹅毛扇火焰宣传画

5.2.1　策划的特征

在知识链接 5-2 中，诸葛亮交给赵云的锦囊妙计就是“依计而行”的策划。这三个锦囊妙计就是策划书。这些策划确实具有指导性、系统性、全局性、超前性。

策划有以下几方面的特征：

1. 实施的超前性

策划是在事前进行的统筹规划，在执行和实际操作中，要以策划为脚本开展策划中安排的事件。策划是活动的大纲，有了可以指导实际操作的策划书，才能纲举目张，活动才有依据。

2. 明确的目的性

策划活动都是围绕一定的目标展开的，在策划时如果能规定明确的目标，根据目标再选择传播媒体，设计新颖别致、有吸引力的作品，选择恰当的时间和地点开展传播活动，就能取得良好的效果。

3. 完整的系统性

现代策划从调查开始，根据策划目标的特点确定每项策略实施后要实现的具体目标。在制定具体的活动策略时，要以整体目标为出发点，使策划的各个环节相互衔接，密切配合，形成一个有机的统一体。

4. **严谨的科学性**

现代策划是在策划学原理的指导下，综合运用调查理论和技术、传播学、经济学、策划学、心理学、新闻学、美学、统计学、文学等学科的研究成果，用比较少的预算取得理想的宣传效果，以提高策划主的知名度、美誉度及销售业绩。

5.2.2 策划学的基本原理

作为研究策划的学问，策划具有创新出奇、系统全胜、动态变化等原理。

1. **创新出奇原理**

兵法云：出奇方能制胜。创新出奇可谓策划的第一大原理。创新是人类赖以生存和发展的主要手段。创新，适用于人类一切的自觉活动。没有创新便没有发展。不能出奇便不能产生勃勃生机，缺乏魅力，如一潭死水。

只有独辟蹊径，创新出奇才能声名远扬，事业兴旺。创新出奇，就是要人无我有，人有我优，人优我新，人新我变。

2. **系统全胜原理**

系统全胜原理是策划人追求的一条必不可少的原理，它要求策划人高瞻远瞩，深谋远虑，用系统论的联系观、结构观、进化观来分析事物的演变，从整体上把握、控制和驾驭全局。局部获取的阶段性胜利是全局、全过程最终取胜的前提和基础，但它不是策划人的最终目标，策划人的最终目标是高屋建瓴，先胜而后战，追求整体全胜。一名优秀的策划人是不会过于计较局部得失的。

3. **动态变化原理**

变化是绝对的，不变是相对的，任何系统都处于动态变化之中。

动态变化原理要求策划人在策划时通权达变，策划的执行者在执行策划时可以随机应变，具有足够的变通、适应能力。市场就是战场，形势瞬息万变。市场竞争的胜利总是属于以动态原理进行策划、相机执行的一方。

5.2.3 策划的原则

1. **指导原则**

策划是对策划整体活动的指导方案，策划的结果就成为策划活动的蓝图。要想使策划目标正确，就要尽量减少策划活动的无序性和不确定性，这体现在它对策划活动中涉及的每个人的工作以及各个环节的关系的处理。

2. **整体原则**

把企业的策划活动视为一个整体，策划工作是对整体目标进行综合分析、预测、评估、最优化，并把策划活动中复杂的层次组合成一个科学有序的整体。根据系统论的基本思想，这种系统化的整体功能不等于各个子系统的功能的简单相加，它能保持系统整体性的最优化状态。

3. **差异原则**

创造性思维是策划生命力的源泉，它贯穿于策划过程的始终。创造性思维的核心是积极的求异性，表现为突出策划的差异性，即策划中的特殊性与个性。在策划中，不仅要使策划产品的利益点与同类产品相比具有差异性，而且要使策划作品的设计也具有差异性，这样才能使产品令人注目。策划要以差异性为核心，处处掌握策划活动的主动权。

4. **调适原则**

任何事物都处于动态变化的环境中。社会生活方式在变，市场环境在变，人们的心态也在变。策划的重心要随着市场和消费者的变化而变化。如果客观情况发生了变化，策划宣传的策略不随之变化，我们就可能犯主观主义的错误。

5. **团队原则**

随着现代策划事业的发展，策划活动已由经验性转向科学化、决策化方向发展，由个人策划为主转向以团队（集体）策划为主，在策划中，一般需要一个无形或有形的策划小组，集中集体的智慧来完成策划工作。

6. **动态原则**

动态，是现代策划学的重要特征。所谓动态原则，就是根据系统总是处于运动、变化中的客观存在的特性，来认识和处理万物。在动态过程中，静止是相对的，运动是绝对的。系统的策划工作也是这样。任何系统的正常运转，不但受到自身条件的制约，还要受到其他有关系统的影响和制约，以及时间、地点、人们的努力程度等因素的制约。

关于系统目标的制定与选择也有同样的情况。随着系统内外条件的变化，随着万物的发展，人们对问题的认识不断深化，不仅会提出目标的更新与变更问题，对目标的衡量标准也会发生变化。因此，在策划中，策划目标、策划创意、策划预算等都不能一成不变，而应当重视收集信息，经常注意反馈，随时进行调节，保持充分的弹性，有效实现动态的策划。

5.2.4 策划的基本方法

“方法多种多样，找对了，事半功倍。”策划的方法也是多种多样，绝对不止以下这几种。

1. **“拍脑瓜”方法**

“拍脑瓜”是最简单、最直接的一种方法，“眉头一皱，计上心来”，是事到临头的一种巧妙变通。急中生智的方法，急中也可能出错，但是，“拍脑瓜”仍不失为一条获得好的创意与策划的捷径。

2. **点子方法**

人们通常说，出个主意，拿个办法，说点想法，搞个发明、设计、规划，这些都是点子。点子出好了，可以以点代面，集中智慧的内核。点子，需要的是创新、勇气与个性。

3. **创意方法**

创意和点子不一样，“点子”一般是为了解决“某一事件”的一个具体的主意“点”，而创意可以是一个点，一条线，一个面，一个体，一个局……甚至一连串的“局”，并且它还包括文艺创作、科学发现与幻想等所有的智力活动领域。因此，创意方法是“策划”的起点、前提、核心、精髓。

创意带有一种神秘特质。事实上，揭开神秘的面纱，简单地说，创意=条件+方法，是创异+创益。

4. **谋略、计谋的方法**

现在讲的谋略，是战略、战术、智谋韬略的总称。谋略，在过去有权谋、权术的意思，也有阴谋之嫌。策划上的谋略，是看得见、听得到的智谋，属于阳谋。

谋略是关于某项事物、事情的决策和领导实施方案。谋略的中心是一个“术”字，战术、权术、手段和方法在谋略中发挥核心作用。

现代的谋略则含有组织、管理、协调、规划、统筹、目标、行为等多方面的内容，既有全局性、根本性，又有艺术性、方向性。

5. **运筹学方法**

运筹学中有一种方法叫结构重组和区位组合方法。其原理是：事物、商品等的结构与内容、性能有直接关系；空间与时间的分布对事业的兴衰有重大的意义与价值。

运筹学是运用科学的数量化方法，研究对人力、物力进行合理筹划和运用，寻求管理及决策最优化的综合性学科，是系统工程的理论基础之一。

6. **阴阳五行与矛盾运行的方法**

《周易》是最早关于阴阳五行学说的理论著作。基本内容是：天地、乾坤、男女等构成万事万物对立、统一、生成、互补、变易的宇宙法则，任何事物都处于发生、变易、转化的过程中。与此同时，易学有一套自己固定的哲学术语、模式、符号等，合理运用，也可以为策划提出思路。

5.2.5 策划战略原则

策划战略的制定，是根据市场目标和总要求，在认真分析与之相关的各种环境资料的基础上，拟订多种方案，反复推敲。策划战略是一个庞大的、完整的系统，在制定时要注意它的方向性、准确性、竞争性及长远性。

1. **突出重点**

在企业营销和策划活动中，总存在一些主要矛盾。这些影响策划活动的主要问题，就成为策划战略的重点。

2. **审时度势**

在现代经济活动中，生产和消费均受到有关市场、产品、消费者群体和竞争对手等因素的影响。策划战略是在对企业内外环境进行调查的基础上，了解企业内部有哪些优势和劣势，找出企业外部环境中的问题和机会，从中进行综合平衡，把握最佳策划。

3. **立足竞争**

竞争是市场经济中客观存在的事实，只有面对竞争，树立强烈的竞争意识，企业才能生存和发展。

4. **把握未来**

战略策划的目的在于预测未来，把握未来，并从中找到准确的行动目标。

5.3 策划的分类

5.3.1 策划人陈放提出的分类

策划人陈放，在《策划学》这本书中，没有明确提出“策划的分类”这一学科建设的基础性问题，却在第十九章以“热身策划，五子登科”为题，写下了对25种策划的介绍和举例：形象策划——双剑合璧；用人策划——善用人者得天下；旅游策划——另一种文化公关；公关策划——“关系”压倒一切；新闻策划——再建一个路透社；文化策划——大中华的内涵；造星策划——制造明星的“邵氏帝国”；体育策划——北京不如巴塞罗那；教育策划——育天下才，共济时艰；救国策划——路在何方；外交策划——填满太平洋的乒乓球；人才策划——走好关键几步；调查策划——拜毛泽东为师；军事策划——屡蒙屡胜：吕蒙战略；婚恋策划——爱情与婚姻的对白；交友策划——一日良朋、万世师表；科技策划——最厉害的“核武器”；升迁策划——世界小姐当市长；创业策划——索尼不是梦；择业策划——下“岗”=重上景阳“岗”；图书出版策划；影视策划；新产品开发策划；企业竞争策划；企业危机策划等。

在《策划学》这本书的第二十章“大霸王策划”中，陈放还介绍了以下4种策划：广告策划——滚滚大潮挟金来；品牌策划——进入任何禁区的特别通行证；CI策划（企业形象策划）——形象压倒一切；金融策划——撬动地球的杠杆。

5.3.2 依据不同标准的分类

凡分类都要依照一定的标准，对策划分类也不例外。

1. **根据策划的行政区域规模分类**

策划可以分成国际策划，国家策划，省（区、直辖市）策划，地、县策划，乡、村策划。

2. **根据策划对象的行业分类**

策划可以分成工业策划、农业策划、商业策划、旅游业策划、广告业策划等。

这其中还能按照大行业中的小行业划分，如农业中的养殖业、种植业，养殖业又细分养牛、养羊、养猪、养鸡等。种植业也可以细分为种粮、种菜等，种粮、种菜还可以细分为很多种类。

3. 根据策划的对象分类

策划可以分成为各级党委部门和政府职能部门做的策划、为事业组织做的策划、为社会团体做的策划、为企业做的策划等。

4. 根据策划要解决的问题分类

策划可以分为企业形象塑造策划、商品促销策划、危机公关策划等。

5. 根据策划的内容分类

策划可以分为文化产业策划、文化娱乐策划、体育赛事策划、形象大使选拔策划、慈善事业策划等。

6. 根据策划项目的规模分类

策划可以分为战略策划、战役策划，或分为大型策划、中型策划、小型策划。

7. 根据策划书的形式分类

策划可以分为全案策划、电视广告片制作或平面广告媒体购买等单项策划、项目策划提案及一纸通策划等形式。

8. 根据不同的时间要求分类

策划可以分为三五年区间的策划、当年的策划、季节性的策划、为某个节日而做的策划等。

9. 根据策划的性质分类

策划可以分为公益性活动策划、商业性活动策划等。

10. 根据传播的媒体分类

策划可以分为报纸、电视、广播、杂志等媒体的传播策划，手机网络传播策划，电脑网络传播策划等。

11. 根据策划执行的人群分类

策划可以分为学校学生活动策划、连队军人活动策划、夕阳红老人活动策划等。

以上分类难免挂一漏万，相互交叉。同一策划可以放到相关的几个分类中，这是正常的。如一个人从性别分类，他是男性；从职业分类，他是教师；从文化程度分类，他是博士生；从家庭角色分类，他是丈夫、父亲、儿子。他的社会角色分类看似复杂，其实很清晰。

我们掌握策划的分类，是为做好策划、撰写出规范的策划书打下基础。

许多介绍广告策划的书籍也对策划进行了分类，我们选择其中一张分类图（见图 5-3），供学习者参考。

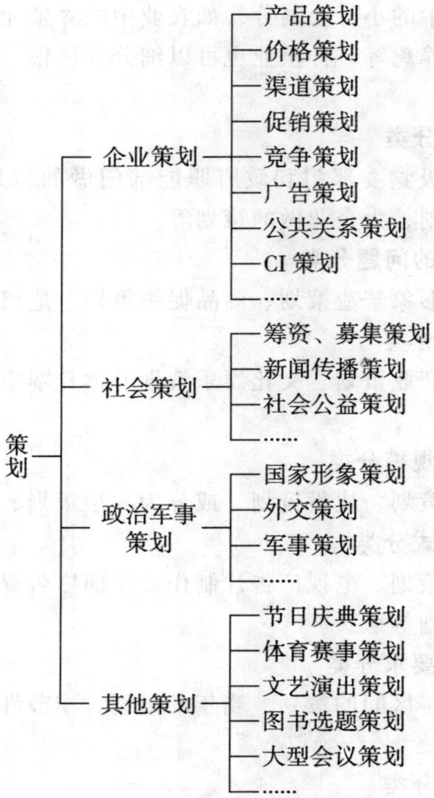

图 5-3　策划的分类

5.4 策划的要素与程序

5.4.1 策划的要素

策划的要素有策划主、策划写作主体（策划者）、策划对象、策划依据、策划方法、策划程序这六项。

1. 策划主

策划主是发出策划要约的一方。他有做策划的需求，委托别的策划企业或个人为其做策划。策划主可以是党政部门、社会团体、事业单位、经济组织和社会的自然人。

2. 策划写作主体（策划者）

策划写作主体是接受委托做策划的个人或组织，有自由广告人、自由策划人，也有广告公司、策划公司、咨询公司、品牌管理公司的策划部负责做策划的人群。

策划者是策划书的撰写者，也是策划过程的执行者。在现代策划业中，策划大多由策划广告公司进行，具体由策划广告公司内部的策划小组来完成，策划小组就是策划写作主体。

3. **策划对象**

策划对象是策划的对象物或事。策划总是为了一定的策划运动或策划活动而进行，没有策划运动或策划活动的委托，策划也就失去了存在的必要。

4. **策划依据**

策划的根本依据是实际的市场情况，直接依据是企业的市场营销策略。

5. **策划方法**

策划涉及的内容非常丰富，需要获取和分析的资料较复杂。在策划运作中除了5.3 介绍的方法以外，具体还可以用分析法、小组讨论法、实验法等。

6. **策划程序**

策划是按照特定的程序进行的。策划的内容与步骤是一种程序、策划书的撰写格式是一种程序、策划广告公司对策划运作的组织也是一种程序，这些程序是使策划沿着正确的方向行进并且获得预期效果的保证。

5.4.2 策划程序的七个环节

1. **策划调查**

策划调查是为开展策划而进行的调查，是策划运作的起点，目的在于精准地了解市场、产品、消费者的动态，为开展策划活动打下基础，为策划提供直接依据。

（1）分析环境，明确要求。对策划将要覆盖的广告发布环境进行深入、细微的分析研究。这种环境包括政治、经济、文化、竞争、技术等方面。要明确企业总体目标、企业营销目标及其策划目标，掌握企业内外部各方面对策划可能产生的影响，摆正策划对象在市场中的位置，从而摆正策划在市场中的位置。

（2）分析策划对象，即分析策划的商品、服务或观念。要对策划对象进行深入的了解和研究，掌握其个性，充分挖掘出与其他同类主体不同的特点，把握住“闪光点”。如果是商品，要从商品生产历史、生产过程、生产设备、制作技术、原材料使用，商品外观、系统、类别、配套服务、使用价值、精神价值、生命周期，商品适应性和商品色彩、风味、规格、式样等方面进行分析研究。

（3）分析消费者，找准潜在市场。市场就是消费者，有消费者就有了策划主的市场。消费者包括工商企业和事业单位用户，社会个体消费者。通过对消费者需求动机、消费习惯、消费特征等进行调查后，要对相关资料进行认真的分析。工商企业、事业单位需求动机相对稳定：维持生产和发展事业。社会个体消费者的需求动机十分复杂，有生理需要、安全需要、社交需要、尊重需要和自我实现需要等。影响消费的因素包括经济、社会、心理、消费者对商品的购买方式和使用方式等方面。工商企业和事业单位购买量大、集中、次数少，需求受价格波动影响小。社会个体消费者的购买行为具有分散、零星的特点，具有习惯型、理智型、求廉型、冲动型、感情型、从众型、疑虑型、随意型等多种表现，有经常性购买、选择性购买和考察性购买等多种购买方式。

通过这些调查研究，找准策划对象的潜在消费者，才能针对目标市场进行事半功倍的策划。

2. 确立策划目标

在集中对策划环境、企业目标、企业营销目标、策划对象、策划客体等进行调查了解、分析研究的基础上，由策划主与策划经营负责人确立策划活动的目标。

3. 确定策划主题与创意

为实现策划目标，还要确定策划主题，将策划内容统率起来，这就需要提炼策划主题，再根据策划广告主题表现的需要，经过策划人员的创造性思维，想出新的点子和主意，构思出策划广告的创意。

4. 确定表现策划的策略

为实现策划广告的主题，可以采取以下具体策略：策划媒体广告策略、策划时机策略、策划表现方式策略、策划促销策略、策划差别（无差别）策略等。

5. 确定策划的预算

根据策划整个活动的需要，从调查开始直到测算策划效果都需要费用，要拟出策划的总投资和每一个项目的具体预算。

6. 策划决策

策划在多数情况下要准备几套方案，由策划主进行选择，作出决定，或使用某一方案，或将几套方案的优点组合采用。决策一经作出，应由策划主签字，才能使将要使用的策划产生实际意义。

7. 策划效果检验

在策划书中，要将策划效果的测定方式和预计可能出现的效果表现出来，制定检验策划效果的有关控制、评价标准，将策划书发布前、中、后对策划活动的价值进行有效测定的要求、步骤、方法反映出来。这样做的目的，一是让策划主对策划增强信任度，二是可以依据策划效果检验的要求和内容对策划活动进行监督检查，三是为下一轮策划活动的开展积累经验。

5.4.3 策划中产生创意的程序

世界公认的广告创意界的泰斗詹姆斯·韦伯·扬基于自己多年的广告策划实践，把策划中产生创意的程序归纳为以下几点：

1. 收集资料阶段

首先，要尽可能地收集资料，包括与策划或服务有关的必需的特定资料和平时不断积累、储存起来的一般知识资料。

其次，要用心去品味资料。在脑中对收集的资料反复咀嚼，用“心智的触角到处加以触试”，用不同的方式方法来研究资料，探索其意义和内在联系。

2. 思考阶段

这一阶段也称为资料的孵化，即让许多重要事物在潜意识的状态下“自由”冲撞、排列组合，产生思想火花。此时人的思维活动极其复杂，因此，掌握正确的思维方法对于策划的成功至关重要。目前，常用的思维方法有以下几种：

（1）垂直思维法（vertical thinking），也称纵向思维。这是一种偏重于自己的理论、知识，尊重传统观念的经验型思考方法。这种方法强调创作的依据性，强调按固有的路线，在一定范围内向上或向下进行垂直思考。垂直思考好像建塔，以一块石头稳定地置于前一块石头之上，或像挖洞，把原有的洞挖成一个更深的洞。这种方法虽然能为策划提供一定的创作规律，但也容易把人的思路局限在固有的模式之中，难创新意。如许多策划除商品、品牌、商标不同外，其内容与形式大同小异，形成公式化、概念化套路，毫无创意可言。

（2）水平思维法（level thinking），又称横向思维，由英国生态心理学家艾德华·戴勃诺博士所提倡。水平思维，即强调思维的多维性和发散性，要求尽量摆脱现存观念的束缚，从另一个新的角度进行思考，就好像是跳出原有的洞穴，再去另挖一个或多个新的洞穴一样。这种方法能克服传统思维方式造成的偏执性，易打破常规，创造出新的观念。有人说："敢于从最荒谬的地方去想，就有可能想出最好的主意。"此话虽然过于绝对，却并非全无道理。当然，运用水平思维法并不是提倡不顾实际情况一味追新求异，这是运用水平思维法应当注意的问题。

（3）头脑激荡法（brainstorming），也叫头脑风暴法或会商思维法，由美国 BBDO 策划公司副总裁兼心理学家奥斯本博士发明，在国外策划界备受推崇。这是一种集中一批专家、技术人员和其他有关人员共同思考、集思广益进行策划的方法。这种方法主要是集中各种知识类型和各种思维方式人员的知识和才能，通过相互激励、相互诱发产生连锁反应，以拓展创造性设想。采用此法有以下三条规则：

图 5-4　想象（姚尧　绘）

①会上禁止批评、反驳。

②欢迎自由发表意见，想法越多、越新、越独特越好。

③改进他人的构思，通过启发、联想、组合、补充，产生新的策划。

以上三种思维方法各有特色，需根据策划目标和实际情况加以灵活运用，并尽可能将几种方法融会贯通，形成独到的策划。

知识链接 5-3　　**创意思维的上百种方法**

王多明、罗杰等在《创意思维法大观》（中国广播电视出版社 2009 年出版）

一书中介绍了创意思维的上百种方法：

接近联想法、概念联想法、对比联想法、相似联想法、因果联想法、强制联想法、焦点联想法、想象设计法、假说想象法、重组思考法、组合构成法、无中生有法、欲擒故纵法、笑里藏刀法、借“尸”还魂法、克弱制胜法、迂回包围法、声东击西法、抛砖引玉法、避实击虚法、先入为主法、定势效应法、借景抒情法、借势造势法、借题发挥法、侧面支撑法、攀龙附凤法、借物巧用法、善用物件法、讨论发现法、情感激荡法、集体创新法、头脑风暴法、原型启发法、趣味引入法、幽默创意法、灵感擒拿法、捕捉灵感法、睡眠思考法、幻想奇思法、直觉创新法、蓦然回首法、发散辐射法、反面思维法、横向发散法、置换位子法、换向思维法、换位思考法、组合换新法、中间填充法、反求工程法、逆向倒行法、外脏内秀法、求异去同法、不同寻常法、随机应变法、人弃我取法、彩云追月法、借风而行法、独特赞美法、众星捧月法、天马行空法、克弱转换法、逻辑推理法、无拘无束法、知错即改法、假说演绎法、歪打正着法、顺序颠倒法、水平思考法、情感迁移法、填空补白法、情感领先法、感情调动法、理性诉求法、远交近攻法、元素增减法、透镜聚焦法、百川归海法、信息交合法、自立思考法、求同存异法、组合生成法、相似叠加法、全蛋思维法、全面展示法、灵巧出奇法、弃车保帅法、相似类比法、类比相较法、模仿改良法、形象描摹法、欲扬先抑法、悬念制胜法、恐惧诉求法、恐惧提示法、欲盖弥彰法、雏鸡引诱法、诱导启示法、强灌观念法、卡片创技法、设想卡片法、检核目录法、点线面体法。

我们选取其中的“因果联想法”进行举例，领略创意思维的奥妙。

有一部影片叫《可爱的动物》，里面饶有趣味地描述了一个日常生活中怎样运用因果联想法解决难题的故事。

非洲南部高原中部的卡拉哈里盆地边缘的草原地带，每逢旱季，由于缺水，当地居民生活十分艰难。但他们发现生活在这一地区的狒狒并不缺水，生活一切正常，说明活动范围比人大的狒狒能够在附近找到水源。为了寻找水源，居民们捉到狒狒，给狒狒吃过量的盐而让它们感到口渴，然后再放走它们。渴得难受极了的狒狒向脱缰野马一样，飞奔地去找地方喝水。它们飞跑入一个山洞里，扑向奔流的泉水，拼命地喝。于是跟踪而至的人们发现了新的水源。

有因必有果，有果必有因，因果联想符合人类的认识发展过程，是一种简便的联想思维方法。因果联想法是从某一事物出现某种现象，从而联想到它与另一事物之间有着因果关系的一种思维方法。

在科学研究中，在广告创意中，在企业经营成败的许多现象中，都能用因果联想法找出其中的奥秘，从而运用因果联想法去控制事情的发展，自觉地运用因果联想法按规律把事情办得更漂亮，更有创意。

在澳大利亚甘蔗种植园中，有一年的收获时节，人们发现一片甘蔗田的产量意外地提高了50%，而其他地块并未增产。这是怎么回事呢？他们回想起来，在栽甘蔗一个月前，有一些水泥洒落在这片地里。这就是甘蔗增产的原因吗？经过科学研究，发现正是水泥中的硅酸钙使这片酸性土壤得到了改良，因而提高了甘蔗产量。于是，科学家们发明了“水泥肥料”用于改良酸性土壤。

作为创意思维，因果联想法在这方面大有用武之地。

有一家新开业的美容院送来请柬，邀请某企业负责人去参加典礼。该负责人在想，送一件什么礼物好呢，既要表示庆贺，又要有实用价值才好。

企业负责人找到一家咨询公司，帮助他搞“送礼创意”。咨询公司经过认真研究后，建议他送一部“即时显像照相机”。乍看起来，美容院和即时显像照相机是毫无关联的两件事。咨询部门从中发现了什么因果联系呢？他们从各种可能中终于找出，如果理完发的顾客一走了之，对下次回头和宣传这家美容院都毫无助益。如果理完了发，作了美容护理，顾客比较满意，征得顾客同意后，美容院可以用这台即时显像照相机为顾客当场拍照，并把照片送给顾客，再拍一张作为顾客在美容院的名片存档。在送给顾客的那张照片的正面可以印上美容院的名称、所在地、电话，顾客得到照片后会认真看，还会拿给他们的同事、朋友、亲人看，这就是一种最好的广告宣传。这位顾客第二次来理发时，可以带来照片或查阅他在美容院的存档，指定他比较满意的发型，还会把他的同事、朋友、亲人也带来这里美容、理发。送礼的企业负责人明白咨询公司的“送礼创意”后，当然十二分满意。

即时显像照相机与美容院的关系，中间经过了这些因果联系后，终于产生了极好的“送礼”效果：即时显像照相机——为顾客拍照——使顾客满意——让顾客做义务广告宣传员——唤来回头顾客——招徕更多顾客——美容院满意——感谢“送礼”的这家企业。这里的8个方面的情况，都可以以前一项为“因”，后一项为“果”。由于这些因果是可以控制的，因而送“即时显像照相机”给美容院这个“因果联想法”创意是正确的。

因此，与这种“即时显像照相机”有关的广告创意，也应该介绍给读者。

20世纪60年代，善于进行广告创意的埃德温·兰德发现，美国的家庭小汽车和电视机的普及率很高，却不一定都有照相机，即使有照相机也不常使用，原因是多方面的。

照相机不像汽车能一开就走，也不如电视机一开就能看到想看的节目。照相机不仅要给被摄物留下影像，还要洗印照片。如果能够不经冲洗，顷刻间就能看到照片正片就好了。

有了需要这种创意的想法，埃德温经过努力，终于发明了能在一分钟以内获得照片正片的照相机——即时显像照相机。

为了把这种商品介绍给消费者，埃德温思考出一种新的创意推销方法。

一天，风和日丽，游人众多，在一个开放式游泳池边，人们看见碧波中的游泳者和池边身着泳装的男男女女，真是心旷神怡，格外舒坦。这时游泳池里发生事故了。

“有人溺水了！”

“救生员”跳下水去，把溺水者救起，这位溺水者是一位妙龄少女。围观的人群把抢救者和溺水者团团围住，人们看到这位浑身湿透、身着比基尼的女郎，身体曲线着实迷人，散发出青春气息……人们正看得入迷时，埃德温用即时显像照相机把这一场景拍了下来。当人们还在继续围观时，他从相机里取出照片正片，送给参加抢救的人和其中一些围观者。人们拿着这张从来没见过的照片，大吃一惊，埃得温乘机宣传这种新式照相机。当即就有许多人向他订货，甚而有几人要出高价买走他手中的这架照相机。

这种有意识创造机会，让人们接触商品的方式，是一种不花钱的广告。埃德温巧妙地运用了因果联想法思维进行推销创意，取得了良好的效果。

即时显像照片正片——即时显像照相机

(果)　　　　　　　(因)

游泳池中发生了事故——人们围着观看

(因)　　　　　　　(果)

溺水的妙龄少女太吸引人了——人们不愿离开

(因)　　　　　　　(果)

人们继续围观——埃德温有机会拍照片

(因)　　　　　　　(果)

即时显像照片正片打动了围观者——人们争着要买这种照相机

(因)　　　　　　　(果)

揭示因果联系的链条是客观存在的，只要我们认真去思索，发现其中的关系，就能掌握事物的这种本质联系，产生创意思维的理想结果。任何事物的产生，都是由其他事物引起的，任何事物的消失，都会转化为其他事物，任何原因必然导致一定的结果，一定的结果必然有一定的原因作前导。事物的发展就是一系列因果联系的链条。我们揭开了事物因果联系链条的秘密，也就抓住了事物的本质的联系。

要抓住这种因果联系，通常采用从两端的其中一端“追本溯源”和“顺流而下”两种方法。其一，思考产生结果的所有原因，找出其中最主要的原因，即找出对结果的产生起决定性作用的原因，这样才能揭示出因果联系，掌握事物的本质。其二，分析原因所能造成的一切结果，包括积极的、消极的、直接的、间接的、现实的、久远的，从中揭示出它们之间的因果联系，从而把握事物的本质。

另一种称为“强制联想法”的创意思维方法也能带给我们很多启发。

这是一则从无稽之谈中产生的联想，虽然近乎荒诞，但却引发了一项改革，产生了很好的结果。

有一伙人在池塘里挖藕，他们用耙子沿着池底挖，要用很大的力气才能把烂泥和藕一起掏出来，由于要用力，其中有个人在挖藕时放了一个响屁。“请原谅！”他向旁边的人表示抱歉。有人打诨说：“你这种响屁朝池底放上两三个，那泥里的藕都恐怕要吓得蹦出来了。”周围的人也被逗乐了，大家哈哈一笑，又继续干活。

不料言者无意，听者有心。他们中有一个人听到此话，在脑子中闪现了一个想法：用导管把压缩空气输送到池底的烂泥中，再喷放出来会怎么样呢？或许能把藕冲出来……他马上进行实验，结果不理想，只有气泡而不出藕。“需要更强的冲力！”他想。于是这次不用压缩空气，而用高压水枪对水加压，结果大获成功，彻底地把藕“挖”出来了。就连以前用人工挖时漏挖的藕，这次也被高压水枪“挖”出来了。

这种做法不仅减轻了劳动强度，提高了劳动效率，增加了产量，还用不着担心耙子把藕挖伤或挖断，甚至“挖”出来的藕还被高压水冲洗得干干净净。从那以后，在有条件的地方，便把这个方法当作“挖”藕技术而广泛运用了。

“对着池塘放屁”，这纯粹是荒诞不经的笑话，但有心人由此产生联想。创意思维的确是一种耐人寻味的思维。同一件事，不同的人会产生不同的想法。看来，任何事物都可以与思维对象联系起来，甚而强迫它们联系起来，产生强制联想。

强制联想法是一种创造性解题方法，指解题者的思维被强硬地限制在一定范围之内的思维方法，和自由联想法同属联想法。所谓被强硬地限制在一定范围之内，系指除课题本身的约束条件之外，在解题中另外再附加强制性约束条件。强制联想法在总体范围上是被动的、被限制死的，但在思维过程中、在具体联想时则是灵活的、自由的，是总体范围的限制和具体方向的灵活的辩证统一。它是从被强制的条件内产生奇妙新颖的联想，从而促进课题的解决。强制的范围可以是一个，也可以是几个，依需要而定。单一限制条件是常见的，这就是所谓的一对一联想法。例如，开发设计新椅子时，可任取一物为联想的参照对象，比如指定的是“花”，那么强制联想可以按如下方式展开：花——色彩鲜艳——色彩鲜艳的椅子；花——花型各异——形状奇特的椅子；花——花香——带香味的椅子，等等。强制联想法包括焦点法、一对一联想法、目录法、范围思考法等多种派生方法。

强制联想与强迫性思考是两种不同的情况，强制联想是创造人员自觉的行为，而强迫性思考是一种非正常的行为。

《创意思维法大观》一书中介绍的有关“联想”的创意思维方法有接近联想法、概念联想法、对比联想法、相似联想法、因果联想法、强制联想法、焦点联想法等七种。

3. 策划创意诞生阶段

詹姆斯·韦伯·扬这样描述这一阶段所发生的事情：“突然间出现策划的创意。它会在你最没期望它出现的时机出现……”这时要及时把它写到纸上，形成文字，存进电脑中，输进手机里，或告诉策划创意小组的其他成员，以免好的策划创意一闪而过，失之交臂。

4. 策划的发展

把刚刚产生的策划拿到现实中进行检验。一般策划产生后都不会完美无缺，只有在实际中不断加工处理，才会成为符合需要的完整策划。

5. **策划的执行**

策划人常说“三分策划，七分执行”，这说明了执行的重要性。

策划人最好能参与策划的整个执行过程或督察执行、分阶段检查执行的结果，既能验证策划的有效性，又能及时发现问题、解决问题，使策划在执行中一步步走向总体目标的实现。

在策划过程中，只管开花不管结果是不可取的。

5.4.4 策划的结果

经过策划人及策划团队的艰苦努力，策划可以产生一份纸质的文本，称为“策划书”；可以形成电子文本，随时发送给策划主；可以形成可供播放的称为“提案”的PPT幻灯片，幻灯片中可以插入图表、文字、视频、音乐，突出策划创意的主题，用现代诉求的手段表现策划群体的劳动成果。这些表现形式最后会产生成功与失败两种质的结果，当然也会出现“基本肯定，需要补充、修改”“基本否定，其中某些要素还可采用”等可能。

在学习写作策划书的初期，我们的策划结果往往是写出可以交出去的策划书。

策划是筹谋、运筹规划等思维活动，是策划者面对需要筹谋的活动，事前进行的规划和打算。这种思维活动不仅会在人们的记忆里留下若干印记，更会用语言、符号、图画、表格、照片或录音、录像，把整个策划活动的初始及终结显现化、外露化，以便策划者相互交流思想，提供讨论，修改蓝本，更主要的是要向策划主、企事业单位负责人报告策划的阶段性结果和提交最后的策划结果——策划书（策划建议书，或策划意见书，或被称为“规划”“打算”等较系统的文字材料）。

策划的整个过程都与各种各样的策划书相联系。策划者不仅要动脑，还要动手，把策划过程的阶段性结果和最后的策划结果写出来。

由于被策划的对象不同，需要策划的活动的复杂程度不同，策划过程的阶段划分不同，以及策划者不同，策划书的形式可谓百花齐放。这种局面是可喜的。千万不要使策划“如出一辙”，千万不要使策划书“统一规格”。策划本身就是创造性劳动，我们不能用同一个尺码去人为地衡量本来就千差万别的活生生的事物。

唯物辩证法告诉我们，任何事物的存在，都有其自身的特殊性，“世界上没有相同的两片树叶”，更不会有完全相同的策划书。我们应该极力鼓励策划者积极创造，不拘一格，争相在策划的百花园中培育出一朵朵奇异的鲜花。

美国的威廉·伯恩巴克在《创意的最伟大工具》的演讲中说，“创造力是没有方程式的”“这些策划科学家中没有一位能够告诉你如何制作一个构想”。有人评论说，这是伯恩巴克本人策划哲学的延展。

广告公司、策划公司、咨询公司、品牌管理公司等在为策划主、广告主撰写完策划书之后，还没有交给广告主、策划主之前，对于内容多、篇幅长的策划书要准备提纲、拟制提案，并准备向广告主、策划主当面报告提案。

5.4.5 做策划、写策划书必须做的事

1. 策划要有对效果与结果的预测

（1）策划的预期效果及预测方法。对于策划实施之后所能期待的效果与预测可得到的效果，应尽可能依据足以信赖的证据来提出。同时，费用与效果所表示出来的效率，或对公司内外有形无形的效果等，也要说明。

（2）对本策划问题症结的想法。不论什么策划，要达到一百分是很困难的。对策划中出现的短处、问题症结不应回避，要在汇报中一一列明，并写出自己的想法。

（3）可供参考的策划案、文献、案例等要在策划书中写清楚。从说服的观点来看，如果能把本公司或其他公司的成功例子，或文献上记载的成功案例拿来作为参考，策划书合格的可能就会明显增加。

（4）对实施策划应注意之处及希望事项要坦诚写出。要把与策划主进行的交谈、沟通做成备忘录，并且很有技巧地把它们整理出来附在策划书上。

2. 同时准备第二方案、第三方案

拟定策划书时，并没有硬性规定只能做一个策划案。对于同一个主题，同时做出两个或三个策划案也是可以的。当然，有时策划人员会过于自信，认为自己的工作是完美无缺的。但从企业的实践而言，策划主在对策划进行审查时，一定会有种种意见出现，所以事先准备替代方案是明智的。

有经验的策划者会预测审查者可能提出的反对意见，或者了解他们的习惯，然后准备第二方案、第三方案。首先提出第一方案，当反对意见出现时，你就可以马上说："事实上我也认为这有缺点，所以我就准备了第二套方案。"由于第二方案已经包含了对第一方案的意见和批评，所以审查人员不得不赞成。更周到的策划人员还往往准备第三方案，使成功的概率大为提高。

3. 突出重点，切勿面面俱到

在策划过程中，过分贪求是要不得的。对一个善于思考的人来说，就某个问题产生很多的想法是个大优点，但如果想把过多的想法都纳入策划书之中，这是一个危险的陷阱。策划书中观点和想法太多，就未免太过混乱，这样一来，到底哪一个是策划的聚焦点和主体，哪一个效果是最可期待的，就变得模糊不清了。

一个优秀的策划人员一定不会贪心，他们会把构想浓缩，即使有很好的方案，只要与主题无关，也会舍得删除，留待下次再用也不迟。要记住：适当的舍弃是重要的策划技术。

5.4.6 策划出成功广告的十条原则

策划中的成功广告，在方方面面都有独特之处，具体原则大体有以下十条：

1. 合适的产品，合适的目标顾客

第一步确保策划广告所宣传的产品对阅读广告的策划主很有用处。很多策划主、广告主以为一份好的广告可以说服顾客购买任何东西。他们错了。无论什么广告，不管其写得多有感染力，让一个人去做他反感的事确实很难。我们要做的是，把合适的产品推销给合适的顾客，让他们成为消费者。

2. 策划出的广告标题很重要

广告标题的主要目的是吸引读者的注意，使他的目光停留下来，开始阅读你的广告。你可以通过多种途径达到这一目的。例如，下面这则刊登在报纸上的广告的标题，就很有吸引力："头发稀少或者脱发妇女的福音。"这个广告标题之所以能吸引顾客的注意力，有两个原则：第一，它向顾客许诺广告包含的信息。第二，它指明了服务的对象。事实上，这则广告登载期间，每月有 1 200 名读者剪下附单，要求厂家寄给她们关于头发护理的免费宣传册子。

3. 广告画面必须强化标题的主旨

广告标题的画面一般应该向读者传达广告的核心信息，应该让读者不用阅读广告正文就能理解广告的要旨。

简单的画面经常是最好的画面。一般来说，直接展示产品本身或者产品的某种用途的画面比那些不着边际的、"富于创造力的"的画面效果更好，没有充分展现所推销产品的功能，会降低策划广告的促销能力。

4. 在广告正文开头一段进一步解释标题中传达的主旨

开头一段必须紧接标题中表达的意思。如果标题中问了一个迫切的问题，开头一段就应立即作出回答。

下面是一则招聘广告：

马上辞职或者在业余时间来打工，

现在我们迫切需要烟囱清洁工！

不要用"铺垫"的手法浪费读者的时间。

5. 广告的版面效果应该让读者感到愉快

有些广告显得很友好，有些很诱人，像磁铁一样把你的目光吸引过去，让你觉得读起来很舒服。你在自己的广告中应该采用的就是这种编排法。避免那种读起来很累，甚至让读者都不愿看一眼的版面编排。

好的广告必须有一个"视觉焦点"——吸引读者目光的最核心、最重要的视觉要素，它通常是标题或图片。

6. 广告正文应该阐释论点

广告正文应该引用哪些事实？不应该引用哪些事实？要决定这一点，可以把所有的要点都列出来，再考虑哪些要点最有力量，最能说服读者对广告作出反应。

7. 广告的内容应该具体

当今广告写作中最常见的毛病是懒散——广告人撰写广告过于懒散，不愿花时间去了解顾客心理和所宣传的产品的特点和优点。

广告的成功在很大程度上得益于内容具体。内容具体有两个好处：第一，顾客在做购买决定之前能够了解到他们需要知道的信息。第二，广告会显得更可信。人们更愿意相信具体、事实化的宣传，而不相信空泛的吹嘘。

8. 从顾客出发，不要从产品出发

广告中必须有很多关于产品的信息，但是这些信息必须对读者很重要，让他们感兴趣甚至着迷，能够回答他们的问题，满足他们的好奇心，或者能使他们相信广告宣称的好处。总之，应该能够说服顾客购买广告所推介的产品。

好的广告是“以客户为中心”的。广告的重点应放在顾客身上，而不是放在自己身上，或者产品是如何发明或制造的过程上。

不要说“我们在全国有 50 多个服务中心”，而应把这个陈述句改写成对读者有好处的信息：“从我们在全国范围内的 50 多个服务中心，你可以得到及时周到的服务，需要更换零部件时，我们能迅速送到你手中。”

9. 写作风格应清楚、简单、自然

广告文字不应该浮华、空泛、冷淡，或者充满了商业行话，它不应该追求诗意、创造力或想象力。最有效的广告，其风格应该平实、简单，像聊天一样——就像一位真诚的人，想帮助你或者为你出主意时的谈话一样。

10. 想清楚让广告受众下一步做什么

要想清楚需要顾客以何种方式回复：想让顾客打电话、写信，还是剪下附单寄回来？想让读者惠顾广告宣传的商店，索要一份产品目录或者销售简介，约定时间让推销人员上门，试用广告产品，还是通过广告直接向你订货？记住，广告的最后几段应该说明想让读者采取什么样的行动，并且解释他为什么要这么做。例如：“剪下附单或者拨打免费电话，我们就会无条件地把试用产品免费寄给您。”

延伸案例 5-1　一位美国人在上海的种菜人生

职业，创业，事业

1988 年 7 月 26 日，美国宾夕法尼亚州人朗杰士第一次到中国。他是美国某公司的贸易代表，到上海洽谈电视机元件生意，同时，也为另一家美国肥料公司推销产品。因为共同的音乐爱好，在某个夜晚的一场音乐会上，他与学习音乐的唐小姐擦出了爱的火花。从此，他的职业人生有了传奇色彩。

朗杰士先生喜欢吃生菜、西兰花等蔬菜，但那时上海市场上很少能见到这些蔬菜，只有高档宾馆才从国外进口。但当时航班少、冷藏设备还落后，宾馆进口的蔬菜并不新鲜。朗杰士做肥料试验的同时，便也试种了一些洋蔬菜。那年，西兰花长得特别好，他凭着生意人的敏感，拿到上海希尔顿酒店试销。总厨师长（德国人）两眼放光：在这里还能有这样好的西兰花！星期天，总厨师长陪着酒店总经理考察朗杰士的生产试验菜田，全部收购这里种的所有蔬菜，并要长期订购。朗凭着商人的直觉，感到商机来了。

于是，他放弃了原来的职业，开始在浦东六里乡租田创业，当起了菜农。

热烈与兴奋是短暂的，更多的烦恼在等待着他。朗杰士携新婚夫人唐女士从上海的涉外住宅搬到乡村农场生活，反差太大了，住房屋顶漏水，房门关不紧，没有淋浴设施，室外养猪场臭气熏天、群蝇飞舞。他相信一切会改变，但农场所在大队的变化多端和不守契约的行为，使朗杰士无法接受，不可忍受。

农场投入经营所需的资金，全靠他在美国的公司做生意补贴。创业初期的亏损，是在他预料之中的。可是，东西方文化差异，是他没有预料到的。几经周折，他开始心灰意冷，最后决定，放弃农场梦，收拾行囊携新婚夫人回国。

听说朗杰士要走了，当时上海分管农业的市领导闻讯而来挽留。朗杰士是性情中人，一激动便留下了。后来他的农场经历了从浦东到闵行、再从闵行到松江浦南的几次搬迁，每换一个地方，不但农场规模扩大，而且越搞越好。

土地，产品，农民

朗杰士每次回美国都要在国家农业图书馆花不少时间学习。在二十多年的种菜生涯中，他始终坚持测土配方，用作物秸秆、蔬菜弃叶、杂草发酵，有机肥为主，拌入土地所需氮磷钾，平衡土壤施肥法，用最低成本种出最好蔬菜，同时保护好土壤和生态环境。

他的农场没有杂草，他认为有杂草就有病虫产生之处，有了病虫就会使用农药，农药会损伤土壤，所以他的农场干干净净。

朗杰士永远是个创新者。他先研究肥料，再研究土壤，用土壤平衡法种菜。他引进品种，筛选适合当地的品种，又改良品种，所以他的菜有西方菜长相，又有本土菜味道。他利用废旧瓦片做生态水沟，把冰块放在大容器内，将自来水管在容器内盘绕几圈再伸到洗菜池，这比机器制冷成本要低好几倍，而且环保，他还会把几台旧拖拉机拆下来组装成一台新拖拉机。

他太太负责市场订单配送，他的产品供不应求，他的公司从来没有发生过一起产品质量纠纷。我曾问他为什么不做大规模，朗杰士说为了保证质量，他只能经营近400亩菜地，保证100多个老客户，凡事他都要亲力亲为，种子、肥料、开拖拉机……

农场有100多名当地老农帮他种蔬菜，还培养了不少外来青年农民成为种菜管理能手。一个叫李村山的安徽青年，22岁跟随朗杰士从浦东开始，一直到朗杰士退休还在那个农场，从青年到有了第三代。他从朗杰士那儿学到不少，农场管理、作物茬口安排、使用维修拖拉机等农业机械，还有农场的基础建设，经验知识使他成为一个职业农民。朗杰士退休以后公司歇业，小李被中科院植物生理生态研究所基地看中了，因为现在这样的农民比博士们更少。这是朗杰士的贡献。

朗杰士也十分讲究生产效率与经营效益，但更讲究对人的呵护。他认为，只有对土地、对农民尊重与爱护，才会持续产出好产品。

他退休了，有人要高价买他公司的牌子与商标，他没有卖。他把培育的种子送给当地农业部门，他选择让公司歇业，他还是担心人家做垮他公司的牌子，对他来说名誉比金钱重要得多。

如今，“洋菜农”朗杰士已经退休，和夫人一起隐居在佘山脚下……

资料来源　稼穑．月光、次中音号、爱默生：一位美国人在上海的种菜人生［EB/OL］．［2017-03-12］．http：//www.shobserver.com/news/detail？id=47043.

［**案例思考**］

马铁民和郎杰士都成功了，二者的策划有什么不同？

本章小结

本章把我们带入策划的世界，告诉我们“策划是充分利用现有的资源，为解决某一问题而提前进行的科学策略的统筹规划”。根据这一定义，策划的核心内涵是：（1）策划主的策划目标是策划的方向和出发点；（2）策划有特定的程序，这种程序是科学的、规范的；（3）策划应该是总体的统筹规划；（4）策划以调查为开端；（5）策划包含诉求策略、定位策略、表现策略和媒介的核心内容；（6）策划的结果以策划书的方式来表现；（7）策划效果的测定方法应该在策划中预先设定；（8）进行策划的目的是追求进程的合理化和效果的最大化。

策划具有实施的超前性、明确的目的性、完整的系统性和严谨的科学性等几个方面的特征。作为研究策划的学问，策划具有创新出奇、系统全胜、动态变化等基本原理。策划应遵循指导原则、整体原则、差异原则、调适原则、团队原则、动态原则。策划的方法也是多种多样，主要有“拍脑瓜”方法，点子方法，创意方法，谋略、计谋的方法，运筹学方法，阴阳五行与矛盾运行的方法等。策划战略的制定要遵循突出重点、审时度势、立足竞争、把握未来的原则。

根据不同的标准，策划有很多种不同的分类。掌握策划的分类，是为做好策划、撰写出规范的策划书打下基础。

策划的要素有策划主、策划写作主体（策划者）、策划对象、策划依据、策划方法、策划程序这六项。策划的程序包括七个环节：策划调查；确立策划目标；确定策划主题与创意；确定表现策划的策略；确定策划的预算；策划决策；策划效果检验。广告创意界的泰斗詹姆斯·韦伯·扬基于自己多年的广告策划实践，把策划中产生创意的过程归纳为以下几点：收集资料阶段、思考阶段、策划创意诞生阶段、策划的发展、策划的执行。策划的整个过程都与各种各样的策划书相联系。策划者不仅要动脑，还要动手，把策划过程的阶段性结果和最后的策划结果写出来。做策划、写策划书必须要注意以下几点：策划要有对效果与结果的预测；同时准备第二方案、第三方案；突出重点，切勿面面俱到。策划中的成功广告，在方方面面都有独特之处，具体原则大体有以下十条：合适的产品，合适的目标顾客；策划出的广告标题很重要；广告画面必须强化标题的主旨；在广告正文开头一段进一步解释标题中传达的主旨；广告的版面效果应该让读者感到愉快；广告正文应该阐释论点；广告的内容应该具体；从顾客出发，不要从产品出发；写作风格应清楚、简单、自然；想清楚让广告受众下一步做什么。

思考与练习

1. 像马铁民这样来自实体经济领域的隐形冠军的冲劲和创新性，马云为什么惊叹？

2. 查一查《三国演义》中的其他策划实例，你还能举出哪些故事？

3. 你参与或主持过什么样的策划？成功或失误的原因是什么？

4. 策划中的创意是怎样产生的？可以运用哪些创意思维的方式？

写作实操项目

想方设法获取有关家乡土特产品、名特优产品的更多资讯。拟出这些产品真正的优势、特点、不足和弱点，以及当前的机会和挑战是什么？当我们手中的资讯比生产者、经营者的更丰富、更实在时，我们的策划才有充分的发言权。

雀巢咖啡校园营销策划

第 6 章

策划过程小亦大

学习目标

学习本章要求重点掌握和能够运用策划思维的过程，了解策划思维的特点和结构及和田创新十二技法，认识策划前信息集合（策划人的主观信息和策划主的客观信息）的重要性，了解整合传播营销和掌握住七大环境信息是做好商务策划的重要内容。

引例

小处着眼，大处着手

——每周一款美食电视专题片策划书

此题好似“逆向思维”。人们都提倡“大处着眼，小处着手”，从大目标出发，从第一步干起。策划文案的写作，要将“小题”“大作”，把不起眼的事情做大、做好，将看似平常的事，做出一番事业来。

这里奉献的是一篇每周推出一款新菜谱的电视专题策划，从中读者能体味出如何把“小题”作“大”的技巧。

美食城“每周一款”电视专题策划

思路策划：

1. 本策划是为 21 世纪第一年而作。

2. 一年 52 周，每周有新款家庭菜肴推出，既丰富了市民的餐桌，又为电视节目增加了新内容，为提高收视率作出了贡献。

3. 本策划的“新款”家庭菜肴，来自以下因素：第一，节气因素；第二，人文因素；第三，贵州特色菜；第四，可提供示范菜的饭店、餐厅、酒家；第五，贵州人的口味；第六，引导“食文”新潮流。

4. 将此节目办成众多单位和观众参与的节目。

5. 利用此节目征集创意，借策划宣传提供“菜款”的饮食企业。

6. 把此节目办活，办出特色，办出名气，争取“名”“利”双收。

内容策划：

一、整体安排

按表6-1所示的形式，将52周中每周的节目主题及相关策划信息列出，使每周有新款菜肴推出。

表6-1　　　“每周一款”节目整体安排

周	名　称	主演单位	主持人	节目形式	备注
1	新世纪的曙光	雅园渔村	①电视台主持人	推荐式	（元旦）
6	全家幸福庆有余	贵州饭店		竞赛式	（春节）
10	木兰从军		②饭店经理		（妇女节）
19	咱们工人有力量	金筑饭店	③资深厨师	采访式	（劳动节）
39	祖国万岁	冠州宾馆		舞台演出式	（国庆节）
41	尊老敬贤	云岩宾馆	④家庭主妇	论证式	（重阳节）
51	圣诞老人	明珠饭店		户外酒会式	（圣诞节）
52	新年晚餐	通达饭店	⑤有影响力的明星	广场欢庆式	（12月31日）

以上为举例介绍各周的菜肴款式，其名称为策划人创意的产物，主演单位也是虚拟的。节目主持人可选用所列举的五种形式中的任何一种形式，每种都有具体的策划方案，本策划案只列出其中三四种。

二、菜肴名称策划

1. 要有时代感、节日感；

2. 表达人们的意愿；

3. 概括本周的节日意义；

4. 名称以新拟为佳，或对旧名称赋予新意。

三、主演单位策划

1. 设计征求相关单位参加此节目的信函，寄发或派专人送达贵阳较有名气的饭店、酒家、宾馆，促使他们报出本店的特色菜，约请他们的厨师操作表演，在电视节目中向观众推介，由主演单位出资宣传企业，每款收费2 000元。电视台承诺：主演单位的负责人在节目中亮相；厨师服装上的标记、店名有特写镜头；节目片头片尾有主演单位全名；播出主演单位建筑或室内环境、操作间的镜头等。

2. 征集“每周一款”菜肴的约请信。

尊敬的经理先生：

“民以食为天，‘吃’第一”。贵店在贵阳有良好的知名度和美誉度。本台为满足广大观众对“饮食”节目的要求，推出2000年52周的“每周一款”菜肴节目。约请贵店热情出演，在本节目中让观众欣赏贵店的高超手艺和使人赏心悦目的菜肴。

贵店参报的菜肴名：____________________

主要用料：

(1) ____________________

(2) ____________________

(3) ____________________

(4) ____________________

菜肴特色：____________________

家庭可操作性（任选一项打√）：

强：____________________

一般：____________________

只能到贵店就餐：____________________

本台对参报单位提供如下宣传策划支持：

(1) 节目中出现贵店负责人形象及表演；

(2) 厨师服饰上的贵店标志特写镜头；

(3) 店名特写镜头；

(4) 贵店建筑物、室内特色装潢镜头；

(5) 片头、片尾有主演单位名称。

本节目每次播出600秒，在星期五播出，星期六重播；每月的最后一周再将本月内几周的节目集中播出一次，使参加的单位在电视上亮相三次。

参加单位的拍摄、制作由我台负责。

请贵店为本节目提宝贵意见和建议：

____

____

____

××电视台××频道

年　月　日

四、主持人策划

由电视台节目组推出主持人；

饭店的经理出任主持人；

资深厨师担任主持人；

家庭主妇担任主持人；

有影响的明星出任主持人；

由饭店推荐或建议主持人。

五、节目形式策划

（一）推荐式

1. 明星语：“我最喜欢吃××菜了，您呢？”

2. 这种菜要数××饭店做得最好了。现在，请您跟我一起去××饭店看一看。

3. 介绍这种菜肴的制作。

4. 介绍这种菜肴的营养价值。

5. 介绍这种菜肴的附加价值。

（二）采访式

1. 节日要到了，人们在忙碌着。

2. 记者在街头或大公司采访群众。

“××节要到了，请问你们喜欢吃什么样的菜庆祝这个节日？”

3. 记者来到这种菜场的创意酒店，找到厨师采访。

4. 让厨师介绍这种菜的“色”“香”“味”：营养价值。

5. 厨师操作一遍。

6. 记者总结。

（三）户外酒会式

绿茸茸的草地、雪白的桌布上放着丰盛的菜肴、名点、水果。

“每周一款”推出的菜肴的特写。

酒会贵宾用自助餐，一“款”菜肴非常受欢迎，一会儿盘内空空如也。

侍者重新端出这“款”菜肴。

贵宾们涌向操作间。

掌勺厨师到厨房门口向贵宾介绍这种菜的做法。

这“款”菜的操作介绍短片。

（四）竞赛式

看板上书：“今日举行家常菜烹饪大赛”。

四面八方的家庭主妇们端着自己的“菜”参赛。

几位年高资深的厨师们赞许之余，又表现出遗憾。

一男士端出“每周一款”推出的菜肴。

在场众家庭主妇拥挤着观看，发出惊喜的目光。

众评委伸出大拇指。

男士腼腆地介绍这“款”菜的做法。

画面配合话外音向观众讲解。

其他的“节目形式”已在策划人脑中形成，待以后再和盘托出。

六、本策划的效果预测

（一）传播效果

1. 可视性强：集趣味、知识、实用、娱乐为一炉，吸引对“菜”有兴趣的观众观看电视节目和议论。

2. 再传性强：以引起观众议论和批评为传播诉求点，留热线电话，吸引观众参与。

3. 参与性强：表演单位、食客、家庭主妇等都会吸引进来。

（二）社会影响

1. 丰富人们的生活。

2. 增加食文化的内涵，扩大食文化的外延。

3. 创造文明饮食，鼓励卫生、营养的饮食习惯。

（三）经济效益

1. 每集可获 2 500 元（500 元作为演出者酬劳），52 集可获 13 万元。

2. 将节目稿及菜肴的照片汇编成书，发行销售。

3. 为各表演单位推出策划式宣传菜肴，能促使其生意更火。

七、策划说明

1. 本策划思想以提纲形式表述，具体操作时才出执行计划。

2. 在各主演单位同意受邀参与后，再定出每周的菜款名称。

3. 电视台组织专门小组组成“每周一款”节目组，负责节目制作、播出，与参演单位联络，效果检测，对外报道等整个活动中的工作。

资料来源　王蕾，王多明．策划书写作及精选案例解读［M］．北京：中国广播电视出版社，2008.

［引例审视］

创意贯穿于策划中的各个环节，从 21 世纪第一年第一周的菜肴名称开始策划，到选择拍摄主演单位的饭店策划，再到主持人策划、节目形式策划，使一篇小策划充满了创意。

6.1　策划前的策划

意在笔先，想好了再说，准备好了再做策划。

策划是一种高智力的活动，“机遇只给有准备的头脑”，还未曾策划，我们的大脑就必须做好准备。

6.1.1　策划思维的特点

策划是为解决难题而进行创新，创新的基础是创造性思维。国际心理研究的结果表明，创造性思维包含 5 个特点：超前性、发散性、联想性、逆向性、新锐性。

1. 超前性

时间和速度是策划的重要因素，所谓“难得者时，易失者机，迅而行之，速哉”（《兵经百篇·速字》）。要想在事到临头时不会失去机会，只有提前发现和把握机会，否则只会是“时不我待，时不再来”。要成事，必须让策划适度超前，“适度”的关键在于“度”，过于超前，反而会招致失败，而“马后炮”，只会留下笑料。

2. 发散性

“条条大路通罗马”，成功的方法有的是。以时间为坐标的纵轴，以空间为坐标的横轴，在四个象限中尽量地思考，不受约束，从不同的角度分别连接思维的目标，不断向四面八方延伸扩展，这就是发散性思维。思维者必须有足够的知识之网，大脑仓库有比别人更丰富的知识和能力储备。

3. 联想性

哲学原理告诉我们，任何发展中的事物都是相互联系的。联想思维是指由某一事物联想到另一事物而产生认识的心理过程。联想思维十分有用，在人类的思维总量中约占20%的比例。联想思维的基础是人类在成长中已经获得的各种知识、经验与习惯，在这些储备中会出现由此及彼，由彼及彼，再由彼及此的推断和创造，产生出一些新的想法。

4. 逆向性

“大家都往西走，你往东走也能成功”“这扇门拉不开，试试推一下”。利用反向思维，另辟蹊径，也能通向成功。一般人都习惯于正向思维，即按常规去分析问题，按事物发展的进程进行思考和推测。世界上的任何事物都是对立面的统一体，在思考时只往一个方向努力，就会缺乏对另一面的关照。而利用思维的逆向性，反向思考常常会带来“山重水复疑无路，柳暗花明又一村”的效果。

打破常规习惯的桎梏，出位求解。所谓“进一步天涯绝路，退一步海阔天空”，就是逆向思维奇妙的运用。又如，在军事上常有“最危险的地方往往最安全”的思考路径。

5. 新锐性

策划的核心在于创新、创意。思维敏锐而锋利，能迅速捕捉信息，引领潮流。新是追求的目标，锐是解决问题的手段，包括自身感知力的敏锐和目标冲击力的锐利，如“快刀斩乱麻”。在瞬息万变、新奇点子层出不穷甚至“过剩”的高速发展时代，成功有效的策划，必然高度贴近目标对象的心理需求，表现出对新鲜事物、时尚潮流的敏锐把握和成功引领。

在营销策划中，策划从顺应需求到发现需求，再到创造需求，经过新锐性的三个过程，能够实现营销目标。创新思维的这一特性，要求策划人运用知识信息储备和策划能力，平时博览群书，博闻强记，从广博厚实的知识能力储备中找到创意的旧材料，再合成能解决问题的新鲜方法。

6.1.2 策划思维的结构

策划思维的结构是状态、角度、程序、统一这四个要素的有机组合。

1. 状态：策划人的思维框架

当策划人遇到新问题时，首先把所要面对的问题分别从“知己、知彼、目标”三个方面进行分析和概括，从中可以得出基本结论：有无必要和有无能力解决当前的问题。

(1) 知己。了解自我，充分把握策划的主体，这是策划人或决策者的主观条件。

（2）知彼。知道对象或环境，熟悉策划的客体，这是策划人或决策者的客观条件。

（3）目标。准确弄清策划的意图和要达到的目的，这是主客观条件共同作用的结果。

2. 角度：对问题和立场的清醒认识和判断，找准一个切入点

处理矛盾要找准主要矛盾的主要方面，“牵牛要牵牛鼻子”。看问题既要有着眼点、出发点，也要有路径和目的性。找准解决问题的角度，是把握“做正确的事”的前提和保证，如果找不到解决问题或有利于解决问题的角度，那策划就不能进行下去。

3. 程序：做事情的步骤及先后次序

事物都是按自身的规律运行的。做任何事情都有认识步骤和行动步骤，这些步骤多数是前人在长期实践中总结和提炼出来的，少数是策划人的想象和发挥，甚至是无中生有产生的新创意。可见，程序既有客观规律的一面，也有人发挥主观创造性的一面。

4. 统一：在知己、知彼、目标明确的基础上，把角度和程序有机地结合起来的过程

角度和程序二者相互影响，只有选择的角度正确，即从“做正确的事情”的认识出发，程序才有意义，这时候“正确地做事”才有价值。反过来，如果程序出了问题，即不知道如何“正确地做事”，那么无论角度如何独到，如何符合“做正确的事情”的立场和原则，也不会产生实际的策划效果。

世界上没有绝对的事，下面的策划案例说明在现代市场经营中“大鱼吃小鱼，小鱼吃虾米”已成为“过去时”。按照策划的科学思维：状态——敢于碰硬，不是肯德基与麦当劳的关系，而是快鱼、小鱼挑战大鱼；角度——找准切入点，即受众-顾客-消费者的心理需求和物质需要；程序——经营的投入、产出，进货、售出，每一步都做实；统一——从市场调查到每个营销环节包括物流、仓储，都认真策划。在知己知彼、目标明确的基础上，把角度和程序等有机地结合起来，策划就能胜券在握。

策划案例 6-1　　超过沃尔玛的“美元树”小商店

策划不是万能的，但离开策划是万万不能的。策划不当会导致失败，且看小鱼怎样吃大鱼。

有这么一家超市，店面不到沃尔玛的 1/10，商品也比沃尔玛少很多，却不知死活地将店址选在了沃尔玛旁边，试图虎口夺食。大家都知道，沃尔玛打出的招牌就是“天天低价”，那么，这家敢和沃尔玛 PK 的小超市，又将打出怎样的招牌呢？出人意料的是，它的卖点也是低价，比沃尔玛更低，每样东西都只售一美元。

这种销售策划，在美国也能迎合收入较高的消费者的胃口。

这家超市叫“美元树”，在沃尔玛独霸天下的美国，小超市根本难以生存，于是，它的创始人想到了这样一个险招：店面和沃尔玛毗邻，方便顾客“货比两家”，一比就会知道，美元树的绝大多数商品都比沃尔玛便宜很多，究竟买哪家的商品，顾客自然心中有数。

购物不只看价格，还看服务和便利程度。

美元树的店面离停车场更近，顾客下车后走几步就可进入店中，而走到沃尔玛却需要较长的时间。缩短距离，就可抢占先机，把顾客引进“我的店”。

因为店面小，容易选址，美元树还将连锁店开到了居民区里。在美国，大型超市一般离居民区较远，要开着车去，实际上谁都愿意就近购物，这样，美元树就从源头上截住了客源。

低价进，高价出，才能赚钱，且看美元树是咋办的。

是的，每件商品一美元，如此低廉的价格，利润如何保障呢？美元树选择了收购尾货的方式，它雇用了上百名“密探采购员”，穿梭于各个会所、网站、展销会，通过各种渠道，低价购买各个仓库的尾货。如果运气好，还可以碰上厂家商品已做好、订单却不幸被取消的情况，这样，他们就以超低价格买进。曾经，他们以10美分的单价买了两吨薯片，不到两周便销售一空。

选择消费者之所需，贴心服务能赚钱。

低价货源，保证了低售价。在商品的选择上，美元树也做了特别的安排，主要分三类：一类是“基本消费品”，比如糖果、蔬菜、化妆品之类，约占50%；第二类是“多元化商品”，如礼品、玩具之类，约占45%；第三类是“季节性商品”，如复活节、圣诞节用品之类，约占5%。

比较赚钱的是后两类，但第一类却可以吸引顾客每天光顾，帮助自己扩大影响。买基本消费品的人多了，后两类商品自然也卖得快，所以，美元树本末倒置，将大部分的精力花在了不赚钱的商品上。

打铁还靠自身硬，美元树的配送、零售终端系统很健全。

既然靠着沃尔玛这棵大树，近水楼台先得月，自然也要取取经。沃尔玛是物流高手，存货周转很快。美元树则建起9个配送中心，可支撑80亿美元的销售额，它还改善了零售终端系统，有2 700多种日常商品可以通过“自动补货系统”配送，大大提高了库存周转速度。

小店美元树pk沃尔玛，赢在成功的策划。

比沃尔玛更低的价格，比沃尔玛更灵活的销售方式，比沃尔玛更快的配送速度，让美元树在短短的几年里竟然超越了财大气粗的沃尔玛。虽然它的店面比沃尔玛小，每年的销售额却达到惊人的59亿美元，并且毛利润和净利润都高出沃尔玛一倍，已经大步迈进美国500强企业之列。

美元树成功的案例说明一个道理：任何强大的对手并不都是不可战胜的，硬碰硬自然占不到便宜，但从受众-顾客-消费者的心理需求和实际物质需要出发，让他们少走路，花小钱买更多的商品，借力打力，让对手变成自己前进的助推器，大鱼的肉体也能养肥快鱼。

资料来源　张婉丽．美元树竟然超过了沃尔玛［J］．思维与智慧：下半月，2017（5）．

6.1.3　策划思维的过程

策划思维的过程可以概括为 8 个字：收集、整理、判断、创新。

1. 收集

我们在学习写作的主体行为过程中，要采集信息，要求写作者利用各种手段，最大限度地将需要解决的问题的资料和相关资讯进行完整的“有机组合”。

2. 整理

将在大脑中搜索出来的全部资料，外化到计算机、手机、纸片上，将它们按事物发展的规律、人们认识事物的规律，进行有序的排列，实事求是地反映客观事实，无须掺杂任何情感因素。

3. 判断

“装在篮子里的不一定都是菜”，对搜索出来的资料要进行由浅入深、由表及里、由此及彼的排列组合，分别放在坐标的纵轴（时间）、横轴（空间）上整理。对问题首先作出定性和定量的判断。判断是认定优势和劣势因素的过程，也是决定策划是否值得开展或继续的前提。

4. 创新

“没有创意，就去死吧！”这是策划人、广告人常挂在嘴边的一句话。一经准确判断，策划可以展开或可以继续开展，就要利用优势、克服劣势，抓住机遇、迎接挑战，进而在机遇中形成新的优势资源，为问题的解决寻找新的方案。

6.1.4　和田创新十二技法

我国创造学研究者许立言、张福奎所提出的“和田创新法”，是创意元素重组思维的合理总结。这一方法简明扼要地概括了创意思维开发过程中常见且容易操作的基本方法，具有较强的实用性。“他山之石，可以攻玉”，这些技法能为我们在进行策划前开启思路提供帮助。

“加一加”：加高，加厚，加多，组合等，改进就是创新。

“减一减”：减轻，减少，省略不必要的等。

“扩一扩”：放大，扩大，提高功效和使用领域等。

“变一变”：变形状，颜色，气味，音响，次序，方式，手段，程序等。

“改一改”：改缺点，改不便或不足之处。

“缩一缩”：压缩，缩小，降低、微型化。

“联一联”：原因和结果有何联系，把某些似乎不相干的东西联系起来。

“学一学”：借鉴、模仿形状，结构，方法，学习先进。

“代一代”：用别的工具、方法、材料能不能代替。

"搬一搬"：换个地区换个行业，移作他用。

"反一反"：能否颠倒一下，说不定会更好。

"定一定"：定个界限，标准，能提高工作效率。

在思维创新过程中，如果按照上面十二个"一"的顺序进行核对和思考，就能从中得到启发，获得某种提示，诱发人们的创造性设想，从而获得策划的灵感和思路。

进行策划前的策划思维训练后，策划人成为积极、主动的工作者，完成具体策划的任务就放在眼前了。

策划案例6-2 瓶子里的全球化：可口可乐与美国的崛起

"二战"中的可口可乐

20世纪30年代末，可口可乐公司空前强大。它已成为美国民众心中的民族企业，占有全美汽化软饮料近一半的销售额。1941年的珍珠港事件之后，美国卷入第二次世界大战（简称二战），开始向世界各地派兵，伴随他们辗转世界各地的还有可口可乐。

在战争动员时期，可口可乐公司总裁罗伯特·伍德拉夫发出一条指示："公司将不惜亏本，争取让每一位士兵在任何地方都能花5分钱买到一瓶可口可乐。"可口可乐早就深受士兵们的喜爱。可口可乐公司出此良策不仅保持了可口可乐的销售量，更让人们把可口可乐与爱国主义联系起来。由于军方明确支持的态度和政客们的多方游说，1942年，可口可乐公司获得不受蔗糖配额供应限制的特权，原因是该公司的产品属军需品。这样一来，在竞争对手们因为限额供应而不得不减半产量的时候，可口可乐却能得以继续保持产量不变。

然而，如果要把瓶装的可口可乐运往驻军基地的话，需要绕半个地球。于是，可口可乐公司就在离基地最近的地方设立了专门的装瓶厂和汽水厂。这样一来，公司就只负责往这些厂运送糖浆就可以了。整个战争时期，它在全球共建立了近64家军用装瓶厂，共生产饮料近百亿瓶。与此同时，他们还把可口可乐推广到美海外驻军基地周边的外国平民中。

欧洲的可乐战

二战后，美国和苏联为如何划分德国进行了谈判。谈判期间，在艾森豪威尔的推介下，苏联的军事指挥员康斯坦丁诺维奇·朱可夫元帅尝到了可口可乐，并深深喜欢上了这种饮料。

但随着这两个超级大国之间的较量日益升级，朱可夫不愿继续饮用这种深刻体现美国价值的饮料了。为此，朱可夫提出了一个非同寻常的要求：可不可以去掉可口可乐的棕褐色，让它看上去像传统的俄罗斯饮料——伏特加呢？这一想法传到了可口可乐公司，经美国总统哈瑞·杜鲁门签字同意后，公司为朱可夫生产了一批无颜色的可乐。这批饮料装在圆柱形瓶子里，盖子是白色的，标签是一枚苏联红星。

20 世纪 40 年代，可口可乐公司加快了向海外市场进军的步伐。到 1950 年，公司 1/3 的利润来自海外。同期，美国政府采取了马歇尔援助欧洲重建的计划。对于那些反对美国扩张势力的人来说，可口可乐无疑是最好的出气筒。为反对可口可乐在法国开办新的装罐厂，法国人掀起了一场声势浩大的反对运动。然而，这并没有给可口可乐的销售带来多大的影响；相反，这样做不但帮可口可乐做了大量的免费广告，还让可口可乐披上了异邦之饮和违法之物的色彩。类似的运动在其他国家也很多。

中东的可口可乐

由于可口可乐与美国价值观紧密地联系在一起，除了冷战时期的社会主义国家以外，世界上还有一个地方对可口可乐没有好感，那就是中东。1966 年，一位以色列商人指控可口可乐公司为保全更大的阿拉伯市场而退出以色列软饮料市场。因为阿拉伯国家气候炎热，而且严禁饮酒，所以该地区对于可口可乐而言无疑是一个不可多得的理想市场。迫于压力，可口可乐公司宣布授予以色列特拉维夫市可口可乐的生产经营权。然而，此举又惹恼了阿拉伯国家联盟（简称阿盟），阿盟呼吁其成员国联合抵制可口可乐。直到 20 世纪 80 年代末，阿拉伯的抵制运动才最终结束，这样可口可乐得以再次打入阿拉伯市场。2003 年，伊拉克战争爆发，在反美运动高涨的地区，可口可乐的销售量几乎是零。与此同时，中东开始盛行本地产可乐。

就单个产品而言，可口可乐无疑最能代表全球化。

可口可乐已经在全世界 200 多个地区开办了公司，其数量远远超出联合国的成员国数。可口可乐见证了美国的崛起：资本主义的兴盛以及全球化的发展和营销策划的成功。

资料来源　斯丹迪奇．上帝之饮：六个瓶子里的历史［M］．吴平，等，译．北京：中信出版社，2017.

6.2 策划前的信息集合

策划案例 6-3　国家级新药“得尔”城乡销售策划

广告主：贵州老来福药业公司

品 牌：得尔（布洛伪麻胶囊）

策 划：贵州商业广告公司

执 笔：王多明

一、对商品的认识

国家级新药“得尔”，是我国卫生部下文批准投产，享有 4 年生产保护期的国家级三类西药新产品。该药引进美国药典，由贵州老来福药业公司生产。“得尔”

是依据商品名“Advil”缩译而来。

“得尔”被收载入1990年版《美国药品手册》，具有抗感冒、无嗜睡、高效、速效、安全的功能。

使用“得尔”对感冒临床表现发热、头痛、鼻塞、流鼻涕、打喷嚏等，具有快速而持久的疗效；控制感冒症状效果显著；副作用轻微，无嗜睡。

二、目标市场

感冒患者；曾患感冒，使用过其他药物疗效不明显者；家有常患感冒病人者；对美英药物信赖者；在购药时，以疗效为重者；文化程度在高中以上，对“得尔”药名疗效能接受者。

三、广告目标

1. 在本策划全面实施以后1个月内，使贵阳、遵义、安顺三个中心城市的40%的市民知晓其药名和疗效。

2. 以三市为中心，将药名、疗效影响力扩展到所属县市（县级市）。

3. 1个月后使其影响注入县市属乡镇。

4. 在1997年冬、1998年春这个感冒多发季节，使药名及疗效的宣传铺及全省，目标是使全省近千万人知药名，懂药效。

四、广告主题

老来福新奉献——美国药典新药——得尔。

老来福本来已深入贵州人之心，本次广告活动应继续进行企业形象宣传；

来自美国药典，中国国家卫生部批准新药；

“得尔”这个译名要让人们记住。

五、广告策略

1. 定位：患感冒急需迅速控制和治愈者的良药。

2. 治感冒的药很多，应避免对比，只宣传自己。

3. 以“大剂量”的广告倾泻，在脉冲式的广告活动影响下，达到广告目标。

4. 用中心扩散、逐步渗透的方式占领贵州城乡治感冒的信息通道。为走出省门、奔向全国打好基础。

六、媒体组合

以电视广告、报纸广告、招贴、POP、布标、手提袋、传单为主，制造新闻、公益广告为辅。

在做好各药店销售人员工作的同时，把药品同时推向目标市场。

1. 电视广告

分为三个阶段：

（1）三城市省台、市台分别做三天悬念广告（字幕）：

请各位注意，别患“感冒”，三天后才有一种新药奉献给您。

（2）以感冒患者因有此新药而兴奋为题，拍两个版本（各30”和15”）的电视广告。

15”电视广告：××轿车，老板以手帕捂鼻上车，驾驶员送上“得尔”药，老板得意一笑，驾驶员大喊“得尔——驾”！轿车启动。

30”电视广告：弯曲的盘山公路，一辆大客车在行驶，车停在路旁，驾驶员将头伸出窗外，做感冒难受状。旅客中，一教师送来“得尔”药，驾驶员端详药盒，笑了，取药一粒，一饮而尽，口喊：“得尔——驾”开车啰！汽车发动，满车人喜悦。推出广告语“国家级感冒新药‘得尔’，祝各位一路平安、一生平安”。

2. 报纸广告

在《贵州日报》《贵州都市报》《贵阳晚报》《遵义日报》《遵义晚报》《安顺日报》《安顺晚报》同时推出悬念广告：

请各位注意，别患“感冒”，三天后才有一种新药奉献给您。

3. 招贴广告

在电视、报纸悬念广告刊播的同时，在三城市的“公告栏”内张贴设计有趣的内容相同的悬念广告，连续三天出现，第四天贴出设计精美的招贴画广告。四次招贴均在同样的位置出现，如贵阳市北京路八鸽岩饭店门前的 1 路、2 路车候车棚后的公告栏就十分醒目。

4. 跨街布标广告

在悬念广告揭晓的当天，贵阳市上百条、遵义市 60 条、安顺市 40 条跨街布标广告同时出现。

5. 传单广告

（1）在街头散发，时间为第四天全天。

（2）派人送到居民住房，时间为第四天中午和晚饭时。

6. 制造新闻，开展公益活动

（1）在第七天，电视、报纸上登一则信息：

天气寒冷，您患了感冒，老来福药业为您送来美国药典新药——“得尔”，请到××处，凭身份证领取。

由专人发药，记下姓名、身份证号和地址。

两天后派药业公司技术员、医师上门拜望、探问、记录。请报社、电视台派记者参加。

如有著名人物此时患了感冒，主动送药上门，追踪治疗情况，获得用药反馈。

（2）每市重点找一个居委会，了解本社区五保户老人健康情况，在其引导下，送药上门，视其服下，拍照，跟踪探视，记录疗效，请记者采访、报道。

（3）每市找一所职业中学，请负责人介绍学生健康状况，送药给该校，让患病学生服下，跟踪探视，报道宣传。

（4）由贵阳等三市领导主持，向“敬老院”“托儿所”赠药。请报社、电视台报道。

7. 借力宣传

印制带有“‘老来福’药业公司真诚奉献：国家级新药，引进美国药典，疗效快，不瞌睡，感冒药——‘得尔’”字样的手提袋在贵阳市青云路散发给全省各县来采购图书的书商们，供他们包装图书使用；将招贴送给他们，带回去张贴在书店门口。

请书店帮助宣传药品之事，容易让人们产生信任。

七、广告用语（布标）

1. 老来福新奉献、美国药典——得尔！

2. “得尔”——驾，祝您平安！

3. 感冒好得快，“得尔”跟我来！

4. 卫生部批准投产的新药——“得尔”！

5. 天冷了，“得尔”祝您身体健康！

6. 感冒了，快去找“得尔”！

7. 我是“得尔”，帮助您驱逐感冒来了！

8. 有“得尔”保驾，一路平安！

9. 感冒不可怕，“得尔”瓦解它！

10. “得尔”来自美国药典，“老来福”生产。

八、经费策划

1. 在广告主概算的经费内，精打细算地安排策划、创意、设计、制作、发布及广告效果调查（既定目标法）。

2. 依据广告目标的要求，统筹安排。以实现策划广告目标为基数进行计算（广告目标法）。

以上两种方法均可选择。

九、本策划书特点

1. 周密策划：将整个广告活动统筹于一个完整的系统内，实施有序，避免不切实际的“虚晃一枪”。

2. 充满创意：广告目标的确定、广告主题的提炼、广告策略的定位、广告媒体的组合、广告用语的创作、广告费用的安排，都经本公司高级策划人员精心努力，而后产生创意。

3. 双方配合：广告公司与广告主之间的密切配合，是完成此策划的关键。

十、广告活动作用说明

广告在促销组合中有先导作用，最后占领市场还需要人员推销，企业的推销人员需要全面了解广告策划内容，同时、同心、同力地为促销努力。本策划将新闻、公益广告已经排入，权可作为公共关系。至于特殊的促销手段，待听取广告主的意见后，再进一步策划。

以上是本书作者凭直觉获得创意后，拟出来的策划书。在作者出版《创意思维法大观》时，这篇策划案作为论证直觉创新法的有效例证。

我们怎样才能有目的、有意识地制造这种产生直觉创新的环境，发挥直觉思维的作用呢?

进行策划要做多种准备，在当今的信息时代，策划所涉及的信息的准备关系到策划的成败。这些信息包括策划人主观的知识信息储备和对策划主的历史、现状、未来发展的客观信息的把握，还要掌握做策划时的政治、法律、社会、文化、经济、技术及竞争等 7 大环境的信息。

6.2.1 策划人主观信息集合

承担策划任务的人员，在接到策划任务前，一般来说，应具备各方面的条件，包括：在职业岗位上的任职；专业学历、兴趣爱好所构建的个人知识体系；接到任务时的心境、家境，没有烦心事缠身。

1. 职业策划人的素质准备

职业策划人是指在策划公司、广告公司、媒体及其经营公司、信息咨询公司、品牌规划公司、房地产公司、大中型生产企业和经营企业等的策划部任职的人员，从策划专员到策划主管再到策划总监、策划部部长，他们的任务就是做策划，写策划书。

在《中国广告大词典》中，有词条介绍什么样的人才能做专职策划人：

第一，要有精益求精的态度。“精益求精，追求完美”是对每一位策划人的基本要求，除了能充分满足现实工作的要求外，必须不断地鞭策自己持续地求新、求精，还要有敏锐的观察力和宽大的包容心。

第二，具备丰富的学识。任何一份策划书都可能因为涉及的对象和主题不同而需要不同的专业知识。

第三，要有熟练的语言表达技巧。好的策划创意，有如优质产品，而好的表达技巧则像高超的营销手段，不善表达，再好的创意也难以引起他人的注意。策划人要掌握数值化技巧、图像技巧，具有灵活表达的能力。

对于广告策划人员，还有一些特别的要求：广告策划是为了达成营销活动的目的，它与纯粹的艺术创作截然不同，因此，广告策划人员除了超人的审美本能之外，更应当对音乐、绘画有兴趣，要“能以自己的表现把他人吸引住，促使他人做出某种行为”。总而言之，广告策划人员“必须是一位好导演，同时又是一位好演员”。

创意产业是 21 世纪新兴的事业，而策划人更是创意产业的尖兵，具备崭新而丰富的知识，当然是每一个策划人的必需条件。

在智慧运用方面，策划人必须高人一筹。如果诸葛亮策划的水平不比刘备高出许多，刘备就不会“三顾茅庐”；曹操用蒋干进入东吴劝降周瑜，反而中了离间计，错杀了两位制敌的关键将领。知识的储备应当使策划人在策划中应付裕如，高屋建瓴。“现蒸热卖”式的仓促上阵、临阵磨枪，在策划书的比稿中，往往会败下阵来。

优秀的策划人还要具备谦虚的为人态度。此处所谓“为人态度”就是在策划作业上有没有虚心求教的肚量，能否做到“敏而好学，不耻下问”。任何人都不是万能的，面对不同的行业、不同的产品、不同的企业、不同的策划主，策划人会感到已有的知识不够用，需要补充或更新。只有虚心求教于别人，才能弥补不足，“虚怀若谷”方能“与时俱进”。

归纳起来，一名优秀的策划人员，必须不断体验人生，基本素质良好，知识技能高超，智慧运用灵活，为人态度坦诚，在表现方法上应该走向重视受众喜闻乐见的路径，不断寻求创意，研究技巧，使所策划出来的方案、策略既有创意，又能操作实施，还能为策划主省钱、省事、省心。

2. 策划人专业学历、兴趣爱好所构建的个人知识体系的提前准备

在策划部任职的，都被看作聪明人，其专业学历最好能学有所用、学有所长，用自己的专业知识、专业所长轻车熟路地为客户做好策划，可惜这种机会并不多。因为我们面临学非所用的情况太普遍了，成功人士中绝大多数不是科班出身。在奥美广告公司，大卫·奥格威曾说过：“我不懂化工方面的知识，但是，在我们公司有这方面的专家，我们能为化工客户做好广告。”“天生我才必有用”，既可以将自己的专业所长用于策划，也可以利用策划小组其他人的专业知识进行策划。

兴趣是最好的老师。策划人要兴趣广泛，打球照相，吹拉弹唱，迎来送往，舞文弄墨，样样擅长……每个人总有自己的拿手绝活，总有自己的出彩之处。当这种条件遇上策划主的要求，那正是机会，不要失之交臂。但是，更多的时候策划人是被“赶着鸭子上架”或“擀面杖吹火——一窍不通”，面对难题，正是考验策划人学习能力的时候。当然“机遇只给有准备的大脑”，谁知道下一位策划主是谁，哪怕是老客户，他也会给出新的“难题”。其实，更多的“准备”是面对新的“难题”，能迅速拿出解决难题的思路和方法的能力。这就要求策划人随时注意学习，不拒绝任何信息的进入，正所谓“处处留心皆学问”，让自己接收信息的“雷达”全天候准备着。

3. 策划人有自控能力处理烦心事

策划人也是常人，不可能远离人间的烦恼，当他接到策划任务时，如果遇到了烦心事，有几种处理办法。其一，让他退居其次，由别的策划人担纲挑重担；其二，设法帮助他解决烦心事，尽快让他能集中精力，将身心投入策划工作；其三，靠策划人的自控能力，既处理好烦心事，又保质按时地完成策划任务。对于第三种情况，策划人的上级和领导要给予更多的关心和爱护，鼓励和保护这种能战胜自我、以大局为重的策划人。其实，我们前面说过，策划的题目处处有，时时在我们面前，策划人不仅要做项目策划、为策划主解决难题，也要在日常的生活、学习、工作中做好时间策划、空间策划、人事关系策划、事情轻重缓急策划等，向家庭、朋友、服务的单位交出一份份合格的策划。

6.2.2 策划主的客观信息把握

策划人为策划主做策划，要尽可能全面、详尽地把握策划主的各种信息，这些信息包括策划对象的客观信息和策划主的主观信息。

策划对象的客观信息有作为商品的普通信息，还包括商品在生产前、中、后所出现的故事，如“普罗克特与象牙牌香皂”那样的故事。

商品的普通信息是做策划要把握的常规信息，包括商品的使用功能、型号规格、价格、操作方法和注意事项、购买方式等。如果是新产品，策划人要试用或亲自看别人试用，带着挑刺的眼光去找毛病、发现问题，让策划主或其代表作解释，将一个个问号变为让人吃惊的惊叹号！这样才能为商品的宣传策划找到要诉求的“闪光点”，商品的 USP——独特的销售主张或独有的销售说词。

策划主的商品信息是客观的对象物，无论怎样用创意改变它的名称或其他概念，用故事为它穿上华丽的衣裳，都不能改变商品固有的本身属性。生活中处处都有美，就看你能否发现。任何存在物都有它的价值所在，就看策划人有没有“慧眼”“巧嘴”“妙手”看出来、说出来、写出来。

6.2.3 掌握 6 大环境信息

策划主不是生存在真空里，他与客观世界有千丝万缕的联系，大千世界正是由一个个如策划主这样的个人或社会组织构成的，向策划主这个“社会细胞”提供“血液”“氧气”的大千世界无时无刻不在影响策划主的过去、现在和将来。

策划主的生存和发展都与 6 大环境密切相关。这 6 大环境是策划主不能自主控制的大环境，包括政治、法律、社会文化、经济、技术和竞争环境（见图 6-1）。面对这些环境，策划主只能因势发展，从对这些环境的分析中，策划人要为策划主找出生存发展的空间。

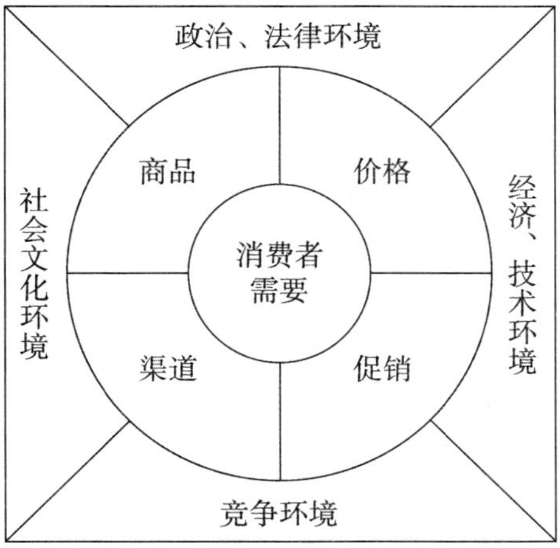

图 6-1　6 大环境因素

1. 政治环境

政治环境是指企业面临的外部政治形势、状况和制度，分为国内政治环境和国际政治环境。对国内政治环境的调查，主要是分析党和政府的路线、方针、政策的制定与调整及其对市场、企业产生的影响。

2. **法律环境**

企业在市场经营活动中，必须遵守各项法律、法令、法规、条例等。法律环境的调查，是分析研究国家和地区的各项法律、法规，尤其是其中的经济法规。

随着买方市场的形成，消费者组织对企业营销活动的影响日益增强，企业管理者在市场活动中必须认真考虑消费者利益，为消费者提供良好的产品和服务。

3. **经济环境**

经济环境是指企业面临的社会经济条件及其运行状况、发展趋势、产业结构、交通运输、资源等情况。经济环境是制约企业生存和发展的重要因素。经济环境调查具体包括社会购买力水平、消费者收支状况、居民储蓄和信贷等情况的调查。

4. **技术环境**

科学技术的发展，使商品的市场生命周期迅速缩短，生产的发展也越来越多地依赖科技的进步。新兴科技的发展，新兴产业的出现，可能给某些企业带来新的市场机会，也可能给某些企业带来环境威胁。

5. **社会文化环境**

社会文化环境是指企业所在社会中成员的民族特征、文化传统、价值观念、宗教信仰、教育水平以及风俗习惯等因素。从影响企业战略制定的角度来看，社会文化环境可分解为人口、文化两个方面。

社会文化环境不仅建立了人们日常行为的准则，也形成了不同国家和地区市场消费者态度和购买动机的取向模式，因此社会文化环境调查对企业经营也至关重要。

6. **竞争环境**

在任何市场上销售产品，企业都面临着竞争。企业调查竞争环境，目的是认识市场状况和市场竞争强度，根据本企业的优势，制定正确的竞争策略。竞争环境调查，重在认识本企业的市场地位，制定扬长避短的有效策略，取得较高的市场占有率。

这些因素必须引起策划人的重视，以便为策划主提出解决问题的科学策略。

6.3 整合传播营销与策划

凡是做商务活动、品牌树立、形象推广等策划，都离不开整合传播营销。什么是整合传播？什么是整合营销？两者再整合到一起，在策划中如何体现和运用？

传播分为自我（向内）传播、人际传播、群体传播、组织传播、大众传播这5种方式。进行商务策划要将这5种传播方式都考虑进去，将它们运用到恰到好处的地方，共同为传播同一主题的活动服务，这是传播的整合。

商务活动的促销组合（销售促进）由广告促销、公共关系促销、营业推广、人员销售4种方式构成。任何有策划思想指导的商务活动，总会使“四个轮子”

一齐转，不同性质和内容的商务活动，面对不同的受众-顾客-消费者，在时间、地点、条件都不同的情况下，4种方式不是平均用力，为实现策划主的总体目标在优化组合中取长补短、优势互补。

将传播的5种方式和促销组合的4个方法有机地运用到策划的策略中，这就是整合传播营销。

市场的发展，使人们改变了从生产→供应→需求的模式，出现了从需求→设计→生产→供应→满足需求→售后服务的现代市场营销模式。市场学从初期的分配学、推销学扩展为市场营销学。由于科学技术的不断发展，科技成果在各个领域的运用和推广，计算机在市场运作中的大量使用，市场营销得到了空前的发展。

为了探索市场的变化规律，在激烈的市场竞争中处于主动地位，发达国家的经济学家们对市场营销理论做了许多有益的研究工作。

6.3.1 目标市场营销组合

伊·杰·麦卡锡曾指出：企业的市场营销战略包括“目标市场”和“企业为满足目标市场所进行的市场营销组合”两个相互关联的部分。对这两部分的充分把握，是企业做好营销的关键。

1. 什么是目标市场

目标市场是企业依据自身的条件及环境因素，确定自己产品的预定销售市场。目标市场既可以是整个市场，也可以是细分后的一个或若干个子市场。企业目标市场的选择，取决于自身产品的结构及特点。比如，肉类产品生产企业可以把整个消费市场作为自己的目标市场，而玩具生产企业则只能以儿童作为自己目标市场的消费主体。准确确定目标市场，策划主或策划人就能透彻地了解消费者对产品的反应，以便在策划中确定最佳的营销策略。

企业确定目标市场的步骤是这样进行的：

其一，分析市场。分析市场的各种环境因素，如与外部有关的政策与法律法规，市场变化及发展趋势，消费行为特点等；分析企业内部各种因素，如企业销售额、成本、市场占有率、销售策略组合以及企业信誉等。经过分析，发现问题。

其二，修正营销目标和捕捉机会。分析后的结论，包括现存问题和机会，企业领导层要及时修正营销目标，并且要不失时机地捕捉市场发展机会。

其三，对于已发现的市场机会，应及时策划制定最佳的策略进入市场。企业进入市场的策略通常有无差异策略、差别策略、密集化策略等。

2. 市场营销组合从4P到11P

（1）4P

“企业为满足目标市场需要所进行的市场营销组合”即通常所称的4P。企业为满足目标市场需要，加以组合的“可控制变数”，即市场营销组合。宽泛地说，市场营销因素的组合手段有几十种。伊·杰·麦卡锡把这些手段归类为四大因素：商品（product），价格（price），渠道（place），销售促进（promotion），它们的英文单词的第一个字母都是 P，所以称为“4P”。

（2）11P

菲利普·科特勒认为，企业的市场营销战略除“4P”外，还必须加上两个“P”，即“政治权力”和“公共关系”。他给这种大市场营销下的定义是：“企业为了成功地进入特定市场和在特定市场经营，在战略上兼施经济的、心理的、政治的、公共关系的技巧，以赢得参与者的合作。”

现代市场营销理论在不断发展，在充分汲取前人各种营销理论精华的基础上，产生了“11P”原则，进而丰富了原有的 4P 营销理论。

如图 6-2 所示，除原有的 4P 即商品、价格、渠道、促销为四项市场营销的战术性原则外，还有使这四项战术性原则取得成功的四项战略性原则，即市场调研（probing）、市场细分（partitioning）、市场择优（prioritizing）、市场定位（positioning）；再加上“政治权力”和“公共关系”这两个“P”；最后一个“P”是“people”即“做人的思想工作”，理解人和向人们提供服务，包括调动职工的工作积极性，增强企业职工向心力，这是企业成功的基本保证因素，还包括满足消费者的需求。这个重要的“P”，贯穿于企业生存、发展、营销活动的全过程。这就组成了“11P”。

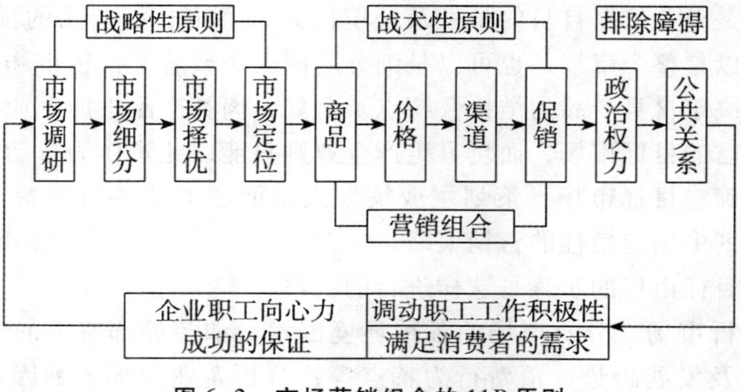

图 6-2　市场营销组合的 11P 原则

企业必须在内部和外部发挥“人”的作用，以优质商品和服务质量满足顾客的需要，这些都取决于企业调动职工的积极性，解决职工的实际困难，激励、奖励职工提出建议、创造发明，使企业利润达到最大化，使企业欣欣向荣。

6.3.2 现代市场营销观念

现代市场营销观念，是以传统市场营销观念和社会市场营销观念为基础，以智能营销为手段的先进的营销理念与实践。在现代市场营销观念的指导下，企业自主经营，自负盈亏，自我约束，自我发展，在开发、制造、检测、出厂、销售、售后服务等方面都重视现代科学技术在市场调查、产品开发、服务消费者中的应用，使商品具有竞争力，成为受社会欢迎的商品。

1. **社会市场营销观念**

社会市场营销观念认为，企业制定和实施其市场营销策略时，要全面兼顾企业利润、消费者需求、社会利益这三个方面，如图 6-3 所示。

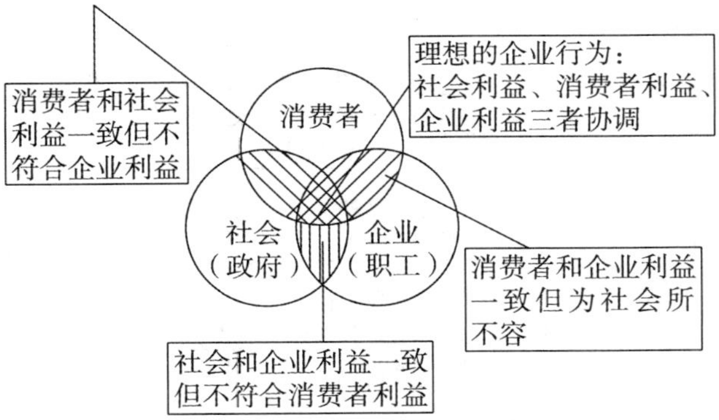

图 6-3 社会市场营销观念

社会市场营销观念产生于 20 世纪 70 年代。当时许多工商企业为牟取暴利，采用骗人的广告，食品不讲卫生，商品使用不讲安全，以次充好，分量不足，冒牌货充斥市场。在这种情况下，市场营销专家们提出了社会市场营销观念。

社会市场营销观念提出，企业要向市场提供无公害商品。我国农业部为发展无公害食品，在 1991 年初颁布了“绿色食品”产品表。“绿色食品”不是指“食品是绿色”的，而是食品安全的一种标准。

“绿色食品”不含有害化学成分，其商品原料产地经农业部农垦环境保护监测中心审定，具有良好的生态环境；原料作物的生产过程及水、肥、大气、土壤条件符合无公害控制的标准，并接受国家有关部门监督；商品的生产、加工及包装、储运过程，符合食品卫生法要求，最终商品由农业部农垦环境保护组织进行严格检测。

我国推行的“绿色食品”制度，就是“社会市场营销观念”的具体体现，是对企业社会责任的明确要求。

2. **智能营销观念**

智能营销观念，是世界经济在第三次浪潮推动下产生的最新观念，如图 6-4 所示。这种观念是以智能电子技术开拓、创造，适应综合市场的需求，使企业的生产从计划→设计→原材料购进→生产工艺→生产质量监督→市场调研和预测→集中核算→售后服务，都用计算机进行控制，使商品适销对路，杜绝积压，避免浪费。

蒸汽机发明以后，世界经济出现了第二次浪潮，工业生产发生了天翻地覆的巨大变化。第二次浪潮的出现仅隔了 200 年，其间创造的物质财富，比第一次浪潮时期，农业从畜牧业中分离出来的几千年间，所创造的物质财富的总和要多出很多倍。

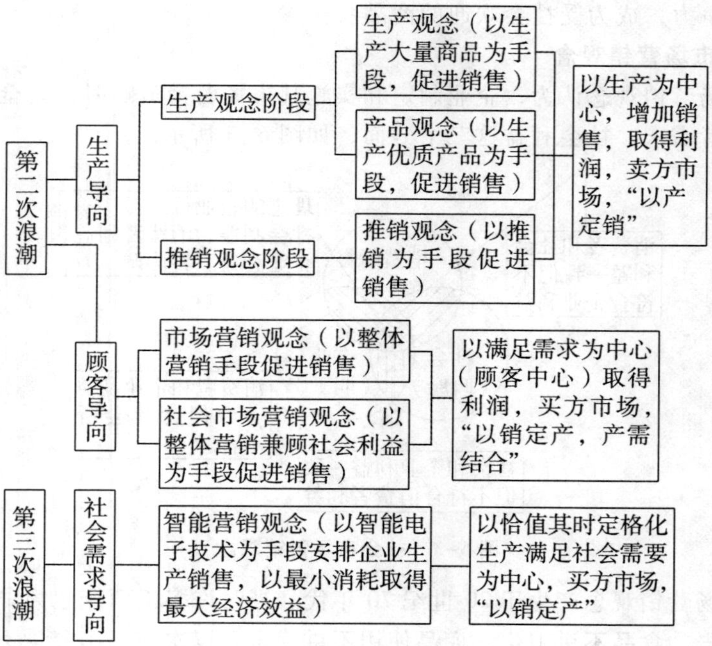

图 6-4　经济浪潮与市场营销观念

第三次浪潮开始以后，伴随经济的发展，社会企业可以创造出更符合消费者需要的物质财富，花最小的代价创造最大的经济效益。

3. 整合营销传播

整合营销传播，是将传播组合中的所有方面协调整合，以符合消费者在品牌接触的各种阶段下的不同需求。其实，整合营销传播是我们综合、协调地使用各种形式的传播方式，传递本质上一致（策划运动的主题）的信息，达到预定的目的的一种营销手段。

现代市场营销所运用的整合营销观念应该是这样的：

第一，要研究消费者的需要和需求，卖消费者确定想买的产品，而不是只卖自己生产的、经营的产品；

第二，充分了解消费者为满足自己的需要和需求所需付出的成本，而不是去做所谓的定价策略；

第三，要考虑如何使消费者更方便地购买到商品，而不是单纯地一厢情愿地设计销售通路；

第四，对于满足消费者的需求和需要，一切为他们服务的促销手段，归结起来，只有“沟通”二字。生产者和经营者真正与消费者实现“信息沟通”“情感沟通”，商品与货币的交换才能实现。

销售促进中的广告促销、公共关系促销、营业推销、人员销售这 4 种手段除了各自的促销作用以外，还可以将它们的共同目的归纳为两个字：沟通。这里的沟通包括 3 个层面：认知沟通，为初级沟通；情感沟通，为中级沟通；行为或意志沟通，为高级沟通。认知、情感、意志是人们行为过程的心理表现和要求。

在策划时，为了实现策划目标，将传播的 5 种方式和促销的 4 种手段不失时机地运用于策略中，就能实现整合传播营销。

在王多明等人编著的《策划书精选案例解读》一书中，一份名为“家嘉佳行动策划”的整合传播营销策划书，为了一个统一的目标，在不同的时间和不同的地点，面对不同的受众-顾客-消费者，采用了人际传播、群体传播、组织传播和大众传播等不同的传播方法，以及广告促销、公共关系促销、营业推销、人员销售等不同的促销手段，优势互补，完成了取长补短共同为实现目标服务的任务，使传播效果最大化。感兴趣的读者可以阅读并参考。

本章小结

策划前的策划是策划人必须进行的脑力准备。要熟悉创造性思维包含的超前性、发散性、联想性、逆向性、新锐性 5 个特点，了解策划思维的结构包含状态、角度、程序、统一的有机组合，学会并在本章的“写作实操项目”中运用策划思维过程的收集、整理、判断、创新各个环节。

在策划前的信息集合中，把握策划人的主观信息和策划主的客观信息。

在商务策划中，策划人要熟悉相关的经济理论，对策划主存在的 6 大环境信息有所把握，应用现代市场营销观念，恰当运用多种传播方式和销售促进手段的有机组合，形成整合传播营销。

思考与练习

1. 策划思维的特点与创造性思维的特点有什么相同之处？有什么不同之处？
2. 策划思维过程大体要经过收集、整理、判断、创新，你曾经有过这种体会吗？
3. 在策划前的信息集合中，要注意哪两方面的问题？
4. 在进行商务策划中，整合传播营销的策划要做哪些工作？

写作实操项目

借鉴已经成功的经营者的经验，同时在脑海中“翻箱倒柜”找出自己学过的、看到的、听到的对于成功营销的认识和体会，写出如何使家乡的土特产品、名特优产品卖得更好的具体办法（策略、措施）。

掌握了足够的资料，可以开始写作策划书的提纲了。

首先，要明确策划书是写给谁看的，为什么而写，应该从哪儿下笔。想好了，再写提纲。

其次，懂得什么是策划，懂得策划的基础、原则、方法，策划的创意、表现、媒体，把这些要点不动声色地融会贯通到提纲中去。

最后，可以把想好的策划创意写出来，反复玩味，从正面、反面、侧面肯定它、否定它、发散它、聚合它。让其他人也一起分享这种玩味的快乐。

家嘉佳行动策划

第7章

成功策划有十招

学习目标

通过本章的学习，在认识赋、比、兴和起、承、转、合的本意基础上，对这7个字古为今用，旧为新用。在写作策划书时，有意识地运用赋、比、兴；在谋篇布局时，运用起、承、转、合的结构写作策划书。懂得写作策划书要立意高远，从大处着眼，全面解决问题的意义。

理解赋、比、兴、起、承、转、合、高、大、全这10个字是帮助我们策划成功的方法。

学习本章不仅要掌握理论，还要在分析案例中体会理论的运用，将理论变为自己的写作能力。

引例

贵阳新天花卉大世界绿荫营销策划

绿荫人人爱，需求撑起来，烈日避阴开，枝茂棋盘摆，轻风入心怀，我爱随我采。

进入新天花卉大世界的经营户有200多家，经营水族、渔具、茶、金石字画、古玩、花卉、庭院设计等。

新天花卉大世界的营销策划要从园林庭院景观设计及私家花园花卉林木绿荫营销开始。为什么？

第一，策划人认为该项目有引领作用。

第二，市场需求巨大，可以连续做下去，几十年不衰。

第三，竞争对手屈指可数，便于知己知彼。

第四，能迅速找到新天花卉大世界的营销切入点。

第五，快速攀高峰，占领制高点，形成新品牌。

新天花卉大世界实施绿荫营销的基础条件：

第一，根深叶茂。

第二，机制优越。

第三，循序渐进。

第四，一以贯之。

一、企业如一棵大树，用绿荫造福人们和社会（企业目标——射击的靶）

这种企业的宗旨是为人们和社会服务，自然能获得应有的回报。

新设置“庭院景观设计施工项目部”，在新天花卉大世界总部的领导和指导下，整合资源，创建新品牌，打开新路子，带动花卉大世界整体发展。

二、人们需要绿荫，解决自己的需求（枪管上的缺口）

在“衣、食”需求解决后，人们对“住”的要求不停歇，对绿的要求无论是“头上”，还是“脚下”，都有新的追求。绿化——庭院景观的设计、施工、维护、升级、改造就成为人们改善与提高生活质量的标配。

现代人崇尚返璞归真，对“绿”的要求，已成为家资、人品、社会地位的标尺。

1. 由于对生态的要求十分迫切，贵阳市新建上百个带别墅的楼盘，每年有几千栋别墅要设置庭院景观，因而市场需求巨大。

2. 新建的小区除了房舍、道路，庭院景观设计需求很大。

3. 宾馆、酒店、饭店、工厂也在追求景观设计。

4. 广场、街道、乡村、学校景观设计的需求量也很大。

这样大的市场需求，并不是“一次过”的服务，林木花卉需要保养、更换、景观改造，有很多后续工作要做。

新天花卉大世界现在只有不到十家负责庭院景观园林花卉设计经营的单位，再扩大十倍都供不应求，还可以走内涵扩大再发展的路子，吸引别处的单位加盟、贴牌。

三、基于理性的数据、切实的调查，明确市场在哪

第一，收集过去的经验和现在的数据（文献调查、实勘调查、相关行业调查、未来发展趋势预测）。

第二，分析市场需求（演算、推测、在某小区示范吸引需求者的关注——每一位设计、施工人员都应成为营销人员）。

第三，派出专门营销人员到有30栋以上别墅的小区作推广（广告、公共关系、人员推广、营业介绍，四个轮子一齐转）

四、我们能做什么，我们的卖点在哪里（枪管上的准星）

我们专业、敬业。

专业：要超越贵阳市其他花卉市场和专业的园林庭院景观设计施工单位。

敬业：把客户的园林庭院景观设计施工对象当成自己家的事来认真做。

我们抱团、互助。

抱团：新天花卉大世界庭院景观设计施工项目部，预先与上游供应者建立战略联盟关系，以它们能提供的材料（基本建设中的木、金、石、土、瓦，水，各种

林木、花卉、鸟、鱼、家禽，以及机电、照明设备为前提，立足客户的需求爱好、兴趣，设身处地制订多套方案（菜谱式），事先拟制如享受型、仿古型、简约型、时尚型、模仿型等若干种设计方案，供用户选择或因地制宜地建议，满足市场不同用户的需求。

互助：营销接单、设计、材料采购、施工、监理（建立监理机制）相互配合，形成单独的项目小组，既将责任落实到人，又相互支持，共同从总体上保护客户的利益，做好项目工作，又维护、扩大新天花卉大世界的知名度和美誉度。

做得很好的项目小组，总结自己的经验和体会，在现场请客户参加，召开现场交流会，将视频记录下来，经剪辑后制成光碟，在更大的范围为新天花卉大世界传扬美名。

线上网络营销与线下四种营销方式互动；多种媒体整合与花卉大世界现场展示互动；花卉大世界庭院景观设计施工经营户与每个花卉、水产、垂钓、茶饮、奇石、古玩、字画经营者互动。

五、新天花卉大世界庭院景观设计施工项目部的前前后后

前前：

第一，与现在经营园林庭院景观设计施工的经营者讨论他们各自的发展思路。畅所欲言，集思广益。总结、提炼正能量因子。

第二，向他们介绍绿荫营销的思路、做法和将来的预期，统一思想和步调。

第三，在原来的经营户中选举产生能掌控“绿荫营销”的老板，或重新委派能协调各种关系的人员，成立“新天花卉大世界庭院景观设计施工项目部”。

第四，明确新天花卉大世界直接领导“庭院景观设计施工项目部”的业务开展，先做到组织落实，再将任务落实，不急于求成，不跨步迈进，稳中求胜。

第五，与建筑类中专、大学相应专业联系，吸纳专业教师和学生，提供学生实习、就业、创业平台，提供培养双师型教师的教企合作基地。

后后：

第一，对市场的调查，对竞争对手的调查，对上游原材料产地、价格等的调查数据，一定要建立档案（电子的和纸质的）。

第二，预先设计的几十种“庭院景观设计菜谱”要印制出若干本，可供不同客户选择。

第三，已经完成施工的案例，做成电子和纸质档案，可供新客户参考和效仿。

第四，每个季度，整理一次已完成的案例。内容包含设计施工合同（以“新天花卉大世界庭院景观设计施工项目部”统一对外称谓，如同房屋装饰装修那样细致、周到地与客户签订合同），设计施工前的照片、摄像，施工图、效果图，施工过程片断，客户验收摄像，客户签字验收的情景，录下客户满意的面容。

第五，充分发挥互联网+庭院景观设计与施工的作用。“庭院景观设计施工项目部”设立总工程师制，由总工程师负责所有的业务质量与施工进度。在征得客户同意后，对正在施工的室外庭院景观安置临时摄像头，便于“庭院景观设计施

工项目部”总部、总工随时调出各施工点现场的图像，及时发现问题，及时与客户沟通，及时指导解决。

在新天花卉大世界的官网上不断地报道“庭院景观设计施工项目部”的工作成绩。

“三分策划，七分执行”，策划的实施更为重要。

本策划，要实施，不要停在空中；要按步骤实施，不要颠倒顺序；每一步，要有人做，不要忘却建档；由此项，到彼项，花卉大世界定能实现百花齐放，各业兴旺！

［引例审视］

1. 面对经营项目的众多市场，策划人要选准其中一二项，如《诗经》的赋、比、兴。

2. 策划团队要有“头雁”，一个好的创意，要让团队都领会，还可以举一反三，产生更多好创意。

3. 策划团队或策划人怎样为策划主服务？本章介绍的妙招会带来启发。当然，招数远不止这些，就看策划人会不会总结理论，推广运用。

7.1 赋、比、兴策划妙招

7.1.1 什么是赋、比、兴

中国的文学作品里常用到赋、比、兴的写作手法。

赋、比、兴是根据《诗经》创作经验总结出来的三种表现手法，是中国古代文人对于诗歌表现方法的归纳。最早的记载见于《周礼·春官》：“大师……教六诗：曰风，曰赋，曰比，曰兴，曰雅，曰颂。”后来，《毛诗序》又将“六诗”称为“六义”：“故诗有六义焉：一曰风，二曰赋，三曰比，四曰兴，五曰雅，六曰颂。”唐代孔颖达在《毛诗正义》中对此解释说：“风，雅，颂者，《诗》篇之异体；赋、比、兴者，《诗》文之异辞耳。赋、比、兴是《诗》之所用，风、雅、颂是《诗》之成形。用彼三事，成此三事，是故同称为义。”

对赋、比、兴的简要解释是：赋，是平铺直叙，开门见山。比，是比喻，是赋、比、兴中最基本的手法，用得最为普遍。一般来说，用来作比的喻体事物总比本体事物更加生动具体、鲜明浅近，而为人们所知，便于人们联想和想象。兴，是起兴，先言他物，再说要说的对象，借他物引出所要描绘的事物，先言他物以引起所咏之词。从特征上讲，有直接起兴、兴中含比两种情况；从使用上讲，有篇头起兴和兴起兴结两种形式。

关于赋、比、兴的解释，还可以归纳出两种。一种解释是将赋、比、兴与政治教化、美刺讽谏紧密相连。最早作出这种解释的是汉代的郑玄。这种解释的积极意义是它对唐代陈子昂、白居易等所提出的美刺比兴说有着直接的启迪作用；消极影响是它导致了后来许多诗论者游离艺术形象去片面地寻求诗歌的所谓微言大义。另一种解释则是将赋、比、兴作为单纯的艺术思维和表现手法。最早作出这种解释的是汉代的郑众，他将“比”视为修辞中的比喻手法，将“兴”视为托“草木鸟兽以见意”的手法。这种解释为后代不少学者所继承，如晋代挚虞，宋代李仲蒙、朱熹等。他们的说法都比较准确地概括了赋、比、兴作为表现手法的基本特征。

赋、比、兴的归纳和研究，在中国古代诗歌理论和诗歌创作的发展中有着十分重要的意义。它不仅使人们对诗歌艺术思维和表现方法在理论上的认识日趋深刻和完美，而且推动了诗歌在创作中的日趋丰富和完美，对促进古代诗歌的发展起到了积极的作用。

7.1.2 在策划书写作中怎样使用赋、比、兴手法

1. “赋”的应用

由王多明等编著的《策划书精选案例解读》一书中，有一份《实施“背篼乐业”项目的方案》，其开篇是这么写的：

“‘十二五’规划中，胡锦涛同志提出的‘包容性增长’已经得到了明确的肯定。我们理解：‘包容性增长’的目标是，在城镇化进程中，背篼农民工应与市民共享改革开放的成果。”

一、实施“背篼乐业”项目方案的指导思想

贵阳市委、市政府及相关职能部门是这场“攻坚战”的领导。依靠各级党委和行政的力量，像宣传“三创一办”、实施“三创一办”这样下决心就能又好又快地解决难题。

在市委、市政府的领导下，在各职能部门的支持下，我们坚信这项工程一定能做得有声有色，做成“三创一办”的一个亮点。

（一）可操作

“背篼乐业”项目具有可操作性，在领导机关、市民、背篼农民工中，分别都有实施的步骤，有可行的措施，有具体的指标。

（二）可持续

实施“背篼乐业”项目，不是贵阳市的权宜之计，而是贵阳市国民经济和社会发展规划中的一部分，要落实国民素质提高、国运昌盛、持续和谐、长治久安的目标，必须常抓不懈。

（三）可发展

贵阳是贵州省的省会城市，要当好全省经济社会发展的“火车头”，黔中经济区崛起的“发动机”，率先实现全面小康。贵阳市做好了“背篼乐业”项目，对全省具有示范作用，可延伸到全省其他城市。

这份策划书的开篇是应用“赋”的写法，将要策划的事直接铺陈开来，不转弯抹角，让阅读策划书的各级领导对这份策划书的人文意义的认识统一到胡锦涛总书记提出的“包容性增长”上来。在开篇的第一个问题，即实施“背篼乐业”项

目方案的指导思想中，明确报告这份策划书的“可操作”“可持续”“可发展”，让各级领导对策划书有一个总体的看法。因为开门见山，直陈本意，产生的传播效果就很好。

2. “比”的应用

“比”在写作中经常用到，写作策划书也离不开“比”这种手法。

在《抖擞龙传人精神　弘扬苗医药文化——中国贵州龙里第三届“神奇”苗医药文化博览会策划案》中，充分利用“比”，使策划具有较强的说服力，打动了策划主的心。下面列举该策划案“写在前面的话”，以此分析如何用好“比”。“写在前面的话”中讲了四句话：

第一，办好苗医药文化博览会意义十分重大。

策划书中写道：“在中华民族几千年的物质文明、精神文明中，苗医药伴随我们的祖先，从远古走入现代，成为中华文化瑰宝的一部分。苗医药的影响，首先表现在关系人们健康的产业上，同时经过地域文化、企业文化，苗族文化走向世界，在发达国家、发展中国家正在产生积极的影响；苗医药受到联合国教科文组织的肯定，推动了苗医药的国际化。办好苗医药文化博览会意义十分重大。”

这里用“比”把苗医药放到中华民族几千年文明史这个时间概念中，作纵的比较，又把苗医药放到国际上，作横的比较。通过纵横的经纬，凸显找到苗医药的定位。

第二，龙里要争取弘扬苗医药文化领导地位。

策划书中运用了苗医药界四句总结性的话：“贵州苗药走天下，湘西苗药治跌打，川东苗药疗咳嗽，鄂西苗药理百疾”。用“比”的方法，既充分肯定贵州苗医药的地位和作用，又说明同是苗医药也存在各省的竞争。龙里在弘扬苗医药文化方面，已经取得了贵州的领袖地位，继续发扬光大，不断创新拓展，才能巩固国内领导地位，争取世界领先地位。

第三，肯定优势，不断创新，实现宏大目标。

策划书表明“策划人员首先赞同、肯定中共龙里县委宣传部的‘中国贵州龙里第三届苗医药文化博览会’（以下简称‘苗医药博会’）实施方案的要点，同时，提出策划‘苗医药博会’的新思路、新做法、新创意，作为‘苗医药博会’的补充和完善。”与第一届、第二届相“比”，做出第三届的特色，表明现策划的“苗医药博会”一定要有新思路、新做法、新创意。没有比较，谈何新思路、新做法、新创意？

第四，龙里县委、县政府有信心办好“苗医药博会”。

这里的“比”，是与自己相比，以现在的策划结果与今后发展相比。策划书中写道：“为办好以后各届‘苗医药博会’，从‘苗医药博会’实施方案中可以清楚地看出，龙里县委、县政府是举全县之力，一定要在‘思发展、谋跨越、创品牌’上施展大手笔，对此，策划人除表示钦佩以外，站在龙里县人的立场，出谋划策，以期群策群力共同办好第三届‘苗医药博会’，办好以后各届‘苗医药博会'。"

在这份策划书中作了大到世界、小到自身的"比"，作了时间、空间跨度上的"比"，作了同样有苗医药的湘、川、鄂与贵州的"比"，作了本届策划与第一、二届"苗医药博会"的"比"，可谓横竖比、内外比、过去现在比，使"比"的写作方法为策划的成功服务。

3. **"兴"的应用**

"兴"的写法，在撰写策划书中，能找到许多实例。如《策划书精选案例解读》一书中的《家嘉佳行动策划——贵阳嘉润家具商城整合行销传播广告营销策划书（大纲）》，在"策划前嘉润要回答的几个问题"中就用到了"兴"的写法。第一个问题是：

策划的出发点是什么——跳出家具看家具市场

第一，贵阳市2002年GDP达到337亿元人民币，人均可支配收入约达6 909元。

第二，贵阳市两城区户均可支配收入约为23 765.8元/年，100平方米住宅平均总价约为240 822元/套，房价与收入比约为10.13年/套。贵阳市三郊区、小河户均可支配收入约为20 700.8元/年，100平方米住宅总价约为150 000元/套，房价与收入比约为7.24年/套。清镇、开阳、修文、息烽三县一市户均可支配收入约为18 634元/年，100平方米住宅总价约为84 000元/套，房价与收入比约为4.5年/套。

第三，贵阳市有商品房开发公司498家左右，2000年竣工商品房200万平方米，2001年竣工300万平方米，2002年竣工400万平方米，以每户平均100平方米计算，这几年有9万户人家搬进了新居。

第四，贵阳市民在银行的存款余额，2002年年底达到________亿元人民币。

第五，统计局发布的资料显示，贵阳市城镇人均居住面积已达13.5平方米，乡村的人均居住面积更大些。

第六，贵阳市民的恩格尔系数为47.2%，优于50%的标准值。

从以上6点，我们这样观察贵阳市民收入、购房与家具销售的关系：

以购买100平方米住宅房为中间值，购一套房需支出20万元至40万元，装修新房需支出3万元至10万元。购家具可分为两种情况：其一是由装修公司现场制作大衣柜、床、电脑桌，大约需在装修中投入1.5万元至3万元：到家具商场购买沙发、餐桌、客厅电视柜等，大约需投入1万元至2万元；其二是水、电、墙体、地面由装修公司完成装修，所有家具成套购买，约需3万元至5万元。

家具对于搬进新住宅的家庭来说是十二分重要的。按每户购买家具支出5万元计算，9万户新入住的市民家庭，这几年购家具需支出45亿元。

由于家具的利润高，消费者又特别需要，因而吸引众多厂商生产、经营家具。

在这份策划案中，策划人放下对家具的讨论，先讨论这几年的人均收入，房价与收入比，当地两三年内竣工的商品房投入和售出量，分析恩格尔系数，再讨论购房、买家具、电器的家庭投资，测算出这座省会城市近两三年来当地购买家具总支出为45亿元。接下来，策划案讨论的是“什么样的家庭（社会组织）买家具”“买什么样的家具”“家具的销售、购买怎样传播家具文化”……然后才推出“家嘉佳行动方略”。

策划案例7-1　典型的先言彼、再言此的策划手法的应用

《商务通》产品形象的报纸广告

广告语：恢宏、神奇，才有赞叹不已。

文案：

钱塘江观潮形成于东汉年间，

大潮形如立墙，势若冲天。

唐宋以后观潮之风日盛，

以至“倾城而出，车马纷纷”，

可谓观者如潮，赞叹如潮。

恢宏、神奇，才有赞叹不已，

商务通，连续两年赢得好评如潮！

实力来自于不断积累，创新源自独到的理念和成熟科技。

商务通，孕育无限市场，赢得广泛信赖。

2000年1月，在由《人民日报》《名牌时报》等多家媒体联合评选的“中国1999年十大策划经典案例”中高居榜首；

2000年11月，在人民大会堂举办的“国际科学与和平周”庆祝仪式上，商务通系列掌上电脑获得“国际科学与和平周指定礼品”称号；

2000年11月，商务通无限门户网获2000年最佳个人通讯网称号；

2000年12月8日，恒基伟业荣获由中国企业联合会颁发的“2000年度中国最具影响力企业”奖；

2001年3月，恒基伟业荣获北京市外经贸委颁发的“北京国际经贸合作奖”；

2000—2001年度，在《现代计算机》读者调查活动中，商务通系列掌上电脑荣获掌上电脑类“读者使用率最高的品牌”。

不同的权威机构，一致的好评与认可！

商务通，赢得四方赞誉如潮！

资料来源　张继缅，王多明．广告文案［M］．北京：中央广播电视大学出版社，2003：120.

商务通产品与钱塘江大潮本无任何关联。策划人坚信世界是物质的，任何物质都是不断运动和普遍联系的。策划人找到了“好评如潮”这个关联点，先言钱塘江大潮，再说商务通获得的如潮好评。这是“兴”的典型案例。

赋、比、兴是写作策划书要用到的 3 种技巧，源自我们祖先创作诗经的方法，古为今用，还真管用。

7.2 起、承、转、合相照应

7.2.1 什么是起、承、转、合

“起、承、转、合”四字出自元代范德玑的《诗格》：“作诗有四法：起要平直，承要春容，转要变化，合要渊水。”起、承、转、合成为旧时诗文惯用的行文方法，后泛指文章写作方法。清代金圣叹在《西厢记读法》中将四字连用：“有此许多起承转合，便令题目透出文字。”

起、承、转、合的简要解释为：起，开头；承，承接上文加以申述；转，转折；合，结束。对起、承、转、合的解释大体有四种说法：

其一，指诗文写作结构章法方面的术语。“起”是起因，文章的开头；“承”是事件的过程；“转”是向结果方面转向；“合”是对该事件的议论，是总结。

其二，比喻说话时的过渡。

其三，比喻僵化呆板、矫揉造作。

其四，将“起承转合”归为音乐学科领域里的概念。在音乐词典中，将“起承转合”列为民族曲式结构原则之一。起为“起部”，即呈示，主题最初陈述；承为“承部”，即巩固，通过重复或变化重复来巩固主题；转为“转部”，即发展主题，具有较大的不稳定性；合为“合部”，即结束，结束全段音乐。

知识链接 7-1　起承转合与正弦曲线

有一位参加过高考，对作文写作中的起承转合确有体会的学生，后来当了教师，他在传道授业中向学生讲了起承转合的意义和写法。

高考作文一直让很多同学烦恼，理科生说自己文学功底差，写不出好作文。可有些文科生也在抱怨：明明自己的文笔很好，经常被老师夸奖，偶尔自己的文字还能变成铅字，可为什么作文总是拿不了高分呢？其实把握高考作文的规律，就能轻松应对这些问题。

通常高考作文大多是以议论文形式为主，近年在体裁方面的限制逐步放开。很多不擅长写作的同学很担心自己作文的语言表述。其实，作文只要不跑题，在表述方面还是有规律可循的。在我自己参加 1988 年高考的时候，家父曾经专门指点过我的作文，大部分内容我都不记得了，只是记住了关键的四个字——“起承转合”。另外，如果自己命题的话，题目要非常用心，充分说明文眼，让读者既有概括性的内容了解，又有眼前一亮的共鸣。在此后每年的高考中，我在辅导自己的学生写作文时，充分延续和发展了这个线路，并对“起承转合”有了更为生动、形

象的理解和描述，同时，也帮助一些不擅长写作文的学生将其发展成为一条无误线路。按照这样的思路去展开和发挥，通常都可以得到比较稳定的较高分数。同时，也为了方便大家记住各部分的关系，我将其与数学的正弦曲线联系在一起，从中寻找二者“道”的联系。

大家请看一条正弦曲线：曲线的起点就相当于作文的“起”，所以开头部分要简洁、明了；曲线从起点向上到顶的过程，相当于作文的“承”，是开头文眼的发展和延续；曲线从顶点向下到底的过程，相当于作文的“转”，要向反方向描述和论证；曲线从底点再次向上到达与起点同一高度的终点的过程，相当于作文的“合”，是通篇论述的回归，要与起点呼应，再次强调和呼吁。当然，这种比喻只是为了方便学生形象的记忆，其中的曲线划分与文章结构比例并没有严格界限和对应关系。

我们用哲学中的“波浪式前进”“螺旋式上升”来认识和记忆正弦曲线对起承转合的运用，也是既能明理又能操作的具体方法。

在本书的7.1部分，我们介绍了怎样将赋、比、兴运用到广告及广告的写作中，在写作广告文案时，起承转合也不失为一种好方法。

7.2.2　起、承、转、合在写作策划书中的应用

我们按照“起、承、转、合”的线路，为一份以“创新”为主题的策划书的几个部分作出相应的安排。

1. 起

首先，要给出文眼和论点，即当今世界的发展已经越来越多地依赖科学技术，大力推动和促进创新发展对于社会进步和国家富强非常重要。

2. 承

其次，可以从不同的层面来论述创新，包括形式创新、内容创新、思想创新等，也可以分部分来论述各行各业创新的重要意义，其中可以有分论点和论据性事例。

3. 转

再次，批判一些假创新，指出与创新有关的一些社会不良现象，或者指出有些创新还要有待验证，例如转基因食品等。

4. 合

最后，回到你的文眼和论点，作为一个21世纪的年轻人，应该在今后的学习和生活中用创新的思维和眼光看待身边的事物，大力提倡和推进创新。

《策划书精选案例解读》一书中的《都匀毛尖茶叶及茶饮料广告传播及市场推广整合营销战略》，就是应用起、承、转、合的手法写作策划书，将一个小企业推向了大市场。“奇文共欣赏，疑义相与析”，我们来看看这份策划书是怎样运用起、承、转、合的。

策划案例 7-2　都匀毛尖茶叶及茶饮料广告传播及市场推广整合营销战略

茶是中国人的传统饮料，尤其在南方，品茶之风特别盛行。在工业化生产的驱动下，茶饮料“粉墨登场”，在传统饮料行业中掀起了巨浪，市场份额不断扩大，这使原先的饮料业老大——碳酸饮料、瓶装水的市场份额逐步后缩。1996 年茶饮料全国产量仅为 10 万吨，2004 年达到了 450 万吨。在中国台湾地区和日本，茶饮料的销量已经超过碳酸饮料的销量，跃居当地市场第一大饮料品种。

在中国大陆，茶饮料市场的发展突飞猛进，已经成为仅次于碳酸饮料和瓶装水的第三大饮料。茶饮料的发展空间大，潜在市场之可开发性足以诱惑许多企业争相进入，康师傅、统一是第一梯队，王老吉、三得利、岚风、黄振龙则有着明显的地方特色，后起的娃哈哈上升速度随策划推进，可以称得上后起之秀，已抢得第三的市场份额。

在相对落后和闭塞的贵州茶饮料市场，上市的品种不多，据统计，2004 年贵州茶饮料市场销售收入也在 5 000 万元以上。

茶饮料市场的主要消费群体对茶饮料情有独钟，他们仅占茶叶及饮料市场消费的 20% 的数量，却可以为茶叶及饮料市场送来 80% 的利润。

况且，茶叶、茶饮料是不分性别、不分年龄、不分经济收入、不分社会职务的人都能接受的商品，只要我们找准了“目标消费群体”，调动“潜在目标消费群体”的购买及消费积极性，做好市场推广，赢得利润不是问题。

由于茶是我国的传统饮品，进入这块市场的生产企业、销售企业也在不断增加，竞争态势会愈演愈烈。

1964 年都匀市将牛场、农场扩建为都匀茶场，种茶仅 2 000 亩，揭开了都匀茶叶生产的新篇章，与现在的都匀毛尖的产量相比，后生可畏。现在的都匀市土产公司螺蛳壳毛尖茶生产基地以其自身的实力，远远超过了当年的老大哥，其他的杂牌“都匀毛尖”小兄弟更不能与其相比。

但是，几十家上百家“都匀毛尖”会与当年茅台镇的 200 多家酒厂对茅台酒造成巨大的伤害性冲击一样，也会对正牌的都匀毛尖产生不利的市场影响。

对此，在战略上藐视其他“都匀毛尖”的同时，在战术上必须认真对待，下好我们的每一步棋，稳扎稳打，一步步走向成功。

以上这篇千字文，权当开场白吧！

(这份策划书，在没有写明是“前言”二字的前言中，第一句话“茶是中国人的传统饮料”开宗明义，最后用“以上这篇千字文，权当开场白吧！”收束。

“起”得早，开篇就进入角色。这份策划书把写作者掌握的“市场分析”“产品分析”“消费者分析”“竞争对手分析”“策略分析”等资料仅用 800 多字就说清楚了。一般的策划书中这些“分析”的内容要占去总篇幅一半左右的字数。

其实，如果策划主对这些“分析”更了解，就没有必要在策划书中重复。如果这些“分析”是策划人自己调查的新资料，或者与策划主提供的有较大出入，则可以在策划书中写出，以此作为后续为策划主提出“策略”的依据。

这份策划书在“起”以后，迅速进入“承”的阶段。直接将树立品牌的策略、营销策略在“承”的部分展示出来。

策划书要告诉策划主的重点部分，要放在“承”的位置。)

一、牢固树立“领导”地位观念，要做别的“都匀毛尖”做不到的广告传播和营销推广

(一) 为成为真正的第一品牌而走好每一步

1. 商标注册，获得专利，推广信誉。

2. 导入 CIS，内、外、上、下都统一形象，统一企业经营理念，统一企业行为准则，统一企业视觉识别。

3. 争取多种手段，借助多种媒体，利用多种场合宣传螺蛳壳都匀毛尖的领导地位。

4. 深挖茶—绿茶—都匀毛尖茶—螺蛳壳都匀毛尖茶对消费者的意义。

5. 比较人们的各种需要：妻子、孩子、房子、车子、票子……都应建立在健康的基础上，茶叶能给人带来健康。

(4、5 两项可以采取在大众传媒上发表科普性文章的宣传方式，用有奖征答方式吸引读者，奖品是小包装的螺蛳壳都匀毛尖茶或茶饮料。)

(策划书高屋建瓴，从树品牌的角度，对目前还小的企业提出战略思考及行动的策略。)

(二) 内抓质量管理，外抓形象宣传

1. 销售的根本是产品的质量，始终以保证质量为基础，只有质量无话可说的时候，广告宣传和销售推广才有最充分的话语权。

2. 培养一支能征惯战、高素质的销售队伍，以贵阳为圆心辐射全国，逐渐地占领本该属于自己的市场，不能只盯着贵阳做生意。

3. 统一广告宣传主题，整合营销策略，使各种媒体、各种场合、各种不同的营销机会都有统一的声音向顾客传递他们最需要也最喜欢的信息。

4. 统一规划战略决策，确定广告宣传和销售促进的投入，确保这笔费用精打细算，合理开支。千万不要做“水加热 99 度就熄火”的事。

(“堡垒内部最容易被攻破”，策划要反其道，做好内部管理，巩固后方，为前方——销售——提供各种保证、保障。这也是“承”的内容。这里的“承”除了起承转合写作阶段的分工以外，还要写出为销售促进提供保证、保障的具体策略。下面的“(三) 做公共关系营销，发挥企业优势”连同上面的“(一) 为成为真正的第一品牌而走好每一步”都是这份策划书的“承”。)

(三) 做公共关系营销，发挥企业优势

都匀螺蛳壳毛尖茶基地是都匀毛尖茶技术标准鉴定单位，这种领袖地位别人不能替代，要充分用足、用够这面“旗帜”。

1. 征得政府部门同意，组织行业自律质检活动，用发布新闻方式，巩固自己的地位，为消费者能获得货真价实的都匀毛尖茶而努力。

2. 利用政府活动的机会，争取让螺蛳壳都匀毛尖摆上桌、送上车、带回客人家，既为政府外事活动争光，又为企业争光。

3. 采用低成本扩张方式，收购品质好但经营不善的都匀毛尖小企业；采用贴牌出让、对外统一销售、利润均分等方式联合品质有保证的都匀毛尖生产企业，以老大哥姿态将其纳入麾下，逐渐走向“都匀毛尖茶联合体”。

（俗话说“话锋一转”“惊堂木一拍”，就是该说正题、该“抖包袱”了。

“转”在策划书写作中是将内容转入主题、正题，回答“对谁销售，用什么办法去怎样促进销售”的问题。

这份策划书在“二、目标受众、顾客、消费者策划”“三、广告传播、营销主题策划”“四、螺蛳壳都匀毛尖茶整合推广策略策划”这三部分分别回答对谁销售，对目标受众、顾客、消费者要说什么，以及如何进行整合推广的问题。以解决策划主最需要解决的问题为宗旨，激发策划人的智慧，这就是“转”的意义。）

二、目标受众、顾客、消费者策划

广告传播及营销整合广告，首要的问题是找准诉求对象：广告向谁说，吸引哪些人的心，让他们自愿地掏钱买走我们的产品。正如毛泽东在四卷雄文第一篇《中国社会各阶级的分析》中开篇第一句所说的：“谁是我们的朋友，谁是我们的敌人，这个问题是革命的首要问题。”做广告，实现销售，找准目标消费者是最重要的问题。

（一）都匀毛尖茶的目标消费者

除了婴儿、医生确定不能饮茶以外的所有人，都可以进入我们的目标消费者群。这种大消费眼光，是我们把市场做大的基础。

不同时期、不同价位的产品，可以满足收入不同的目标消费者的需要；不同包装、不同档次的产品，可以满足购买动机不同的目标消费者的需要；不同加工方法、不同用途的产品，可以满足目标消费群自饮或“赏茶”的不同需要。我们可以将目标消费群确定在以下人群中：

1. 家庭用茶，老少皆宜，以中档茶为主；
2. 送礼用茶，装帧漂亮，价位较高为宜；
3. 茶楼酒肆，质优价平，义务替我宣传；
4. 集团用茶，讲求实惠，不用顾客掏钱；
5. 表演用茶，面对游客，广播都匀毛尖。

以上每类人群（集团）都是巨大的市场，找准了，怎么做，做什么，我们要心中有数，脚下有路，手里有牌可以打出。

（二）都匀毛尖茶饮料的目标消费者

现时的正在喝茶饮料、瓶装水、果汁的所有人群，正在成长中的青少年都是我们的目标消费者群体。

我们是追随者、入侵者，要“虎口夺食”，一要勇气，二要技巧，三要耐力。

1. 学生：小学生、中学生、大学生。

2. 白领：通信、银行、保险、电力等各个行业。

3. 电脑迷：网吧，企事业单位办公室。

4. 运动场馆：教练、运动员、啦啦队、家属、观众。

5. 驾驶员：公务车、私家车、中长途运输车、出租车。

6. 旅行者：车站、机场、街口、旅行社。

7. 医院：门诊、病房、水果摊。

8. 消暑：企业职工降温用品、劳保品、街头凉茶店。

9. 会议：主持人、参会者。

10. 酒店：上餐桌、入客房、客人自取袋装茶末。

其实，消费者是喜欢我们去讨好他的，就看我们怎样去认识他们，接触他们，亲近他们，帮助他们“挠痒痒”，最后“征服”他们。

在撰写这部分文字时，拟稿人已经有了“征服”他们的若干妙计。在与广告客户的真诚合作中，将逐步施展出来。

（这份策划书写了句至关重要的一句话：“在撰写这部分文字时，拟稿人已经有了‘征服’他们的若干妙计。在与广告客户的真诚合作中，将逐步施展出来。”这是说策划书作者已经有了说服目标受众-顾客-消费者的若干妙计了。在策划的初级阶段，有一个策划人与策划主磨合的过程，如诸葛亮要考验刘备，让他一而再，再而三地登门才出现，同时，进入深思熟虑的策划，需要时间和空间，在没有做好具体策略的思考前，采用“缓兵之计”是恰如其分的。）

三、广告传播、营销主题策划

对目标消费者说什么？不能只是隔靴搔痒，要让做广告、做策划的每一分钱都产生正能量，实现正积累。

奥美广告的创始人大卫·奥格威告诉广告人：“我们做广告，就是要促进销售，否则，就不做广告。”这是广告主与广告人共同的营销目标，策划人要全力去实现它。

对螺蛳壳都匀毛尖茶叶及茶饮料，由于策划人接触不多，有待于在深度合作中，准确把握三点：

一是螺蛳壳都匀毛尖茶的“闪光点”，与众多都匀毛尖茶不同的地方，海拔高度、气候、加工、企业文化等，要作出精当的说明，唯我独有，唯我独尊，说出来，让受众信服，让竞争者汗颜。

二是喝茶饮料者的需要是什么，他们的“关心点”是什么，我们用什么语言才能牢牢地抓住他们？可以选择如下这些话语方向：直白而发自内心：如“味道真好！”恰当而真切：“香，如××般感觉！”平易而内涵：“独一无二的好味！”纯粹而有时代感：“新时代，新感受！”大气而富有煽动性：“全家人都需要！”简洁而干脆："要喝，就喝××。"生动而有意味："喝在口里，舒服在心！"通俗而有情味："好茶送给至亲人！""您喝茶，我心乐！""为您长期解渴，我心快乐！""每一口都心驰神往！""这种舒服，只有我知道！""您不来一口，会后悔的！""我只喝都匀毛尖！"概括而意境无穷："都匀毛尖，我的至爱！""都匀毛尖，一生伴侣！""都匀毛尖，爱您时时刻刻！"我们可以无限地延展开去，找出上千条广告语，让广告主、广告受众来挑剔、鉴别，确定哪些能直接说服他们，挠到目标受众的敏感部位，让他喜悦，让他心动，欣然接受我们的产品。

三是找"出发"时机，扣动枪的扳机，让广告子弹发射出去，打中消费者的需求点，让我们的独特销售主张（USP）正好满足消费者的个性需求，让个别人的个性需求"传染"给周围的250个亲近者，像核裂变一样迅速传开，获得"请大家告诉大家，都匀毛尖茶就是好！"的正效应叠加成果。

（策划书中的"转"也是由最初的慢转加速到快转的过程。这份策划书在传播、营销策划的对象确定后，对广告要"说什么"的主题提出了策略性意见，供策划主选择。

"四、螺蛳壳都匀毛尖茶整合推广策略策划"是这份策划书最核心的问题。作者用了一句关键的话，即"策略是战略方针的具体运用，其实是在随机应变中将战略落到实处的技术和技巧"，来提醒策划主重视策划人提出的十四种方式。

这部分的"转"，是策划书的高潮，是最精彩的智慧呈现，是策划主最想得到的"智慧营销"。

策划者"开门见山"引导策划主一句句、一段段地阅读策划内容，把"包子中的馅儿"亮出来。"卒章显志"对应"开门见山"，完整地交出策划，是负责任的态度，聪明、理智的策划主能理解策划人的辛勤劳动，策划书便获得了初步的成功！）

四、螺蛳壳都匀毛尖茶整合推广策略策划

策略是战略方针的具体运用，其实是在随机应变中将战略落到实处的技术和技巧。

（一）选用别人成功的策略

1. 百事可乐：成功的品牌追随者。抓住自己的品牌个性；使用同一推广模式——音乐+足球+明星；变化中的推广——"新事可乐、旧事可乐、大事可乐、小事可乐、百事可乐"；代言人是普通人——将场景移向农村的广阔市场。

2. 非常可乐：中国特色的品牌。品牌核心价值是确立民族自尊心、民族感情（这其中有一厢情愿的问题，它本身也感受到了，并在不断调整之中）；目标市场定位——迂回包围，避开强敌，建立中小城市及农村市场网络，以二、三级市场为主攻方向，这是做对了。

3. 康师傅茶饮料：后来居上者。品牌内涵以"好喝、解渴、健康、时尚"为宝塔结构，满足人们不同的需要层次（马斯洛的5个需要层次的具体运用）；紧扣品牌的核心价值——健康、环境，顺应消费者的心理需求。

4. 农夫山泉：差异化塑造形象。抓住大家都知道而没说出来的一句话“有点甜”而深入人心，被所有人都知道而且记住了，产生指名购买；为申奥、希望工程作贡献，调动顾客的爱心，使其成为消费者。

还有许多成功的策略，这里不可能一一介绍。

（二）螺蛳壳都匀毛尖茶及饮料可选用的策略

1. 差别策略。

宣传自己独特的产地、产品、营销主张；对不同大地域的大目标群体，选用不同的广告词，对“礼品装”、散装、袋装购买者，对省外、国外不同地区的消费者选用不同的语言，满足他们从“生活需要”到“自我实现的需要”。

2. 无差别策略。

对高档次的礼品盒装中的“极品”应该“行不更名，坐不改姓”，推崇备至，不让价、不让位、不虚脱，始终保持“第一”，在反复宣传中，敢与中国最顶端的茶争高低。

3. 情感营销策略。

茶与国人情感至深，从都匀毛尖与消费者特殊的情感中深挖可以为我所用的广告词，在反复宣传广告中牢固树立情感丰碑。

4. 文化营销策略。

茶文化之丰富“车载斗量”，通过广告宣传、茶艺表演、茶待贵客、茶中营养、茶与健康、茶的功能、茶与名人等，大书特书都匀毛尖茶的文化定位。

5. 关系营销策略。

瞄准目标消费者群——团购的企事业单位决策者、购买者，使其成为“俱乐部”成员，既是消费者，又进入我公司的准营销队伍，给予适当费用调动其积极性。

6. 事件营销策略。

利用都匀、黔南政府的活动，承担可以负担的责任，协助政府完成相应项目，如旅游节、摄影赛、斗牛节、六月六对歌节（赠送茶饮料），在政府会议桌上摆放茶饮料，在电视新闻中有镜头出现。如支援灾区，给受灾群众赠送瓶装茶饮料，在电视新闻中播出。

7. 欢乐营销策略。

茶与健康、运动、快乐关系密切，不能放弃任何一次可乘之机。如向环城赛跑、学校运动会、电视台欢乐类节目提供饮料，向各类赛事如龙舟划船赛、游泳赛、爬山赛、拔河赛、对歌赛等提供奖品。

8. 磋商营销策略。

换个角度，让客户——终端同我们一心一意做市场。研究终端为什么要销售我们的产品，他图什么，就给什么——给利润、给信任、给情感、给荣誉、给自由空间，确定目标点，一家一个政策，让我们自己的营销队伍准确把握，投其所好，把关系做到家。

9. 内部营销策略。

对茶楼、酒肆、咖啡屋，要将其当成自己人对待，给最好的产品，最优的价格，最大的利润空间，让他们成为推广螺蛳壳都匀毛尖的前沿阵地，让他们的人员成为我们的义务广告员。

组织几百个营销、广告、策划专业的大学生，进入茶楼、酒肆、咖啡屋推荐我们的产品，既锻炼队伍，组织传播活动，又可极大地增强顾客、消费者对产品的信赖。

10. 另类营销策略。

针对不同的对象、时间、地点，不同的竞争对手的策略，采取另类策略十分有效。

极品茶的高价拍卖；茶艺表演赛中的奖品发放（在大学营销专业学生中开讲座，组织女学生课余学茶道，在学生中开展比赛，电视台播出节目）；在社区宣传中让这些学生深入宣传茶的多种功能，科学用茶；在精装茶盒中放置茶文化宣传手册；在茶饮料瓶盖中显字（符号）竞奖；与珠宝、首饰企业联盟，参与买整箱茶饮料，凭销售票兑奖，获优惠珠宝首饰……

（这份策划书的“合”只有一句：“营销策略，方法多多，用心去做，总有成果。”

写作策划书，“有话则长，无话则短”，要遵循鲁迅先生说的“删去可有可无的字、词、段”，让策划书更精练、更精彩。

学习写策划、做策划要“随机应变”，切忌“千篇一律”“千人一面”。现有的策划写作教材中的写作章节大体教一种模式，“世界上没有两片树叶是相同的”，更不会出现两份相同的策划书。

学策划、写策划书，关键是要有创意。我们鼓励写作，鼓励学策划、做策划、写策划书，一定要使学习者、践行者不要戴着“紧箍咒”，不要戴着一样的面具。

内容决定形式，策划主的信息及需求，市场的信息及需求，受众–顾客–消费者的信息及需求，竞争对手的信息及需求，还有被策划的商品、服务和观念的信息，都是写作的内容资料。它们的不同是绝对的，写策划要实现“一把钥匙，开一把锁”，具体问题具体分析，拿出具体的解决办法。）

起承转合不仅在写作策划书中可以派上大用场，在书信往来中也经常用到。

邓颖超《致张学良九十寿辰祝贺信》的正文也是四段，用的就是起承转合的写法。

第一段：表明庆贺张先生的九十寿辰。这是起。

第二段：紧承上段，高度赞美先生的历史功绩。

第三段：话题一转，以欣喜的心情概述了海峡两岸“长期隔绝之状况已成过去”，热烈期待着“统一祖国，振兴中华大业”。

第四段：紧扣函电的宗旨，祝福先生长寿健康，并期待与他再度聚首。情真真，意切切，感人至深。

贺信仅寥寥几百字，先对张学良的寿辰表示祝贺，进而赞颂他的历史功绩，再展望祖国的统一大业，最后深情祝福，四段文字起承转合，蝉联而下，行文自然、亲切、畅达。

策划案例 7-3 **邓颖超《致张学良九十寿辰祝贺信》**

台北市士林至善路二段221号

汉卿先生如晤：

欣逢先生九秩寿庆，颖超特电表示深挚的祝贺。

忆昔54年前，先生一本爱国赤子之忱，关心民族命运和国家前途，在外侮日亟、国势危殆之秋，毅然促成国共合作，实现全面抗战；去台之后，虽遭长期不公正之待遇，然淡于荣利，为国筹思，赢得人们景仰。恩来在时，每念及先生则必云：先生乃千古功臣。先生对近代中国所作的特殊贡献，人民是永远不会忘怀的。

所幸者，近年来，两岸交往日增，长期隔绝之状况已成过去。先生当年为之奋斗、为之牺牲之统一祖国振兴中华大业，为期必当不远。想先生思之亦必欣然而自慰也。

我和同辈朋友们遥祝先生善自珍重，长寿健康，并盼再度聚首，以慰故人之思耳！

问候您的夫人赵女士。

邓颖超

1990年5月30日

起承转合不仅在写策划书时用得上，写平面广告文案、电视广告创意脚本，甚至做学术报告、写论文、写文学作品、讲故事都用得上。这是我们写作者构思、谋篇布局经常要走的“路径”。

7.3 高、大、全鼓舞士气

知识链接 7-2 **成功需要“野心”**

“成功需要‘野心’”是原刊于《周末》的一篇短文，它从新的角度鼓励广告人要具有大雄心，追求高起点，全面认识问题，解决一个完整的问题。

法国一位大富翁在弥留之际写了一份遗嘱：“我曾经是一个穷人，在以一个富人的身份跨入天堂的门槛之前，我把自己成为富人的秘诀留下，谁若能猜出‘穷人最缺少的是什么’，他将能得到我留在银行私人保险箱内的100万法郎。”

遗嘱刊出之后，有48 561个人寄来了自己的答案。答案五花八门，绝大部分的人认为穷人最缺少的是金钱；有一部分人认为穷人最缺少的是机会；又有一部分认为穷人最缺少的是技能；还有的人说穷人最缺少的是帮助和关爱，是漂亮，是名牌衣服，是总统的职位等。

在这位富翁逝世周年纪念日，他的律师和代理人在公证部门的监督下，打开了银行内的私人保险箱，公开了他致富的秘诀：穷人最缺少的是成为富人的野心！

事实上，野心正是一种创业的美德。联想的创始人柳传志就是一个有野心的人，所以他才能创建一个有野心和进取精神的联想。不过，柳传志总是把联想的野心委婉地说成雄心壮志。因此，想用柳传志做自己榜样的职场人，至少要成为一个有野心的人。

野心应该成为所有人探求成功的利器，如果你渴望成功，那么请你先问问自己："我有成功的野心吗?"

使自己的野心有节制又不泯灭，这样的人，就是有成为商业领袖潜质的人。

7.3.1 高起点，做大策划

大手笔的策划才能生产出大广告。2010年我国向世界推出了"国家形象宣传片"，从宣传片的总策划、总导演、总广告创意及学者的解读中，让我们学习策划及广告的创意，认识策划对谁说、说什么、怎么说的奥妙。

策划案例7-4　　中国对外形象宣传策划

如果用一部短片来宣传中国的国家形象，你会怎么做？国务院新闻办给出的答案是：30秒钟的广告片《人物篇》和15分钟的专题片《角度篇》。

30秒，50位享誉国际的中国人，向全世界展现生机勃勃的中国精神；15分钟，多角度述说当代中国的成就。《人民日报》2010年9月27日刊登记者施芳、周晓荷的专稿，请国家形象宣传片的总导演、总广告及学者对该片进行解读。

"以往，中国是被议论、被展现，既片面也不太真实。"总导演高小龙对国家形象宣传片充满期待，"国外拍摄了大量关于中国的纪录片，多是以他们的眼光看中国，其中不乏主观和偏激之作。"如何让人认识到真正的中国？那就是主动递上自己的"名片"，让外国人看到感兴趣的内容。

宣传片摄制组总广告人朱幼光坦言，"团队背负的压力和创作的难度非常大"。什么才是老外感兴趣的？创作团队多次与外国朋友进行交流，发现他们的兴趣在于"当代"中国。

在宣传片中，象征着中国古代文明的书法、丝绸、武术都销声匿迹。"这些外国人都知道了，虽有意义却太过陈旧，很难再让人兴致勃勃地观看了。"朱幼光表示，国家形象宣传片将着力表现"当代"，以人为本，呈现和谐发展的当代中国、当代精神。

"宣传片能否达到最佳效果，关键在于说什么、怎么说，这些都很有讲究。"北京市社会科学院首都文化发展研究中心副主任沈望舒表示，过去我们大多是各唱各的调，对外形象不是很清晰。而近邻韩国、日本在过去几十年中，对传统文化进行了系统整理和加工，对内教育了国民，对外塑造了统一的形象。我们也有必要对中国元素进行梳理，形成一个清晰的轮廓。

"要找到更能为普通公众接受的内容。名人替国家做广告，可以起到事半功倍的效果。譬如姚明，他在国外具有很高的知名度。"中国社会科学院亚太研究所所长李向阳说。

"人是宣传片的核心。"朱幼光肯定地说。想要了解一个国家，必须了解那里的人民，这种观念得到了广大专家学者的认可。不过，这种明星代言的思路遭到了部分网友的质疑："50 人能否代表整个中国?" "宣传片不是明星云集的好莱坞大片!"

面对这些不同的声音，沈望舒认为："要考虑国外受众的需求，不能光从自己的习惯、爱好出发。只有了解有效需求，才能进行有效供给。要从'我们想说什么'变为'别人想听什么'，进而研究'怎么说别人才爱听'。我们要有讲好故事的能力。"

与《人物篇》不同，《角度篇》更加理性。"不是讲故事，但也绝对不会平铺直叙。"高小龙称："风格是纪实性的，希望能够以最自然的方式呈现朴素的中国。"

朱幼光把 15 分钟《角度篇》戏称为"百科全书"，它涉及政治、经济、社会、文化、科研、教育、环境、民族等多个领域，多角度、全景式地展示当代中国的建设成就。据悉，《角度篇》将采取分段落编辑的方法，每个段落包含具有代表性的不同主题。

"我们更加珍惜中国真实的生存状态。"高小龙反复强调，"真实生存状态"会成为《角度篇》的灵魂。

为了取得更多素材，《角度篇》拍摄人员被分为 3～4 组，前往北京、上海、新疆、云南、内蒙古、西藏、陕西等地进行拍摄。"我们拍得很'奢侈'，仅在北京，已经完成的录像资料就有十几个小时。"朱幼光说。

据介绍，国新办将在国际主流媒体播放 30 秒的《人物篇》。15 分钟的《角度篇》将用于外事活动展示，如在使领馆节庆，外交性质的酒会、茶会等场合播放。国内观众可以通过网络等非官方途径进行观看。

资料来源　施芳，周晓荷．专家解读国家形象宣传片：中国向世界递"名片"［N］．人民日报，2010-09-27.

7.3.2　全面策划产生大效果

策划高手们如同翱翔的雄鹰，居高临下寻找目标，耐克对李娜的培养和世界重大赛事的策划，鼓舞我们要抓住这种难得的大型策划的机遇，机不可失，时不再来。

对李娜在法网女单决赛夺冠，策划高手们事前运作，抢先策划，取得骄人效果。

策划案例 7-5　耐克的抢先策划

在体育策划中，耐克一直热衷于“押宝追星”。15 岁时，李娜就获得了耐克提供的前往美国练习网球和学习英语的机会，之后，耐克还为李娜提供了训练及比赛场上所需要的各种运动装备，花在李娜身上的投资不下数千万。

以 2011 年 6 月 4 日晚的一场赛事为例。全世界瞩目的法国网球公开赛的女单决赛正在进行，当李娜还在决赛现场奋力拼搏的时候，当夺冠还是一个未知数的时候，赛场外的抢先策划已经登场。

最终中国金花李娜以 2：0 的比分战胜了上届冠军、意大利名将斯齐亚沃尼，成为第一个捧起网球大满贯赛单打冠军的亚洲选手。

观众们看不见的“赛场”，是策划大腕们角逐策划水平的战场，也是策划高手分享盛宴的时光。

仅一个多小时之后，李娜代言的耐克广告就登上了北京一家报纸的头版。6 月 5 日零点 21 分，该报社副总第一时间披露了李娜夺冠广告的方案：若李娜赢，耐克做头版价值 58 万元的半版广告，输了他们撤版。于是，该报社又还找到了中网赞助商昆仑山，说服其做李娜亚军版的替补，只卖 10 万元，若李娜夺冠，昆仑山撤到体育版，并给它一折的价格 3 万元作为感谢。

耐克对李娜 14 年的投资这次因为抢先策划，一把“赌”回。

保持一个长期紧密的合作关系，是对运动员和耐克最好的模式。在李娜闯入法网决赛时，耐克就为李娜团队量身制作了“造就自我”黄色加油 T 恤。这件 T 恤，在电视镜头中多次出现。夺冠瞬间，以耐克最新广告为主题的李娜的新浪微博，迎来了 200 余万粉丝关注。北京、上海、武汉的三家媒体次日头版推出的广告版面在网上疯狂传播。可以说，耐克 14 年的“押宝”投入，一次性就赚回来了。

7.3.3　成功策划的十招，核心是“策略”

如果我们把策划看作一种思考作业，它的核心部分就是“策略”的拟订了。策略（strategy）本来是军事上的用语，源自希腊文，本义为统帅军队的将领。在《韦氏字典》中，策略是指：交战国的一方运用武装力量赢取战争胜利的一种科学与艺术。后来，西方学者又将它用于市场营销，于是“策略”被认为是企业运用它所拥有的技术和资源，在最有利的情况下，达成其基本目标的科学和艺术。或者说，策略代表企业为达成某个特定目的所采取的手段，表现为对重大资源的调配方式。

美国营销学专家杰克·特劳特（Jack Trout）和艾·莱斯（Al Rise）曾以首创“定位”理论而闻名于世。他们认为，在市场竞争中的企业行为，和战争一样，也是人类社会利益冲突与竞争的一种形态。200多年前，普鲁士军事理论家克劳塞维茨的《战争论》对战争本质和战争原则的论述，几乎都适用于现代商业活动。因此，特劳特和莱斯合写了一本名叫《营销战争》的专著。该书用军事观点来看待市场竞争，用《战争论》里所讲的理论，对照市场营销活动的案例加以分析，梳理出一套进行营销战争的“策略体系”。他们在书中指出：企业应该首先认识自己所从事的战争形态。如果你是一个行业的领先公司（或领先品牌），你就应该采取“防御战”；处于第二位的公司应该采取“攻击战”；排在第三的公司应该从事“侧翼战”；小公司则进行“游击战”。各种不同的战争形态，有其不同的原则、不同的战略战术。只有根据正确的策略，采取适当的行动，才能避免失败，最后获得成功。

因此，就“策划”而言，有无“策略”观念，至关重要。它是决定竞争成败的关键因素。兵书云：“运筹于帷幄之中，决胜于千里之外。”策略规划之精义重在效果，要通过帷幄之中的预先运筹和规划，决胜于特定的市场，使企业的希望变成现实。

策划书写作的要领和成功的必要因素，是能否在策划书里向策划主提供若干能为他排忧解难的策略，而不应花许多篇幅去做策划主本来就知晓的“分析”。

本章小结

赋、比、兴是古人归纳的《诗经》中的写作手法，我们认为在策划书写作中使用赋、比、兴的手法能更好地表现策划主体的思维活动。起、承、转、合也是古人写作行文的手法，将其用在策划书的写作中使思绪更清晰，更便于表达和说服策划主。

学习策划，写作策划书要志存高远，因而要用高、大、全鼓舞士气，追求更好。

本章再次强调成功策划的核心是向策划主提供有效的“策略”。

思考与练习

1. 赋、比、兴与策划书写作有什么关系？
2. 起、承、转、合与策划书写作有什么关系？
3. 做人低调，做事高调，在做策划时适用吗？为什么？
4. 以“都匀毛尖茶叶及茶饮料广告传播及市场推广整合营销战略”为“靶子”，找找错误或不足，提出补充修改的意见。

写作实操项目

写好如何使家乡的土特产品、名特优产品卖得更好的策划书提纲后，先在小组里讨论，听取别人的意见和建议，在没有交出去之前，修改策划，使它更便于操作。

这时的策划人踌躇满志，应该集中时间，最好是一口气把策划书的初稿写出来。在写作过程中，会在笔尖、指尖流淌出许多新的想法，不要回避它们、不要轻视它们，这种艰苦劳动的思维火花，尤为珍贵。

艺典居雕饰艺术中心营销策划

第3篇　策划写作篇

第8章　策划中学会写作
第9章　写作策划并不难
第10章　敢于爆破原策划
第11章　修成正果确实难

第8章

策划中学会写作

学习目标

通过本章的学习，懂得在身边事中学习做策划，了解做“下水策划”为什么学得快，学会策划书写作的四大技术，在策划中运用创意思维，逐步熟练地将写作的原则用于策划书的写作。

引例

于无声处听响雷

2003年春天，一位做完胆囊切除手术又接着患上胰腺炎的病人，在病床上躺了一个多月，病未痊愈，出院时腰间还插着两根橡胶引流管。他是一名策划人。在夫人的陪同下，他到“贵在城心，美在天然”的黔灵山公园散步。这位生着病的策划人看到由各种人群组成的文化、体育娱乐组织，在公园的各个地块上，开展了几十种活动。这个场景引发了这位刚从医院病床上起来的策划人的思考：为什么不把这些活动组织起来，促成一举多得的利益圈？作为策划人，“三句话不离本行”，于是便有了《云岩“黔灵文化周”整合传播策划书》的问世。

黔灵山公园是一座综合性的游览公园，位于贵阳市老城区西北角，现在已成为新老城区环绕的中心。这座公园因素有“黔南第一山”之称的黔灵山而得名。公园幽静的山谷里清泉怪石随处可见，成群的灵猴和鸟类在此栖息，园内峰峦叠翠，古木参天，林木葱茏，古洞清涧，深谷幽潭，景致清远，山上还保存有第四纪冰川期遗迹。黔灵公山园不仅是国内著名风景区，而且地质构造复杂，植物种类繁多，是教学实习的良好基地。黔灵山公园是国家AAAA级旅游区，公园南接枣山路，东近八鸽岩路，东北有市北路，北至关刀岩、小关水库，西连长坡岭林场、七冲岭、三桥村及圣泉，在它身旁有三条快速公路将云岩区与贵阳市观山湖新区相连接，使它成为新老贵阳的心肺地带。黔灵公山园面积426公顷，是国内为数不多的大型综合性城市公园之一。

黔灵山公园独特的地理优势，并没有在文化建设中得到充分利用，实在可惜。看到各种晨练的队伍热火朝天地开展活动，策划人产生了要利用黔灵山公园的优势，开展有利于民众文化发展、健康民生的活动，促成晨练的交流普及和提高，也为云岩区找到一个可以常年举办活动的“节日”。

[引例审视]

1. 引例讲述的是一篇关于县区级行政单位开展一举多得的公益活动的策划案背后的故事。

2. “身边事”随时发生。学生在校求学，也可以随时抓住“身边事”学习做策划。在未接触企业和市场以前，可以做公益活动的策划。

3. 活跃在大学的学生社团组织，经常开展各种公益活动，学生要充分利用学校的资源，主动学习写作策划书，如果能得到社团、学生会、团委、校方的支持，实施策划，这将是最有意义的学习。

8.1 在身边事中做策划

于无声处可以听见响雷，响雷就在身边，应该听得见。策划人要为群众性文化体育事业、民生事业主动献计献策。

策划案例 8-1 是笔者接受乌当区新场镇保寨村村民的邀请，多次进入村里，与农民深入交谈，写出的策划案。这份策划案正在实施，且已初现效果。

策划案例 8-1 乌当区新场镇保寨村创建美丽乡村“神农百花寨”创意方案

前 言

在大众创业、万众创新的形势下，在乌当区新场镇保寨村党支部和村委会的组织领导下，热心于改变目前状况的村民们，因地制宜（已建成油用牡丹种植基地 80 亩，郎寨、可龙村民组已有杜鹃花观赏区）建设新农村，开创新的发展思路，创造新的增长模式，实现新的农业创业项目。

乌当区新场镇保寨村从传统农业向现代农业转变，创意点有三个：一是原生态发展，不改变原有村落地形地貌；二是创新产业，想新办法，寻新思路，与众不同；三是村民是公司股东，又是经营者，是乌当区新场镇保寨村“神农百花寨旅游发展有限公司”的原始创业者。

保寨村“神农百花寨”创意方案，定位为创建美丽乡村，开发花卉养生保健项目，以旅游发展建设贵阳市的后花园，打造贵阳市生态养老及市民的“周末花园”。

一、提升村民意识

“人心齐，泰山移”，为致富，村民们自发修路；为创新，邀请外力相助。为提高保寨村的知名度和美誉度，保寨村邀请贵阳驴友协会 300 多驴友驾驶 60 多台汽车进村联欢。这种公关意识，值得钦佩。

（一）经过村党支部和村委会的组织发动，将原来为数不多有“建设‘美丽乡村’愿望”的热心村民队伍扩充到 7 个村民组的每户农家，在统一的部署下，大家相向而行，成立“神农百花寨旅游发展有限公司”。

（二）在建设“神农百花寨”项目中，每户村民都有自家的发展方向（从百花中选择哪一种花卉，有几间房可以用于接待游客等），每个村民组有自己的规划，每个成年村民有自己的角色定位，使保寨村除农田和坡土以外的土地“一年四季百花开，千年乡土换新颜”，打造“一朝百花开保寨，八方游客蜂拥来”的愿景。

（三）每位村民、每户农家都有“我为建设‘神农百花寨’作贡献”的计划，如家庭和谐，居所文明，当好东道主，迎接游客（财神）来。

为实现保寨村新的目标，要启发乡民重新拟订乡规民约。为建成美丽乡村，让多彩贵州更加精彩，把新场保寨建成名副其实的“贵阳市的后花园”，每户农家都要出谋划策，出工出力。

（四）村委会对村民的文化水平、特长、能力、社交关系作出详细调查，输入计算机，发挥每位成年村民的聪明才智，人尽其才。

“神农百花寨”项目不可能一蹴而就，把希望寄托在年轻人身上，以项目吸引外出打工者回乡创业，有计划地尽早让他们进入未来角色。

二、深度开掘资源

保寨村是“藏在深闺人未识”的“美女”，拥有大自然造就的多种奇观和祖祖辈辈几千年辛勤耕耘留下的人文景点，只需稍加整理，其美丽容颜就会让世人叹为观止（图 8-1 是保寨村下寨组村民周厚贵手绘的“保寨村旅游规划示意图”）。

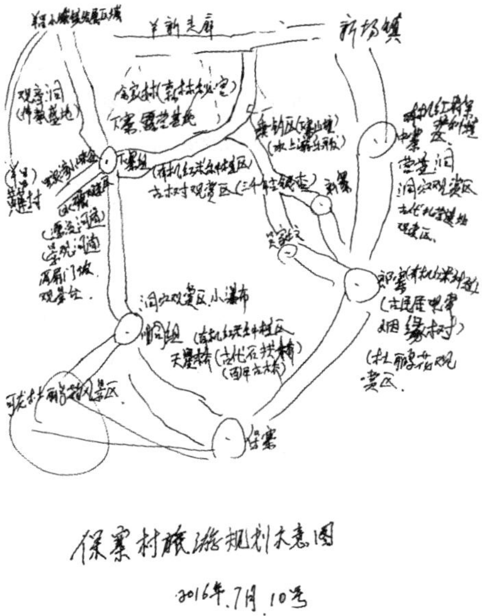

图 8-1　保寨村旅游规划示意图手绘稿

以下这些“产品”都是深度开掘“神农百花寨”美丽乡村旅游资源的基础。

这些“产品”只有在做好“神农百花寨”项目后，才会产生效益。

(一) 神农“银杏王”大树。

在保寨村下寨组靠近神农山的民居旁，矗立着一棵树龄约四千年的号称“神农银杏王”的大树。树冠伸出五六十米，树高四十多米，树底围需七个成年人手牵手才能抱住，地下的根窜出八九十米。它早就是被省、市、区环保林业部门登记上册的古树。

传说当年神农氏尝百草，来到现为保寨的这个无名之地，有意或无意掉了一颗白果（银杏），虽然现在无可考证，但确确实实白果种入地长出了幼苗，历经几千年沧桑，长成现在既老态龙钟又青春焕发的模样。几千年的古树依然郁郁葱葱，每到春夏，长出的新枝条，长度可达三四十厘米。“神农银杏王”最茂盛的巨大支干长向东北方，那是怀念神农先祖的象征。

“神农银杏王”所在的村子，后人取名为“保寨”，意为后人要世代保住神农留下的根苗。

这棵几千年的奇树，给后人留下了许多的传说。

传说一：在距保寨不远，位于山那头、溪水下游的布依族黄连村，也有一棵银杏树，树龄逊于保寨“神农银杏王”。历来两村村民将这两株雌雄银杏树比作夫妻树。雌银杏的身旁留下了它们的子女——七八棵银杏，印证了在保寨“神农银杏王”的时代，这里还是母系社会——子女认母不知父。两树近旁各有一眼水井，地下冒水，终年不断。黄连村银杏雌性树每年结籽，井水水量大于保寨的“神农银杏王”，两村村民说，是大地母亲要供给黄连村银杏雌性树更多营养。传说二：一年，开阳发生流行病。当地医家无计可施，病家到处寻医问药。这一天来了个高大壮实的游方郎中，他自称来自贵筑县可龙堡苗窝寨（今乌当新场保寨）的白姓医药世家。听说开阳县发生瘟疫，赶来救人。经过白郎中的诊断和下药——几颗烧成焦炭的白果大小的药丸，捣碎后温水吞服，几天后，病人们的症状都消失了。白郎中离开了开阳。事后没多久，有开阳人到保寨来特意感谢白郎中，问遍了保寨家家户户，没有姓白的人家。保寨的老人忽然想到，是“神农银杏王”显灵了吧。

传说三：在封建社会，金榜题名乃人生一大幸事。“神农银杏王”兴之所至，也进京赶考。这位自称姓白的举人，来自西南边远山村，身材魁梧，相貌端庄，应考时面对试题，提笔成章，一挥而就。发榜时高中了进士。官府派人敲锣打鼓将大喜皇榜送到保寨村，结果找不到白姓人家。村老带着官府送榜人将皇榜放到“神农银杏王”前，点燃香烛，焚香叩头，叩毕抬头，那皇榜飞起上树，消失在茂密的银杏叶中。人们知道，是“神农银杏王”收纳了皇榜，秋冬的一身金黄是皇榜再现。

传说四：保寨村内的“神农银杏王”，在几千年的生长发育中，也有新陈代谢，每年春天，春风吹拂，春雨润物，春光催苗，扇形绿叶不几天便挂满枝头。

秋天以后，“神农银杏王”还给人间和大地一片片金黄，把保寨村点缀得灿烂辉煌。几千年的古树，免不了要掉下些枯枝败条，村里的老人们会虔诚地收集起来，埋在“神农银杏王”的身边。有一次，外村嫁入保寨的媳妇，不知“神农银杏王”之“神”，拾到几枝枯条，带回家当柴火塞进灶膛。事后，这位好端端的年轻人突然肚子痛起来，能用的药都用了，能用的治疗方法也都用了。家里老太太看到灶门前还有没烧的银杏枝条，她一下明白了。赶紧收拾余下的枝条，带上媳妇，到“神农银杏王”前摆上香案，带领媳妇叩头。事也凑巧，年轻人的肚子不痛了。

保护“神农银杏王”的传统，就这样一代一代传下来。

一棵古树，留下许多传说，能给游客们带来许多美好的遐想。

（二）川洞组的洞穴。

川洞组的洞穴有上下双层溶洞，下洞河面能让三张挞斗①并行，洞口落差形成瀑布。还有年代久远的古代石拱桥和百年古桥。

（三）中寨组的营盘洞。

中寨组的营盘洞观赏区记录了战火中留下来的保寨风光。

（四）郎寨的姻缘树、古民居和已形成的杜鹃花观赏区。

（五）下寨组现保留着古代水车水碾，这里的河道可供观光，有“两扇门”观景台，还有供漂流的河道。

（六）离羊昌小城镇发展区域咫尺之地有保寨观音洞佛教圣地，已在洞中设置了彩灯，使洞中的钟乳石更加玲珑剔透。

（七）下寨山塘可以垂钓，上游可开发水上游乐园。

（八）下寨有可供驴友露营的基地，已多次接待贵阳黔林驴友协会组织的三四百位驴友。观音洞对面坡上的余家林有迷人的森林密宫。

（九）吴家坟组已种植 20 亩油用牡丹园，这种多年生花卉，既有观赏性，还可加工产出名贵的牡丹花油。

（十）在川洞、下寨、中寨、郎寨等地，村民多年来种植营养价值较高的有机红米。

（十一）下寨组在六七月两次邀请黔林驴友协会三四百名会员到保寨开展露营旅游和与村民联欢的歌舞晚会活动。

历史的沧桑留在保寨土地上的印迹，将在新开发的“神农百花寨”项目中再现它们的光辉，对建设美丽乡村的渴望，将让过去的岁月痕迹重现它们的风貌。

三、运用周边机会

在距保寨村几公里的周边，已经建成和在建的旅游观光项目和高科技游乐项目，与“神农百花寨”项目都能相互支持、相互补充。

---

① 收割加工稻谷、麦子的工具。

（一）贵阳国家农业科技园区（羊昌）：在园区做指示路标：通往神农百花寨：赏百花景→吃有机红米百花宴→洗百花浴。

（二）贵州（乌当）农村电商产业园。

（三）中国农业嘉年华服务联盟。

（四）贵州台易农业科技发展有限公司。

（五）知识青年下乡大食堂及知青博物馆。

（六）在羊昌镇和贵州科技奇幻主题馆（羊昌镇）园区做指示路标：通往神农百花寨：赏百花景→吃有机红米百花宴→洗百花浴。

（七）由保寨村村民穿上有统一标识的衣服到上述几地的停车场、饭店，散发介绍“神农百花寨：赏百花景→吃有机红米百花宴→洗百花浴”的折页传单，回答游客的提问。

（八）现在保寨村内的蟾蜍养殖、特种猪养殖、上万株刺梨种植，都纳入“神农百花寨”项目，或作为旅游观光项目进入游客的游览行程。

（九）保寨村距北面的国家旅游村黄连村仅五六公里。两地的银杏树树龄接近，早些年就对雌雄两树有许多传说。

在做好“神农百花寨”项目后，这些周边资源的价值才会得到体现。

留在“神农百花寨”治疗、洗浴的游客，除可安排他们观赏本村“神农银杏王”“神农双层溶洞”“神农穿洞”等景点以外，还可安排他们乘专车前往国家农业科技园区、知识青年博物馆参观，到羊昌奇幻主题科技馆体验游玩，到黄连村看望“神农银杏王”的“妻树”。

四、争取政府支持

机会只给有准备的人，成就只会在勤奋者手中实现。在大众创业、万众创新的利好形势下，保寨人不会坐等，要争取各级领导的支持与帮助。

（一）向乌当区委、区政府、人大、政协和新场镇了解相关的帮扶政策，做好方案报领导机关审核批准，获得支持。

（二）向在建项目的负责人咨询申请新项目的程序和方案准备。

（三）主动向新场镇领导汇报，争取得到他们的全力支持。

（四）向贵阳农业发展银行（或其他银行）汇报项目情况，争取获得政策允许的贷款。做好“神农百花寨”项目的方案，争取“上会”进入区镇的发展规划，得到各级领导的支持与帮助。

五、发展思路策划

以“神农百花寨”项目为出发点，在科学的实施中，将策划变成现实。

（一）挂牌新建“神农百花寨”，成立“神农百花寨旅游发展有限公司”，申报“神农百花寨”知识产权和专利。

（二）营销流程：培训村民种植特色花卉→村民选中百花中的一两种，精心种植→游客到保寨接待中心登记→根据游客需求，分到不同小组赏玩百花→游客到农家品有机红米百花宴→住在农家洗百花浴（3~5天为一个疗程）→泡百花足→夜晚住百花寨→白天游玩保寨景点和周边的景区及奇幻科技馆等→离开时购百花盆景、购百花成药、买百花寨纪念品（既有实用价值又有纪念意义、价廉物美的生活日用品）。

（三）营销模式：成立股份制公司，统一管理，统一服务标准（餐饮质量、住宿卫生、洗浴配方），统一收费。接待中心依据游客需求，将游客介绍到相应村民组的农家，农家承担游客赏花、食花、洗花等服务。农家开具内部结算单，游客到接待中心交费。接待中心月末与各村民家分账。各村民组、各户农家形成良性竞争，促进“神农百花寨”整体和谐发展。

在“神农百花寨”接待中心，设置区域销售鲜花盆景，洗浴配伍干花，神农百花寨自产的有机红米（抽真空每袋 1 斤装），既有实用价值又有纪念意义、价廉物美的生活日用品（具体内容待定，方案撰稿人已有成熟项目可“拿来使用”），代售花卉种植、食用、药用方面的书籍，洗浴用品等。

（四）线上线下营销推广。

1. 搭上区、镇网络平台、大数据平台，将“神农百花寨”项目渐次推出。

2. 保寨村建网站，直接宣传项目，争取更多人关注保寨。

3. 与驴友会联系，深度沟通，再次组织小规模活动，通报“神农百花寨”项目情况，获取有识之士的关注，邀请他们为保寨村献计献策、出资参与建设。

4. 培养保寨村自己的营销队伍，在假期将本村的大学生、高中生、中专生集中起来，学习营销、传播、花卉、养生等专业知识。

（五）在保寨村设立“花卉协会”“花卉研究中心”“花卉艺术创作中心”“花卉摄影、绘画中心”等民间组织，为省内外对花卉繁殖、扎花技艺、花卉摄影、花卉绘画感兴趣的各界人士提供学习和创作的各种条件。

六、开展多种经营

“神农百花寨旅游发展有限公司”开展多种经营，一村一户一种花，百花后面百业兴。

比如，有花就能养蜂，产蜂蜜、蜂王浆、蜂胶、蜂花粉、蜂巢；用红米酿酒，加百花根泡成药酒；花卉制药；花卉作画；出售盆栽花卉、花卉种子……花卉浴养生治病等。

（一）养殖蜂群，酿神农百花中药蜜。养殖蜂群，酿百花蜜；做好蜂产品的采集、加工，建成制作蜂胶、蜂王浆、蜂花粉的工厂。

（二）酿制神农百花药酒。选择酒品优良的基酒，经过中药配伍，浸泡出几类对常见病、多发病有显著疗效的神农百花药酒，经过精心策划和推广，一定能打开市场，赢得一定的市场份额。

（三）保寨村开办或与邻村共同开办中药加工厂。建成加工百花药物的片、酊、粉、针剂的工厂。开办萃取“牡丹花油”的工厂。延展花卉的精细加工，提高花卉的附加价值。

（四）创新神农百花茶。为新场乡达古茶提供百花配伍。经过炮制的药用花蕾、花瓣、叶，和达古茶一起泡水，产生更优的组合。广东凉茶王老吉能做到这么大的规模，公关、广告功不可没，其自身的效果就是研制出来的茶+中药配伍产生的效果。

（五）销售中药花卉。出售大批量有观赏价值、能进入家庭栽种的百花药物植株；把中药花卉出售给房地产开发企业作为观赏性林木。

（六）形成鸟语花香百花寨。在百花寨各处引进、养育鸟类，使百花寨鸟语花香。

（七）设立“百花药物博物馆”（在村民的宽房大屋中设置展柜、展品、展图），从《本草纲目》中选出百种药物，系统地介绍其药用价值、疗效、炙法、适用病症等。

（八）与有关单位研制百花养颜商品，如面霜、防晒霜、洗手液、洗发液等（针对其不同的保健、养颜作用，按处方将百花养颜商品装入精美的瓶中），配置介绍百花养颜商品的光碟。

（九）吸引对种植花卉有兴趣的人士，到保寨一试身手，增加观赏感染力。

（十）在保寨村建立物流网，为购买花卉及副产品的游客开展物流服务。

（十一）接待中心留下游客信息，抓住机会与他们沟通（微信、短信、电话）：1. 生日问候；2. 报告百花寨最新花卉信息；3. 在游客到百花寨旅游后的3个月、6个月、9个月、1年等时间点，与游客沟通（新引进或原花卉正在盛开），请他们再次光临。

先有“神农百花寨”项目，才会派生出多种经营的思路和具体的操作。

七、对外宣传

航拍，设计效果图，为省钱，不必进行。

但设计“神农百花寨”标识（徽章）是必须要做的，也是当务之急，方案撰稿人已经委托设计人员构思、设计。对外宣传，尽量少花钱做广告，多举办公益活动做公关。

（一）每年举办两次（春秋各一次）花卉摄影大赛，吸引专业摄影师和业余摄影爱好者参与。他们的作品参加展览、被报刊登载、在网上发布，都是宣传保寨的“神农百花寨”。

（二）每季度举办一次时令花卉展。做公益，不收门票，在媒体上发布信息，引起社会的广泛关注，到保寨“神农百花寨”来的游客就是保寨的义务宣传员。

（三）每年举行一次“笔会”（7月），在“写作比赛”收稿（8月）后，请评委点评作品，传播赏花文化。同时可以为多种刊物、报纸组织稿源。

（四）每年在记者节（11月8日）这天，请记者到“神农百花寨”免费赏花、食花、洗花，赠送可以放置案头的袖珍盆景。请记者体验后，主动宣传保寨的“神农百花寨”。

（五）每年重阳节，由贵阳市总工会、市妇联各推荐10户模范夫妻到“神农百花寨”赏花、食花、洗花，作深入的宣传和公共关系传播。

（六）在相应路口设置导示牌。在乌当其他乡镇旅游景区和停车场设置宣传“神农百花寨”的宣传栏（用资源互换方式，减少费用的投入）。

（七）向贵阳市、贵州省知识产权局申请“神农百花寨”知识产权保护，申请专利，避免被模仿和盗用。当新场镇保寨村“神农百花寨”经营经验成熟后，在别的地区再建几个“神农百花寨”。

（八）每年正月初五（神农生日）举办一次“神农百草花卉养生论坛”，面向区、市、省的百草花卉养生专家（花卉种植、中医药界、营养学界、餐饮业界的专家、教授、学者），逐渐从西南地区走向全国，走向世界。人数从30人、50人，增加到100人或以上。

八、硬件设施的落实

（一）村口设置四米高的“神农”玻璃钢雕塑。接待中心及村民家有“神农尝百草”挂图。

（二）进出“神农百花寨”的公路要建成两车道以上，通往村民小组和农户家的车道安全、畅通无阻。

（三）待有条件后购置接送游客到村民小组和农户家的小型面包车。采取投资者统一核算、自主经营方式。

（四）建立有“神农百花寨”风格的接待中心，就近建设能容纳80辆左右大小车辆的停车场。

（五）每户农家修理住房，达到能接待游客的要求。安全、卫生、方便，窗明几净。添置浸泡鲜花洗浴的木桶、洗脚的木盆。堂屋设置花卉展台，墙上张贴介绍花卉药用、食用功效的彩图。

（六）直接为游客服务的家庭成员，统一着装。

（七）农户卫生间改造为水冲厕所，有条件的设坐式马桶。屋内照明达标，农户居家与安置游客的房间既有区别，又同在一个屋檐下，让游客有宾至如归的感觉。

九、融资

“神农百花寨”项目需要资金的支持。融资模式走“众筹”之路。“神农百花寨”注册成功后，吸收内部（村民以实物和货币入股）、外部货币入股。

（一）明确项目方向，充分运用政策，获得政府拨款。

（二）成立相应组织，动员村民参与，户户都为股东。

（四）撰写项目方案，上报镇区获批，申请银行贷款。

（五）花为媒、农为主，细化实施内容，吸引投资。

（六）成立经营公司，逐步扩大生产，筹集社会资金。

具体操作方式，正在策划之中。

十、组织管理

任何事业的成功，都必须有组织、有领导。“神农百花寨”项目也是如此。

（一）诚恳聘请区、镇领导、社会贤达成立“神农百花寨”建设公益顾问小组，协调各种关系，帮助、指导建设“神农百花寨”。

（二）在保寨村党支部和村委会领导下，成立“神农百花寨”建设领导小组。下设办公室、策划组、执行组、后勤组。各室、组制定议事、办事规则，明确分工合作。

（三）各村民组相应设立领导小组办事机构的办事人员。

（四）在领导小组布置工作任务后，由村民小组交替检查落实情况。

（五）完成任务较好的村民组，可以获得更多的支持。

（六）在建设“神农百花寨”过程中涌现的人才，将进入“神农百花寨旅游发展有限公司”工作。

附件略。

在阅读完这篇为仅有几百户、千余人的小山村写的策划书后，请思考以下几个问题：

1. 写作本是寻常事，处处留心学策划，是不是很简单？

2. 做生活、工作的有心人，能抓住身边事，做出策划案，是不是很简单？

从上面这篇策划书可以看出其生产过程：事件引发策划动机——调查搜集资料——策划人向公司递交“活动计划书”和“策划书大纲”，摆正公司在活动中的位置——统一公司内部的各种意见——向寻找到的策划主交出策划书。

8.2 做“下水策划”学得快

8.2.1 教师要教“下水作文”

在城里的游泳馆交学费学游泳，教练先向学习者讲解人漂浮在水上、用手划水、用腿蹬水可以在水中前进的道理。要求学习者跳入水中时，基本上个个畏惧，不赶是不愿入水的。

教练换了方法，自己在水中先讲解人体怎么漂浮在水上，并做给大家看，再讲用手划水、用腿蹬水可以使人在水中游起来，也做给大家看，边讲边做，再让一位助手听口令，给学习者做示范。这种下水教练的教学效果应该是很好的。

我们要求教写作的教师做“下水作文”，就是要求教师在写作实践中做示范，不能只在“岸上教游泳”，要在实际写作中做示范性教学。

教学生写作策划书，教师要为学生做示范，用实际操作的策划书带领学生学习，教师在干中讲道理，学生在干中学理论。

8.2.2 学生要做“下水策划”

本书有关策划书写作的实操作业共有十项内容，每一项内容就是学习写策划书的一个步骤，按部就班地认真做下来，就能体会“策划的过程”“策划的要素”“策划策略”等的难处，写出自认为满意的策划。在做策划、写策划书的过程中，被不懂策划的策划主批评、否定，甚而挖苦、奚落，即使听了心里感到难以接受，还得静下心来，按写作要求改写、修正、补充，继续加工，一稿、二稿、三稿，直至可以最终完稿前，策划人的心还是悬着的，只有策划案被批准进行实际操作了，快速跳动的心脏——应该是绷得很紧的大脑的弦，才能放松一下。

有责任心的策划人，揣着“三分策划，七分执行”的态度，不停地关注交出去的策划书，到设计师电脑前看自己的创意被设计师怎样表现出来，到现场察看执行情况，听取有关人员的意见，想一想还需补充什么，修改什么，删去什么……

我们在本书的姊妹篇《策划书精选案例解读》中，选进了几篇初学者写作策划书的原稿，对稿不对人，进行毫不客气的批评、斧正，“要让小树成材，不惜向它砍上几刀”。

学习策划者要在完成任务中学习真功夫。

策划案例 8-2　　一位优秀策划人的成长故事

有一位读大学英语专业的学生，学有余力，经常到书店看书，还有抄书的好习惯。他偶然间翻看到策划类书籍，越看越感兴趣，几个月的课余看书抄书，笔记本已经用了好几本。有一天它发现《企业实用广告文体写作》这本书的作者就是他所在大学的教师，他按图索骥，找到了这位教师，不断地向老师请教。一来二去，两人成了忘年交。

要进入实习了，学生想找一家单位做策划。正好市电视台招人，要求应聘者交一份策划书做“投名状”。虽然看了许多书，记下了几本读书笔记，但是他还没有写过策划书，他想请这位教师指导自己写一份策划书。

这天下午他俩都有空，在教师的办公室，这位教师边讲、边写，用两个小时，拟写出了一份后来被省电视台广告部主任和策划总监都看好的策划书。

这位学生从此以后以策划为工作的求职方向，到昆明的大型广告公司做策划，后来做了自由策划人，开办广告策划公司，至 2014 年已是身价几千万的两家公司的董事长、省级多个大项目的合伙人。

8.2.3　策划书写作来自“下水策划”

要写作策划书，一定得动脑动手“写作”。只有下到水里才能学会游泳，只有做“下水策划”，才能学好策划。

按策划的程序，步步深入，才有可能写出受策划主欢迎的策划书。

1. 调查，获得策划权

要获得策划权，就必须先掌握有关策划主的所有资料，要在策划时得心应手地使用这些资料，就必须做好策划前的调查工作。

对于策划主提供的数据资料，不可全信。策划人有权提出质疑，最好是站在客观的立场，重新去搜集要作为策划依据的重要资料。

策划人在进行文化活动策划、商务主题策划、媒体策划、时机和区域策划等活动前，一定要进行周密的调查。这种调查不同于一般写作前的调查，而是针对性、功利性、策略性更强的调查。

调查的内容几乎包括了从生产者到受众-顾客-消费者的商品转换的全过程，凡是与商务经营活动有关的市场营销因素以及其他一切环境因素等，都应列在策划调查的范围之内。一般来讲，策划人要针对以下内容来进行调查：

（1）环境调查。对策划所处总体环境的调查，涉及整个社会的政治、经济、技术、社会文化、自然、竞争环境等各个方面。

（2）市场调查。与策划活动密切相关的市场营销组合因素的调查和企业微观环境的调查，包括调查市场需求规模的大小、需求变化趋势与销售变化趋势，以及各分割市场的市场潜量与销售潜量，调查竞争企业在市场上的数目、地位、性质、市场占有率，以及在产品、价格、销售渠道、销售促进等方面的策略运用，调查本企业的市场营销情况，如历年的市场销量、市场占有率、市场营销组合策略的运用等。

（3）受众-顾客-消费者调查。了解受众-顾客-消费者的需求、动机、购买习惯与消费习惯，以及与此相适应的受众-顾客-消费者的年龄、性别、文化程度、宗教信仰等情况，综合分析出消费者为什么购买、购买什么、由谁购买、在什么时候购买、在什么地点购买、购买频率如何，以及购买后由谁使用，使用后的评价如何等，进一步分析出消费构成、消费倾向及其变化规律。

（4）产品调查。了解产品内外与其性能和作用等有关的情况，分析出该产品是不是受众-顾客-消费者所需要的商品，是不是受众-顾客-消费者心目中同类商品中的最佳商品或有其他独特作用的商品，能否为产品开发出新的用途和新的市场等。

（5）媒体调查。对传播信息所需媒体性能所做的调查，如对报刊的销售份数、读者层、阅读率、发行频率的调查，对广播电视的传播区域、视听率、视听的人群有哪些层面的调查等。通过大量的媒体调查，帮助策划主以最适当的媒体、最少的费用来传播广告策划信息，更好地满足受众-顾客-消费者的需求，并取得最大的经济效益。

（6）广告信息调查。广告的文字、图画、音乐、表演等的信息内容对接收者作用程度的调查，如对广告创意的注意率、认知率、理解度、购买意向度以及记忆率与品牌印象等的调查。

（7）策划效果调查。对某一产品所开展的广告活动的全部效果的调查。在策划书中要拟制出包括传播效果、社会效果、经济效益的调查方案和预测的大体结果。

策划人开展以上内容的策划调查，必须遵循一定的业务程序，常见的一般程序是：

①确定策划调查目的；

②确定策划调查计划；

③实施策划调查方案，主要包括确定收集资料的来源，确定资料的收集方式和方法，设计问卷和调查表格等；

④作出调查结论，写出报告。

2. 动脑，把握策划关键

策划是高度用脑的工作，不能掉以轻心。初学者，要百倍努力，策划高手要创新业绩，也要加倍努力做出更漂亮的策划书。

（1）调整策划的心态。

“公司的策划就全靠你了。”策划伊始就受到这样的拜托，这个策划八成要失败。

一个公司的管理者把事关公司命运的压力全放在策划者一人的身上，期望值过高的话，策划将失去其本来的意义。实际上，显著效益的获得未必都孕育于切切的期望之中。策划成功的关键，是对于全局和具体细节的掌握，商品营销的策划也类似于此，切忌以小的得失作为是否成功的标准。

有的人在把策划书落到纸面上时，需要充分的时间进行仔细的整理。他们在策划书形成过程中，就想着“写出来让别人看看吧”，于是把自己并不成熟的想法，用心地工工整整地誊写（这里是用过去大家熟悉的表现方式，现如今，哪个策划人会用笔在纸上誊写策划书呢?）在笔记本上。

这样做，诚然使别人看起来方便了，但却表现出策划者对自己缺乏自信，对构思的内容和形式把握不准的心态。与其花很多时间在表现形式上，不如用心思考，使策划的内容更有创意。

一个好的策划从落到纸面上开始，就已经显露出其优秀的端倪。真正优秀的策划，即使是涂得乱七八糟，其内在的魅力也是显而易见的。反过来讲，花许多时间工工整整地誊写，实际上与策划本身成功与否并没有什么必然的关系。

（2）严肃认真做策划。

做策划，从一开始，就要以敬畏事业、对策划主极端负责任的态度，做好每一件事：作出详细、周密的调查，获得准确的情况，用脑分析、综合、比较，帮助策划主找出所企盼的准确目标，确定策划的对象，明确要向对象说什么和怎么说，在什么时间和地点对他们说，要用什么媒体说，要用多少费用才能达到策划目标的要求，对执行策划后会产生什么结果提出有预见性的意见，最好能把预计效果所用的数学公式也一并考虑出来。

所以，当我们书写策划的构思时，可以用若干张纸，每一张先写一个内容，然后用发散思维，写出能想到的思维导图。

（3）每个策划分三种情况写方案。

所谓策划，绝不是空穴来风的推测，而是根据事实产生的预测，并制定出对这一预测的结果所采取的对策。

当遇到“一定会成功”这种毫无根据的策划时，我们应该在担心之余对这个策划可能产生的结果进行预测，制定出相应的风险对策，至少应当考虑出在三种情况下应采取的对策。这三种情况分别是：

其一，停留在感性认识阶段的原始情况；

其二，在现实生活中所取得的成果；

其三，有可能出现的后果。

如果对这三种情况的结果都有了相对应的措施，那这个策划才可以说是真正有了一定的价值。比如，策划一个新产品的发布活动，在感性认识阶段，我们应当对与会者的人数有一个推测，以决定发布会的规模。我们应当考虑的是在只来 200 人，最多 260 人的情况下应该采取什么样的措施，同时也要考虑到如果来了 400 人，我们应该采取何种对策，如果只来了 100 人，我们又该怎么办。这样，当真正开会的时候无论来了多少人，我们都将有办法来应付。

也就是说，策划有主体方案，还要有预防突发情况的预案。

3. 开展反策划构思

在完成策划书之时，组织一支“蓝军”，让“蓝军”小组开展反策划构思，对准备交给策划主的策划书提出质疑，让策划人将一个个问号拉直变为感叹号。有了这种策划中的策划，稳操胜券的把握会更大。

8.3 每临大事沉稳策划

掌握了一定的策划技能，面对不同的策划主的任务，策划人自有创意的“一定之规”，总能实现策划主的“千种要求”。

8.3.1 策划的四大技术

1. 运用策划的广角技术

问题出现时，总有深度和广度两种维度，寻找解决的措施要按照一定的思维方式进行，但人们往往陷入它的深度之中，而忽略了其他的思考途径，也就是说忽视了解决问题的广度。广角技术要求策划者不仅考虑到问题的深度，还要重视问题的广度。这是一种改变思维角度的基本方法，根据这种方法，打开思路，“山重水复疑无路”会变成“柳暗花明又一村”。

具体操作时，它要求实施头脑风暴法，主持人在适当的时候更换一个角度，组织展开讨论新的问题，寻求新的解决办法。

知识链接 8-1 **广角技术的运用**

从下述“邻居的鸡”这个问题的解决，我们就可以了解到如何运用策划的广角技术。

甲先生很喜欢在自家的小花园种些蔬菜，而他的邻居乙先生喜欢养鸡。乙先生从来不关心这些鸡，总是让这些鸡随便乱跑，这些鸡总是跑到甲先生的花园里解决“伙食”问题，而且事情一直没有改变。甲先生只能自己安了些栅栏以防止鸡的入侵，但是鸡仍旧飞到他家的花园吃他种的菜。甲先生终于按捺不住怒火，他决定采取一些激进的措施以解决鸡的问题。

假如您是甲先生，您会怎么办呢？

对于提出的问题，我们可以按广角技术的要求提出各种不同的解决问题的方法，然后在各方法的基础上，利用头脑风暴法来收集信息。为此，我们制定了三个原则：防止鸡飞到菜地里去；让鸡有来无回；让养鸡者不养鸡。

——怎样防止鸡飞到菜地里去？

加高栅栏、封顶、剪断鸡翅膀上的羽毛、将鸡翅膀的羽毛粘上胶、在鸡脚上绑重物、从市场买菜扔到菜地里去、养一只狗来看管菜地……

——怎样让鸡有来无回？

杀鸡、菜田喷药、养一群黄鼠狼、设陷阱、通电网……

——怎样使养鸡者不养鸡？

宣传城市不准养鸡的政策、武力教训、与乙交朋友推心置腹地谈谈、养猫吃养鸡者家里的东西、搬迁……

这样思考就有了在较短时间收集各方面信息的路子，从不同角度寻找解决问题的办法，既考虑了深度，又涉及广度。

2. 运用策划的联想技术

联想技术又称为刺激技术，即利用一个数字或一样物品作为刺激物，由此进行联想，创造出一样新的东西。例如，我们要设计一种新的自来水笔，一般的方法是收集不同质地、不同式样的自来水笔，进行比较，由此设计一种新类型的笔；而联想法则不同，它要求我们另辟蹊径，寻找一个独特的出发点。图 8-2 中的信息交合法就是一种联想技术，是帮助产生策划创意的有效方法。

我们可以以花瓶作为参照物，首先对花瓶的不同特点加以表述：有各种不同的颜色，容易破碎的大多数都是玻璃的、瓷的，不同的花瓶用于不同的场合……然后从花瓶的不同特点出发加以思考设计一种新型的笔：自来水笔以花瓶的形状出现，它可以用于不同的场合，红色的可以用于婚礼中，黑色的可以用在葬礼上，并且可以采用透明的质地，使人能看见墨水。这样的一种笔必然是新型的，因为它经过了大胆的设想，产品独特、美观。

设计其他产品时同样可以利用此方法。例如，要设计一个门拉手，我们避开门拉手不谈，从杯子出发，首先收集一个带柄的杯子的特点，如可以盛水、透明、由各种不同材料做成、有不同形状等。从带柄的杯子的特点进行发散性思维，我们设计了这样一种门拉手：该拉手是发光的，可以用做防盗工具，可以移动、折叠等。

在日常生活中，人们也可以利用此法来锻炼自己的创造力，如拿 100 张卡片，

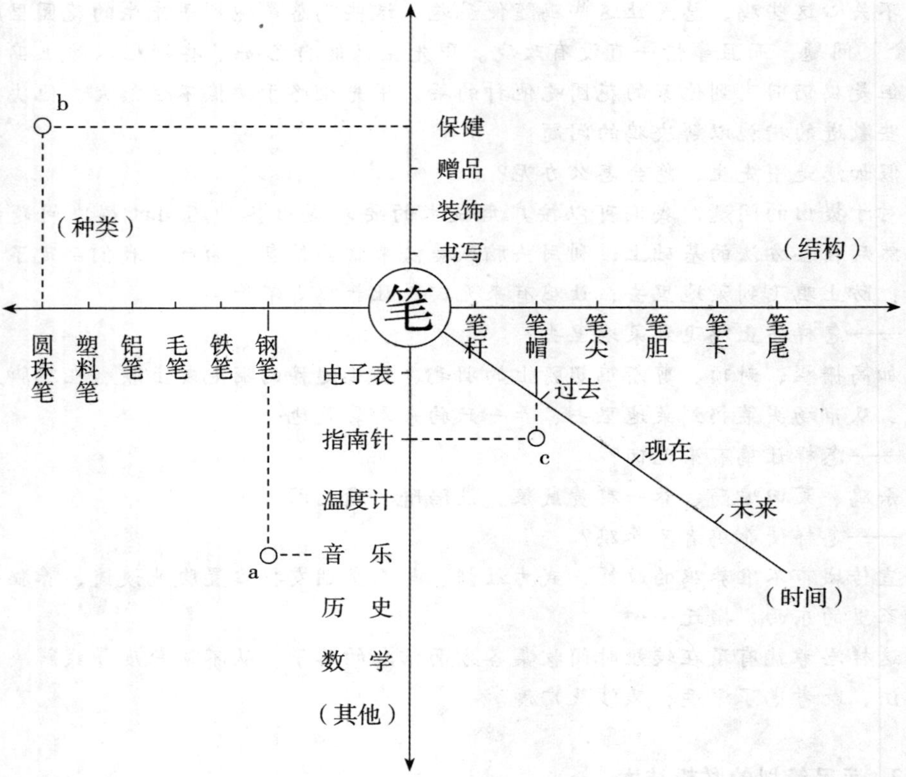

图 8-2 信息交合法

每张片卡上印有一样事物，将卡片随意交叉，取 2 张或 3 张卡片，用这几张卡片设计一个新的产品。如拿到 2 张卡片，一张写有闹钟，另一张写着收录机，由此我们就联想到能否设计出一个带闹钟的收录机，等等。

3. 运用策划创意的逆向技术

逆向技术是创造性技术中常用的方法，也是一种雄辩术，它要求从相反的角度来看待事物，转动一百八十度来提出问题，要求利用反头脑风暴法在小组里进行工作。

比如有一个问题："我们怎样阻止盗窃?"对于这个问题用辩证技术，可分两步走：第一步，从加强防范的角度提出若干办法和措施；第二步，从相反的角度来提出问题，即盗窃者是在我们的哪些薄弱环节得手的，站在盗窃者的角度思考他们是怎样计划和进行盗窃的，再针对每一个提出的有效的盗窃途径寻找对应的解决方式。第一步是常规的思考，第二步是带有创意的"换位思考"。具体内容大致如下：

（1）寻找有关盗窃得手的措施。

①侦察地形，熟悉环境。②确定盗窃对象。③携带作案工具、凶器。④计划方案。⑤熟悉防盗用具的性能。⑥了解"下家"，即销赃渠道。⑦胆大、心细，遇事

不慌。⑧内外勾结。⑨寻找合适的伙伴。⑩消除作案痕迹。

（2）针对上述盗窃者的行为，提出有针对性的解决方式。

①安装铁门，对不法分子、外来人员设立档案系统。②对居民进行教育，提高警惕。③严禁携带凶器，限制外来人员进入。④放“内线”，里应外合，一网打尽。⑤不断更新技术，加上密码系统。⑥杜绝包销渠道，完善商业体系。⑦加重惩罚措施，提高防盗窃人员的素质。⑧加强制度的严密性管理。⑨控制犯罪团伙，从一个缺口着手层层突破。⑩用新技术恢复犯罪痕迹。

用这样的方式，很快就可以摸索出解决盗窃问题的路径。凡事举一反三，对其他的问题都是这样，从正面思考，有时很难解决，这就需要转一个弯，换个相反的角度来想问题，也许就豁然开朗了。

4. 利用策划对象的差异技术

在美国做人体模特，不着装模特要比着装模特的收费低一些。国内恰恰相反，不着装模特要比着装模特收费高一些。

据说，在丹麦，老板绝不可能叫秘书给自己倒茶水或冲咖啡，因为他们认为，给老板倒水不是秘书分内的工作。国内很少有秘书不给老板倒茶水或冲咖啡的，除了老板必须“亲自”办理的事，秘书都可以代劳。

一个德国军官视察下属的连队，看到一个士兵皮鞋未擦，军容不整，非常生气，立即命令连长给士兵擦皮鞋，说完自己也弯下腰为士兵擦另一只皮鞋。在国内，如果基层出了问题，作为上级，也许会把下级狠狠地训一顿，要求限时整改。

除了这些处理问题的差异，各国对色彩、图形的喜好和禁忌也有差别，生活习惯差异更大，做策划得知道这些差异，得“入乡随俗”。如果不了解，就要通过多种方法去了解、去掌握。在国内，面对 13 亿多人口，56 个民族，南北纬度跨出约 50 度，南北相距约 5 500 公里，东西经度跨出 60 多度，东西长约 5 200 公里，时差达 4 个小时，策划者要正视各地差异，才能做出符合国情、省情、乡情的策划。

8.3.2 策划中运用创意思维

1. 策划思维具有明确的即兴特征

即兴创意是锻炼创造力的一种有效手段。创造力可以开始于任何字、词，任何思想念头，任何概念，利用随之而来的一切，让自己的大脑在自由世界里漫游，抓住那一瞬间产生的灵感，把这种灵感的结果用发散性思维往实现策划主的目标方面去考虑，各种策略会在大脑中闪烁出来。策划人加强这方面的训练和应用，是很有用处的，长此以往，必将大大提高策划创造性。

本书第 9 章“引例”中介绍的“得尔感冒新药城乡传播策划”的创意点就是在直觉思维状态下即兴产生的。

以下是一些即兴创造的游戏，要求寻找尽可能多的方法去解决这些问题。

其一，您想打开一瓶酒，但是不能使用开瓶器。

其二，您想削尖一支铅笔，但是没有刀片或卷笔刀。

其三，您想锁上柜子的门，但是锁坏了。

其四，您想打个电话，但是没有钱。

其五，您想点个火，但是既没有打火机又没有火柴。

上述问题很简单，但不能动用一般常用的工具，怎么办呢？你可以根据提出的问题进行即兴创造。

如对第一个问题，我们可以想出这么多的办法：在地上敲、用牙咬、用剪刀剪、将盖头往下塞、用钻头钻、用砂轮磨、两个酒瓶对开、在桌角上敲、用筷子挑、将酒瓶敲碎、激光穿孔……

对第三个问题同样可以有许多办法，如再去买一把新锁、用铁丝绑牢、将锁修好、用纸夹住、用钉子钉、将柜子背走、用磁铁吸、将柜子装入大箱子里、用画报纸装饰柜子、雇人放哨看护柜子、木门换铁门、将柜子有锁的一面靠墙、将房子加锁、用抽屉顶住……

以上的多种答案五花八门，或者是无稽之谈，但这是必要的，可以锻炼思维。“你能想出有多少用途吗”，“写下你知道的用‘Y’开头的英语单词”，“写下你所能写出的所有白色的、软的物质的名字”等，都能让你开动脑筋去想象。

即兴创造除了文字游戏以外，还有图画说明等，用图形、图画来进行创造。

总之，创造性活动的特点是创新，不是重复，创造不是墨守成规，而是推陈出新。在生活中我们要做有心人，利用创造性的技术，消除创造性的障碍，这样才能在企业管理、技术发明、科学发现和艺术创造中更好地发挥人的主观能动性，创造出更多的物质财富和精神财富。

2. 建立各种“创意抽屉”

创意抽屉是将平时看到、听到的有关一种物体的信息集中在一个个抽屉之中，当需要时，随手一拉，便可以使用抽屉中的资料。

比如，说辣椒很辣，就有广告文案的各种描述，有平面广告对辣的多种表现，有电视广告的多个创意，印度甚至用特辣的辣椒制造了辣椒武器，等等。

平时注意积累关于美的创意，丑的创意，快的创意，慢的创意，结实的创意，耐用的创意，省钱的创意，方便的创意，新潮的创意，时尚的创意，多功能的创意等，事先装在抽屉里，需要时可以随手拿来用，就像广告策划大师李奥·贝纳说的：“我另有一个档案袋，鼓鼓胀胀一大包，里面都是值得保留的广告，我已经拥有它达 25 年了。所以，我查阅它们……”

3. 灵感是策划的源泉

根据思维的主动性和独立性，思维可以划分为常规性思维和创造性思维。

(1) 常规性思维。

常规性思维有两种方式：一是模式化思维，碰到问题用以往正常的模式化的思路和方法去解决；另一种是习惯性思维，碰到问题用经验的方式、循规蹈矩的方法去解决。这种思维方式具有一定的惰性，所以也叫作惰性思维，或称思维定式。

（2）创造性思维。

创造性思维是人类思维的高级过程。创造性思维在人类社会的一切领域中都发挥着重要作用，创造或创造活动能提供新的具有社会意义的产物。在创造过程中的思维活动是创造性思维。创造性思维一方面具有常规性思维的特点，另一方面它还在现有资料的基础上，进行想象，加以构思，寻找出一种解决过去未能解决问题的办法。

（3）灵感获得。

在创造性思维过程中，新形象的产生往往带有突然性，不期而至，这就是我们常说的“灵感”。灵感是在持续不断的辛勤思考中，突然出现的一种复杂的心理现象。它是创造性思维能力、创造想象能力和记忆能力巧妙的融合，是人脑在瞬间将各种能力产生联系后生出来的一种新概念、新想法、新路子、新图形，或忽然间出现一个说不清道不明的闪念。

在灵感状态下，人的注意力高度集中，意识极为活跃，联想迅速，想象丰富，分析力、理解力、抽象概括力增强，能敏锐地发现问题，顺利地解决问题。

灵感的获得，关键在于准备灵感的心理条件，并善于捕捉灵感。这就要求我们进行长期的思维活动的准备、兴趣和知识的准备、智力的准备，并要有愉快的情绪状态，勤思考，多动脑，抓住灵感出现的时机，及时捕捉，善于摆脱习惯性思维的束缚。这样才能形成创造性的思维。要知道，灵感是建立在艰苦思维基础上的，长期艰苦的研究和思维准备才能在偶然之中产生必然的结果，周恩来将灵感不期而至总结为“长期积累，偶然得之”，杜甫的“读书破万卷，下笔如有神”，也能说明产生灵感的条件。

4. 相互启发是策划的主要原则

策划的成功，常需要借助集体智慧，而其中必须遵守一些原则。

（1）一定数量，产生质量。讨论策划的与会者有意识注意的应是大量的观点，而不是观点的质量。之所以这样做的理由在于：好观点的寻找和确定，是随数量的增加而增加的，只有在大量的观点的基础上才能选出好的切实的观点，评价必须在以后进行，而不应该在观点刚提出时就给予否定。

（2）只讲统一，不讲对立。不能批评别人的设想，以防阻碍创造性设想的出现。要对每一种批评保持沉默，因为消极的和贬低的批评及反驳都将阻碍头脑风暴法的进行，因为“头脑风暴的风只允许往一个方向刮”。

（3）解放思想，畅所欲言。自由发言，主意越新越怪越好，因为它们一定能够推导出好的观点。

（4）个人智慧，融入集体。不要过分强调个人的成绩，应以小组的整体利益为重，注意和理解其他小组成员的贡献，这样在和谐的环境里，可以激发出更多更好的主意。

(5) 目标清晰，毫不含糊。解决的问题必须是清楚的，没有理解上的差别，并且将问题写在醒目的位置上。

(6) 博采众长，优势互补。小组成员在专业上的分布应该是不均匀的，但文化层次应尽量相当。小组的规模至少在 3～7 人，每个问题的讨论应在 30～45 分钟内。

(7) 主持会议，坚持原则。主持人必须熟悉头脑风暴法，并且通晓它的原则。

(8) 忠实记录，积累资料。把所有设想的大意都记录下来，结果要得到大家的认可。

(9) 先订计划，量力而行。应该找到 50～100 个观点，并且这些观点能有机地相互联系。

(10) 善始善终，劳逸结合。在等待新的发言时，如果 1 分钟以后再也没有人提出新主意、新观点，便可以宣布暂停或结束。

5. 采用创意思维导图是产生策划创意的好办法①

创意思维导图是发散性思维的表达，也是人类思维的自然功能。这是一种非常有用的图形技术，有人说，创意思维导图是打开大脑潜力的万能钥匙。创意思维导图可以应用于生活的各个方面，有助于改进人的学习能力，获得清晰的思维方式，改善人的行为表现。

创意思维导图有四个基本的特征：

(1) 注意的焦点清晰地集中在中央图像上。

(2) 以主题作为分支从中央图像向四周放射。

(3) 分支由一个关键图像或者印在相关线条上的关键词构成，不够重要的话题以分支形式表现出来，附在较高层次的分支上。

(4) 各分支形成一个相互连接的节点结构。

创意思维导图还可以用色彩、图画、代码和多维度来加以修饰，增强效果，以便使其显得更有趣味、更美观、更有特性。这些东西反过来会增强创造力、记忆力，特别是有利于回忆信息。

创意思维导图会显示出你的存储能力，也可以帮助你实现存储效率。有效地存储数据会使你的能力翻倍。它就像是摆放整齐和不整齐的五金仓库之间的差别，或者一座有索引系统的图书馆和一座无索引系统的图书馆之间的差别。

创意思维导图是从线性（一维）思维、横向（二维）思维到发散性或多维思考进程中的一个步骤。

本书作者在教授学生应用创意思维导图做发散思维时，帮助学生学习和实践，学生采用思维导图的方法做课后作业，取得了明显的效果，图 8-3 是两位学生的

---

① 有关内容可参考由英国作者东尼·博赞和巴利·博赞所著、中信出版社 2010 年翻译出版的《思维导图》一书。

思维导图作业。

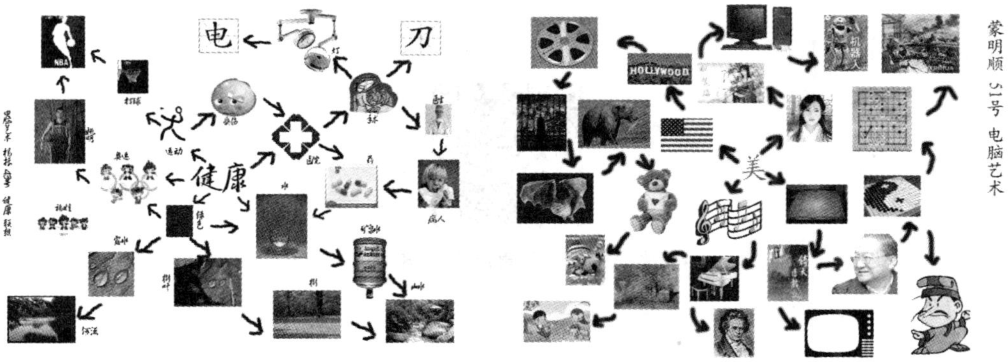

图 8-3　两位学生的思维导图作业

本章小结

策划是运用理论指导实践的非常具体的活动，我们实际上每天都生活在各种各样的策划中。学习策划，要格外关注身边的事，从身边事的策划中走向策划主交给的策划任务。教师要教“下水策划”，学生只有在策划的实践中才能学会策划。策划是高智力的思维活动，要做好策划，得学会用脑，用好各种创意思维的方法。运用策划的四大技术，学会运用多种创意思维，才能成功地进行策划。

思考与练习

1. 你同意做“下水策划”的说法吗？无论同意或不同意，都试着找三条以上理由。

2. 你身边的教师做过什么项目的策划？你试图找校外的策划人员学习策划吗？

3. 策划思维具有的明确的即兴特征是什么？灵感思维与策划有什么关系？

4. 以学习小组或寝室为单位，建立若干有主题的创意抽屉，相互交流补充。

5. 在学习小组内确定一个议题，用头脑风暴法产生 50 个以上的答案。

6. 运用思维导图对“时间”“学校”“家庭”“国家”做三轮发散思维，画出图形或写成文字。

写作实操项目

你的策划书初稿写出来了，如果时间来得及，要默读或朗读两三遍，自己发现问题，自己补充修改，新的思维火花会闪烁出来，赶快记下它们，补充进初稿中。

作为做策划、写策划书的初学者，你已经跨进成功的门槛了。交出初稿后，是成功的喜悦，或是失误的懊恼，面对别人的肯定、表扬，还是否定、批评，这时都不重要了，你自个儿静心地享受你的快乐，体会你的成绩，这才是第一位的。

罗甸奇石营销策划案

第9章

写作策划并不难

学习目标

学习本章，要求用写作的理论与实践、策划的理论与实践指导自己的策划书写作行为，找机会、找项目，做策划、写策划书。从单项策划做起，从短小项目开始，一定要“下水”，到策划书写作的过程中边干边学。

引例

直觉思维出奇效

在《创意学全书》中，作者写道：“许多创意看起来全不费工夫，例如，有时设计师面对顾客的问题，一眨眼便能想出最富创意的解答，但是这种轻松得来的创意，可能值好几千万美元。”

笔者曾经应贵州商业广告有限责任公司的邀请，为他们的客户撰写一份广告策划书。笔者十二分认真地听广告公司业务人员谈广告主的情况。然后，详细了解广告主准备推出的新药——“得尔”——的外包装盒，以及其引进美国最新药典，经国家卫生部批准，保护其生产四年的情况。这种药与其他感冒药相比无更多的特色，唯独“美国新药”有其个性，但过分地宣传洋货，不一定能讨得国人的真心喜欢。

笔者边听介绍，边看资料，几乎是同时，就感到应该在药名上做文章。“得尔”是英文直接译名，在汉语中没有任何意义。而“得尔”如果与“得尔——驾”联系在一起喊出来，则是一种心情愉快地赶马车上路时的吼声。赶车上路，祝一路平安，祝一帆风顺，扩大为一生平安，永远健康，就可以赋予“得尔”更多的、更深刻的含义。

这些思维活动都是在“一眨眼间”完成的，是凭借直觉完成的。

作为广告策划，笔者不可能马上就将这种思维结果“和盘托出”。回到寓所后，按照策划书的表达程序，写出了对商品的认识，对市场的分析，开发市场的广告媒体组合、媒体策略，又在电视广告的两个版本和报纸广告、招贴广告等媒体表现中，运用“得尔——驾”这个直觉创新思维的创意，共同为表现广告主题服务。

这份策划书交给策划主以后，他们最满意的就是“得尔——驾”这个广告创意。

在本书6.2部分的策划案例6-3列出了这篇策划书的全文。

[引例审视]

1. 写策划并不难，关键是“想好了再写”，想好了，就是思考成熟了，所谓“功夫在写外”，是要求从思维方法上下功夫。

2. 思维活动的方法很多，直觉顿悟思维是诸多方法中的一种。

3. 直觉顿悟思维的结果往往富有创意。

4. 在策划创意中运用直觉顿悟思维的条件，一是有恰当的问题需要运用直觉顿悟思维来解决，二是直觉顿悟思维者自身的知识储备能支持问题的解决。

9.1 把策划思想写出来

9.1.1 用活写作定义写策划

经过周密详细的调查，有了深思熟虑的策划思想，就要写出来。我们可以这样写：

第一，用语言做口头作文，在策划小组内充分畅所欲言。

第二，用图形把不易表达的“创意”草草地都画在纸上。

第三，用自己的肢体语言，摆开架势，让策划人都弄明白。

第四，找来道具，摆出策划元素的关系，让人一目了然。

充分利用写作定义中的各种思维轨迹的外化，策划书执笔人确实明白了策划团队小组每一位成员的精彩贡献，就该进入“去粗取精，去伪存真，由此及彼，由表及里”的制作阶段了。

图9-1 集思广益（姚尧 绘）

写作策划书与写作其他文体的不同点在于，它既是策划执笔人单个智慧能量的展示，也是策划团队集体智慧的结晶；既是个体劳动的成果，也是大家心灵沟通、劲往一处使的体现（见图9-1）。从写作前的思考过程可以看出，写作不是“文章制作”那么简单，我们在本书“写作篇”中对写作所作的定义，确实能得到充分体现。

特别是策划团队小组内部沟通信息，表达各自的创意思维，提出解决问题的不同策略时，用各种方式“写”策划，能进行更有效的交流，使执笔人“集众思，广忠益”，从善如流，撰写出既有集体智慧，又有个人能力发挥的，能有效解决策划主的问题的策划书。

执笔人写作策划书时要注意以下两个方面的问题：

9.1.2 主题策划应掌握哪些绝招

主题是策划的灵魂，策划主题形成和确定的过程事实上就是整个策划的奠基过程。

1. 主题策划的三要素

主题策划是策划的中心思想，是表现策划为达到某项目的而要说明的基本观念。策划主题由策划目标、信息个性和消费心理三要素构成。这三要素相互融合和渗透。

（1）策划目标。

策划目标是根据企业营销决策确定下来的策划目标，即针对何种策划对象，实施何种策划策略，达到何种策划效果。策划主题要服从和服务于策划目标，既不能无的放矢、不讲效果，又不能和策划策略相背离。

（2）信息个性。

信息个性是指策划内容所宣传的商品、服务、企业形象和观念，要有鲜明的个性，要与其他商品、服务、企业形象和观念明显地区别开来，突出自己的特点。

（3）消费心理。

消费心理即策划目标和信息个性要符合受众-顾客-消费者的心理需求。如果不适应受众-顾客-消费者的心理欲求，这个主题就不能成为好主题。

2. 主题策划的五个要求

（1）显眼。

主题策划的最重要的标准，就是要选择那些能够引人注目的主题，即能够吸引策划接受者注意的主题，并且应当尽可能多地引起人们的注意。

（2）通俗。

以策划主题来讲，通俗也很重要。策划主题时把策划概念换成语言或图像，从某种意义上讲是进行了“加工”，通过选择通俗的策划主题，可以向受众-顾客-消费者正确传递概念。通俗不仅仅是指读起来简单明了，看起来让人高兴，更要通过明快的形式将企业的意图、产品的特征，比竞争对手更准确、更迅速地传递出去。

（3）统一。

策划主题应与策划主的总体目标、与策划的商品和企业信息的传播有统一性。主题策划是寻找企业和商品的魂，表现是企业和商品的“脸”。策划一个企业或商品时，要考虑由于时机不同，会发生许多变化，这样就会使接触信息表现的人不能建立牢固的印象。因此，有必要在策划企业和商品的“脸”时，经常出现与本企业名称或商标紧密相连的徽记和标志，在统一形象时反复再现，以此在受众-顾客-消费者心目中树立企业形象，有助于人们了解策划的理念。

（4）刺激。

策划应选择能刺激策划主感动的主题。有的策划只罗列策划主反复讲过的话，这是远远不够的。对策划主来讲，他比策划人更熟知自己的产品，在市场营销中，许多市场要素他们都已经了如指掌。我们不必在策划书中，花许多篇幅和笔墨去写策划主已经知道的诸如“企业目标分析”“市场分析”“产品分析”“竞争对手分析”。策划人在充分、详实地进行市场调查后，有了与策划主不相一致的看法时，为论证策划人的意见和建议，必须把该说的都说出来，为富有创意的策划写出策略的依据。摒弃那些不痛不痒的“分析”，一语中的地说服，这种实事求是的刺激，是策划主最欢迎的。

（5）独特。

表现策划主目标的方式，表现策划主题的创意，选择传播策划内容的媒体组合，如果没有自己的独特之处，就很容易在策划的汪洋大海中被淹没，或者不能给人留下深刻的印象。

3. 主题策划的三个避免

（1）同一化。

由于市场上大量生产、大量推销和互相模仿的情况比较普遍，因而每一类商品所具有的品质也多趋于同一化。任何一种商品与其他同类商品比较，其特征差异是十分微小的。在这种情况下，策划人在策划主题时要防止主题的同一化。

（2）扩散化。

扩散化是指在一个策划内有太多的主张，受众-顾客-消费者不容易了解其侧重点和要领；或者在一个策划创意宣传片或一幅策划创意宣传画中充斥过多文字、图像，传递的信息太多，既不经济，又淡化了主题。

（3）共有化。

共有化是指策划主题所选取的形象在不同产品中出现共同使用的情况，使策划失去个性，从而失去对接收者的吸引力。

三种不同类别的产品，选择同一位外国女郎做策划创意的模特，这种不动脑筋的策划创意居然被多家公司采用，如图 9-2 所示。现在的策划主们不会再犯这样的“误入歧途”的错误了。

图 9-2　同一位外国女郎代言三种产品

4. 策划目标要单一

大多数策划书在写作上都犯有相同的毛病，即目标要求过多、过奢。

（1）目标对象过大。

谁都期望写出的策划书被接受、被采纳，有的写作者把策划目标对准所有人。之所以如此，主要是在策略上扩大了策划范围。应该把握住，策划对象只能是可能接受这种观念、使用这种产品或接受这种服务的人。

（2）产品目标过大。

为讨好策划主，把策划的产品说成任何情况下都能使用的“最好”“唯一”“最合理”的产品。出现这种情况主要是在策略上把策划定位扩大了。应该把握住，产品目标只能是有限范围内的。

（3）行为目标过大。

企图通过策划改变人们根深蒂固的生活习惯，事实上是很难做到的。之所以出现这种情况，主要是在策略上把策划作用夸大了。应该了解到，行为目标只能改变所使用的品牌，而受众的习惯很难改变，只能局部、暂时地影响，以求长期的潜移默化。

越简单的目标越可以在不同的媒介上形成一体化诉求，并形成一个重心，表达意见就很确切。目前有些策划书，目标含糊，仅从平面考虑策划，缺乏立体思维，在创意中采用“文字游戏”，诸如谐音、换字等，使该策划的信息在视听媒介上无法准确传达，这是应予注意和避免的。另外，在图形语言的设计上也要避免模棱两可、含糊抽象。在写作策划书时，执笔人要注意进行有效的传达，把误导消除在策划过程中。

其实，好的策划书也就是传达最能使消费者留下深刻印象并为其所接受的信息，其创意策略往往很简单。因此，写作一份策划书，首先要确定什么是最重要的。如果只在产品的次要点上做文章，就会使受众-顾客-消费者无法对产品主要特点给予关注、产生共鸣，延误商业时机。从专业角度来看，策划受时间与空间的限制，我们不能在有限的时空中传达无限多的信息，这就要求策划在诉求上讲究单一。正确的策划是单一地诉求产品的一些看起来不显眼但恰恰又很重要的特点，通过简洁、明确、感人的视觉表现强化这一特点，以实现有效的传达。

记住，在一个策划案中应该始终集中谈论一个问题。不要平均用力，内容太多反而会削弱策划的力量。你可以用其他观点支持中心论点，但始终只能让一种观点占支配地位。

如果你有多个中心论点，就应该制作一系列策划，每份只强调其中的一个论点，众星捧月式地突出中心。如果把所有的内容都挤在一份策划里，会让读策划书的人摸不着头脑。

理想的策划，应该能马上吸引住读者，并保持一口气读完的兴趣，而且在他放下策划书之后，还能清楚地记得策划的中心思想，还在继续思考策划书中谈到的问题。

9.1.3 策划如何有的放矢

在商品经济社会，几乎每天都会有精彩的信息出现，成功者很多，失败者也不少。究其原因，恐怕与策划者的目标设计有关。研究证明，目标越明确，操作越简单，构思越巧妙，策划成功的可能性越大。

1. 以提高知名度为目标

美国有家航空公司的航班经常发生延误，在全美十一大航空公司中排名倒数第二，被评为“世界最大的不定期航空公司”。著名女策划家玛丽·威尔斯为这家公司策划了一个“误点兑金”活动。

玛丽安排制作了50万个大小与铜板一样的兑换塑料币，一面印着“时间就是金钱”，另一面印着“凭本塑料币兑换美金一元”。当一个航班延误15分钟（美国民航局规定的误点期限）以上，空中小姐就必须把塑料币发给所有机上的乘客。“误点币”的兑换有效时间为3个月。这一行动执行1年后，航空公司的准时度上升到全美第一，而“误点币”总共发出22万个，其中兑现了55%，也就是说，公司为此付出的代价仅仅是11.6万美元。

2. 以促销为目标

夜幕笼罩下的加拿大某城市，市区某处突然传来一阵娇弱的呼叫声：“救救我！救救我！”

路人闻声而来，只见一美艳动人的少女被可怜巴巴地关在一家商店的橱窗里，不断发出哀叫。

人们里三层、外三层地围观着。美人不胜唏嘘地指着橱窗里堆满的一种新品牌（“运动家”）香烟，向众人求援：“先生们，这些香烟如果卖不出去，我就要一直被关在这里，请帮帮忙，可怜可怜我吧！”

声泪俱下之后，人们纷纷解囊“救美”。烟草公司的“美女哭诉”策划，竟使这种新品牌香烟一炮而红，首批100万包在5天半之内被抢购一空。

3. 以防盗窃为目标

日本东京有一家超级商场，生意兴隆，但偷窃者太多，公司损失巨大。董事长向策划顾问求教，顾问了解了问题的症结之后，提出一个“雇用小偷”的奇特策划案。

这个策划的要点是：公司雇用一批小偷到超级商场偷东西，如果得手，所偷的物品直接上交给董事长；如果小偷被抓，则规定直送董事长办公室，董事长立即重奖有关职工。

有一天，董事长宣布：已有一个小偷集团以商场为目标，请大家全力对付。开始，雇佣小偷屡屡得手，3个月后，员工则屡屡取胜，真正的小偷从此销声匿迹。

9.2 策划书写作基本法

9.2.1 写出策划人最想表达的思想

写作策划书是策划人思维活动的轨迹和结果的外化体现。

策划书从形式到内容的过程大体是什么样的？将“写作篇”中的基本方法和技巧用于“策划篇”中，在策划书写作这件事上融会贯通，具体体现，拿出让策划主真正认可的策划，从做小策划学习起，从身边熟悉的事里，小试牛刀，做各种各样的策划，当我们在策划活动中游刃有余时，那一把小试的牛刀，会成长为不老的宝刀。与老中医一样，富有经验、负责任、与时俱进的老策划人更能够担当起策划的重任。

9.2.2 各种策划书的写作体式

只要能将思想表述清楚，能达到相互交流的目的，作为思想外在表现形式的文案稿，不应该有更多的“清规戒律”，这不准，那不准，反而束缚了策划书写作者的手脚。

策划书的写作，文无定则，只要该文稿的目标读者——策划主能看懂，不产生歧义，不会曲解，哪怕读者只有一人，只要这位读者读懂了文稿，这份文稿就是合格的。

比如写信，读者是自己的情人或妻子、丈夫，此信是专为他或她而写的，使用的词句只要两人有共识就行，无须第三者看懂，这封书信就不应受到看不懂的读者的批评。

策划案例 9-1　　一阵圈儿圈到底

在很久以前，有一对不识字的夫妇，丈夫出远门打工去了，妻子在家务农教子，当时只有用纸写信这种方式互通音信。聪明的两口子约定，用画圈的方式传递思念之情。在通信中先请人写好信封，里面的悄悄话则用一个个的圈表达，大圈代表丈夫，小圈代表妻子，就出现了如图 9-3 所示的圈儿密语。

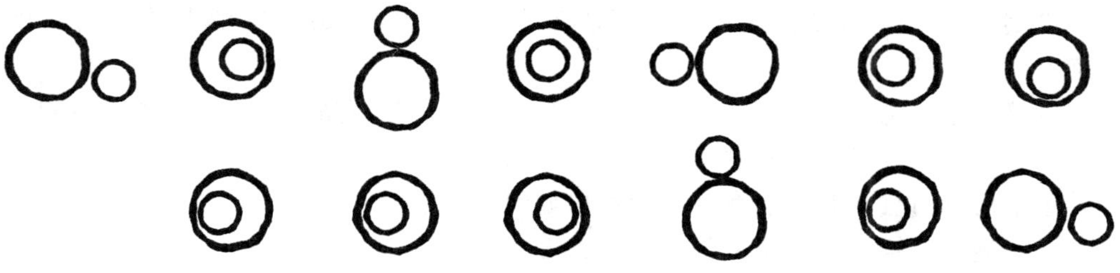

图 9-3　丈夫心中的圈儿密语

丈夫写给妻子的信，这样读：大圈儿是我，小圈儿是你。我想你，把你放在心里。你想我，会把我放在心上。我们会把心放在一起，你我的心连在一起。我想你，你也会想我，永远放在心里，哪怕我们现在没有在一起。

其实在实际工作中，跟策划相联系的许多文体，我们都可以将其并入“策划书”的行列。比如项目建议书、可行性研究报告、设计思想解读、工作研究、设计预算、实施计划、操作细则、竞赛规则、活动办法、市场预测报告、决策方案报告、企业诊断书、生产经营计划等，都是实际意义上的策划书。不能只将标题中冠以“策划”二字的文稿叫作策划书。

1. 策划书的写作

策划是策划者向策划主交出的一份策划意见。这份策划意见经过策划的程序，经策划者集体创作，由专人执笔，几经修改，是向策划主交出的一份策划研究的成果。这份书面文稿凝聚了包括策划主在内的若干人的劳动，闪烁着包括策划主在内的策划者的智慧。

（1）策划要回答的问题。

①为谁做策划，即策划主是谁？

策划主是政府、社会组织、生产企业还是销售企业？

策划主的主要特色是什么？

策划主过去的策划是怎样开展的？

策划主对这次策划活动抱有什么样的目的？

策划主能为策划活动投资多少费用？

②策划是做给谁看的、听的，即策划对象是谁？

策划主有没有明确的策划对象？

策划对象的地域分布情况怎样？

策划对象的经济收入状况如何？

策划对象的文化层次怎样？

能找到策划对象中的“领袖”人物吗，比如服装领袖、化妆品领袖等？

策划对象在当地人口中的比例占多少？

策划对象的家庭结构如何？

策划对象中的商品使用者、购买决策者有无区别？购买决策者的购物态度如何？

③策划主体情况怎样，是为宣传公益观念，还是为商品，或是为服务做策划？

公益观念、商品或劳务的主要特点是什么？

公益观念过去的状况、商品的生产史如何？

公益观念、商品曾经给人们带来什么影响？

这种商品除了使用价值，还有什么其他附加价值，比如精神的、文化的价值？

商品的什么内涵是消费者最感兴趣的？

这种商品在什么方面最具竞争能力？

服务能为策划对象解决什么问题，策划对象接受服务后能得到什么好处？

服务的承诺有多大的现实性、可靠性？

此时此地的策划对象最需要哪种服务？

④策划竞争者是谁？

已经牢牢地占领了市场的竞争者是谁？

有可能在今后出现的竞争者是谁？

竞争者的特色是什么？他最能造成威胁的问题是什么？

竞争者的策划策略有哪些？哪些是成功的，哪些不成功？

竞争者可能出现的破绽是什么？

策划的对象不同，策划的规模不同，策划能获得的时间机会不同，对这些问题的掌握也要有轻重缓急，不必一一列出，一一回答。

（2）策划书构成要件的内容。

①策划说明。

第一，说明策划者与策划主的关系，如“××策划公司受××集团公司的委托，为××商品的销售进行策划”。简要介绍企发展历程、企业的现状、策划负责人及小组成员。

第二，市场分析资料介绍及分析意见。策划主体的相关市场总体及局部的情况；同类商品或服务的市场占有情况。

第三，策划主体资料概述及特色分析。商品或服务的特色，与同类商品或服务的比较。

第四，销售状况概述及分析。策划主过去的销售情况及经验体会分析或教训体会分析，策划主提出的销售地域、销售时机分析，可行的理由，需要变动的理由。

第五，企业目标介绍及企业促销分析。简略说明企业的中长期目标和近期目标，企业的营销目标分析着重从商品定位、价格定位、销售渠道引出销售促进的策划，包括人员推销、公共关系推销、特殊方式推销等几个方面。

第六，实施策划的困难、竞争对手情况及受众的心理定式等不利方面的分析。

②策划战略的确定。

直接将策划者对这次策划活动的策划战略设计思想介绍出来，明确回答：为什么说——策划目标；向谁说——策划对象；说些什么——策划主题；怎么样说——策划创意及表现；通过什么信道——媒体选择及组合。

③策划策略的选择。

策划策略的选择包括策划对象策略、策划主体策略、策划地域策略、策划时间策略、媒体策略、策划方式策略、策划主题策略等的选择。这些方面也不必一一罗列出来，而是根据整体策划的需要，选择其重点。一份策划书，只要找准了两三项高明的策略，也就十分有价值了。我们不能苛求策划者在每一项策略活动中都使出高招。其实，“伟大的简单”在策划中是至理名言，越是简单、纯朴的，受众越容易记住，策划的社会传播效果越好。台湾黄禾策划公司为一种鞋做策划时，公司的何清辉经理提出的诉求策略再简单不过了：他在招贴画中的两只鞋旁分别标示出“这是左脚”，“这是右脚”，简单得使人不得不去探究一下“这是左脚吗？我有没有看错？策划人为什么要这样做？”许多问题来自于受众自己，让受众自己看画面时找出答案——策划的目的达到了。

统一设计各种媒体要刊出或播出的广告的文字稿本或脚本，提供给策划主审阅后，再进行细致加工。

④预算策划的费用。

策划费用、设计费用、制作费用、发布费用、效果调查费用、配合策划活动的促销费用等总计费用和策划代理费用。

⑤策划效果测定的目标及方法。

对整个策划活动进行总结，向策划主作出总的交代，商谈对下一步策划活动的建议、设想、打算；表彰在策划活动中成绩显著的调查人员、策划人员、文案人员、设计人员、媒体工作人员、公共关系部人员等。

（3）策划书的写作结构。

策划书的写作，总的方向是“不拘一格”。只要是能回答以上列出的主要问题，反映出上列主要构件，能与策划主作准确的交流的文稿，都应算作合格的策划书。

一般的策划书和策划的阶段性文稿，都有这样一些主要的构成部分：封面、标题、前言、正文和结尾。

①封面和策划书的装帧。

封面是策划书的脸面，是给策划主的第一印象，必须精心设计和制作。如图9-4所示，封面要传达的内容有：策划书的标题；策划主称谓；策划团队人名及职务；策划书执笔人姓名；策划书脱稿时间。

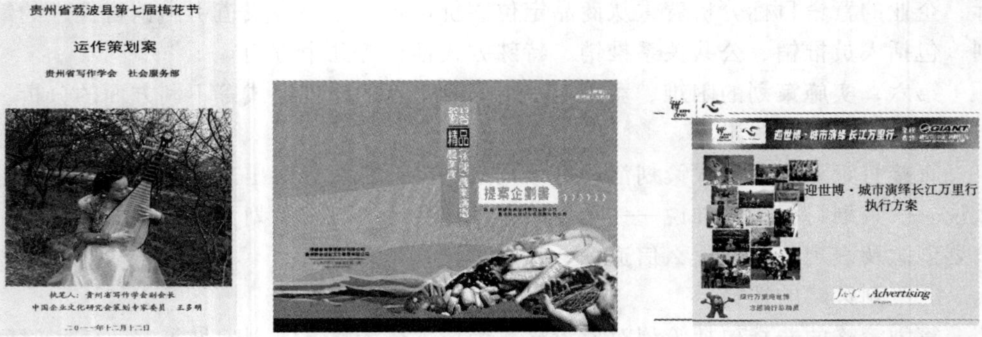

（a）梅花节运作策划案　（b）黔台精品（休闲）农业展提案企划书　（c）迎世博　城市演绎长江万里行执行方案

图 9-4　策划书封面设计举例

封面的形式设计，因策划主的不同需要而定，分为豪华型、精美型、普通型和简约型。一般来说，封面的形式要为策划书的内容服务，与内容相辅相成，格调一致，使策划主第一眼就产生信任感。

策划书的装帧，也要与内容高度统一，为策划的内容服务。策划书的装帧还可以表示策划书写作团队扎实做事、认真做人、把事做好的本事。策划书的装帧不过度包装，也不浮皮潦草，和谐为美，才能被策划主接受。

②标题。

标题是一份文稿的眉目，要表达整篇文稿的主要精神，让人一眼就能看到文稿到底要说什么，主要是说什么。策划书篇幅较短的，标题写在正文的上部，阅读时视觉流程的起点是标题，而且标题与正文应用空白行隔开，而且字体要大一些。策划书篇幅较长的，标题在首页封面正中，阅读时当然要先读完标题才往后翻看正文。

策划书标题的特点是直接、朴实、简洁，一般只有策划对象、策划内容和文体三部分。如"广州某某商厦连锁经营某某店开业策划书""TCL 彩色电视机 2014 年夏季商品促销策划""皇冠电壁炉形象宣传策划书"。其中的"广州某某商厦""TCL 彩色电视机""皇冠电壁炉"是策划对象，"开业""促销""形象宣传"则是策划的内容，标题中有时只用"策划"二字，有时用"策划书"三字，这是指明文体的式样。

③前言。

前言写的就是此份策划书需要开门见山进行说明的文字，包括写作的意图，策划的方法，策划的过程和简要的结果，并概略介绍策划者与策划主的关系，为策划主作出言简意赅的承诺等，为引出正文作必要的铺垫，引起策划主的兴趣，制造第一个兴奋点。

④正文。

正文则是根据策划的需要，用策划者的书面语言提出各种问题，对问题进行分析，然后对问题作出判断，给出答案，提出解决问题的具体办法的书面表达。

正文部分在整个文稿写作中是难点和重点，所占篇幅也最大，可以分成若干个问题或若干自然段来书写。每个问题，要有问题的提出、分析、判断、答案这些内容。为表达清楚，可以用语言陈述，也可以用图、表、照片等。

如果策划活动要采用电视媒体，要写出电视策划片的脚本，按电视片脚本的写法，分别介绍画面、配音、配乐、字幕、特殊处理方法等内容；如果提供分镜头剧本，则要按电视片拍摄的镜头顺序，把每一镜头的画面拍摄方法、景别、画面、配音、配乐、时间、字幕，一一对应地填写在分镜头脚本里。有条件的，要提供电视策划片拍摄的连环画故事版，用形象具体的画面表达策划者的创作意图。

如果使用广播媒体，在策划内容中要写出广播的形式，使用相声广播，则要按相声的写作，使用对话广播，则要安排对话的角色，是母女对话、父子对话，还是夫妻对话、爷孙对话。对话语言要符合角色身份，这是自不待言的了。

正文中的策划效果预测分析，除了详细介绍分析标准外，还要介绍分析方法，把计算公式及例证或预计效果写出来。这种对策划主开诚布公的态度，会得到策划主的信任，双方的真诚合作才会基础牢固，效果明显。

⑤结尾。

结尾一般是“未曾进兵，先找退路”式的语言安排。比如，客套话；对初稿多提意见；接受实践检验，不断完善等。

对于大型的策划活动，为慎重起见，策划主一般要求不同的策划公司各自亮出自己的高招策划，或同一策划公司分几个策划小组，每个小组都写出自己的策划，再由策划主或策划主聘请的策划审阅组确定采用哪一份策划，或以哪一份策划为主，辅以其他策划中的若干有益部分。

（4）策划书的写作要求。

策划书的写作要求可以概括为“明确、简洁”四个字。

明确是要求策划书目的明确，语言清楚，毫不含糊，读文稿的人能准确理解。

简洁是要求策划书文字简练，没有多余的语言。能走捷径的不要绕弯路，能用图表述清楚的，不必用文字。

策划书的封面、目录、前言的写作要求并不复杂，前面已经做了叙述。正文是策划书的主体，一定要着力下功夫。归纳起来，策划书的写作要求有以下内容：

①标题写作。

倾力所为，表述完整；富有文采，切中主题；主题点睛，副题具体；有吸引力，耐人寻味。

②前言写作。

畅所欲言，抒发己见；抓住要点，不留遗憾；有主有次，分段表达；语言利索，点到为止。

③正文写作，这是用语言文字表达策划者思维轨迹和结果的最重要的部分，分别有三方面的要求。

第一，认识和分析问题。充分认知策划对象，找准策划要解决的问题。提纲挈领，篇幅不宜过长，不要重复策划主已经了解的资讯。做到：有理有据，说理充分；条分缕析，因果有序；机遇挑战，优势劣势；找出结症，发现规律；引出问题，做好铺垫。

第二，提出解决问题的办法——策略。这部分是策划书的核心，是策划主最需要的部分，是最考验策划人策划水平的部分。因此，策划人要倾全力写好这部分。做到：有的放矢，对症下药；八大策划，对象开始；主题为帅，策略跟进；时间空间，决定媒体；费用跟进，效果明显；博闻强记，胸有办法；纲举目张，迎刃而解。

第三，媒体创意表现及文案。策划书要落到实处，需要将创意在多种媒体，多种时间、空间，以让受众耳目一新的形式展示出来，通过书面文字、画图、展示照片、播放视频等方式向策划主提供策划成果。做到：主题为纲，标语经纬；不同媒体，表现各异；平面媒体，图文并茂；广播语言，声情丰富；电视创意，别出心裁；语言精彩，贵在创新。

④结束语写作。

有话则长，不说闲言；表达心意，诚恳献策；提醒读者，尊重产权。

2. 非商务策划书的写作

非商务策划书的范围广、内容多，我们不可能都涉及，只能将接触频率较高的几种策划书介绍出来。好在举一反三、触类旁通是策划人员的专长，能用大脑策划出来的，就可以用手写出来。

（1）文艺演出活动策划。

这种活动的要素有组织者、演出人员、时间、地点、经费、策划宣传、接待、公共关系等。策划书要就这些问题交代明白，让组织者（往往是几个单位联合）讨论时有基础，让其对此充分发表意见，然后形成能付诸实践的文件。因为这种活动涉及方方面面，要在策划前向有关方面咨询，分别拟写相应的策划意见，供各专业小组讨论，然后汇总再交给组委会讨论。如果组织者不是活动的出资者，在组织者（主办单位）上面还有董事会，组委会讨论通过的策划意见，还要交董事会讨论通过后，才能付诸实际操作。这种策划意见要说真话，不要遮遮掩掩、尽说冠冕堂皇的话，甚至不能拿到台面上来的行为也要在策划意见中列出。策划案要由最高决策者根据政策、法令的要求，在“绿灯”情况下通过。罗伯·尤斯为洛杉矶奥运会所做的一些策划，按常理是说不通的，但是他成功了，他依靠创造性思维，使不合理的想法变成了“突破”，因而引起世界的瞩目，获得了奥运会的特殊金牌。

（2）知识竞赛策划。

这种活动有大到全国范围的，也有一所学校、一个单位内部组织的。我们先来介绍一次知识竞赛活动到底需要写出哪些文稿，把所有文稿集中起来便成为一份完整的“知识竞赛策划书”。

举办竞赛前先发出“竞赛办法”，将竞赛的目的、意义、内容、程序、决赛方式、题量和记分方式，竞赛组织机构，奖励，竞赛具体时间都在这份文稿中交代清楚，动员所有人员都参与这一活动，使大家心中有数。参赛者想了解的问题，都在这份文稿中交代清楚。

既然是知识竞赛，命题是一项重要工作，为使几位命题人统一思想，应先拟出“命题思想”或“命题准则”等。

有了竞赛办法，让大家了解这一活动的内容，还得让活动的主持人熟悉竞赛的细节，因而正式竞赛前，要先拟写出“知识竞赛操作细则”。主持人要求形象好，口齿清楚，思维敏捷，但他们毕竟不是专业人员，更不是有关知识的专家，需要为他们拟写出“主持人语言”，让其熟悉后，见机行事，将巧言妙语用到恰当的地方。

策划者还要为记分员绘制记分表格，便于在竞赛现场的紧张环境中，准确记录选手的得分情况。赛程结束，几位记分员要将产生出来的名次交给评委会。现场监督者要尽快地、准确无误地报出获奖顺序。

最后，还得为到场的领导草拟一份总结性、结论性的讲话稿。

以上八九份文稿共同完成“知识竞赛”的信息传递工作，使与知识竞赛有关的人员都能在事先筹划的活动中，按规矩办事，有序地进行。

(3) 单项活动的策划书。

为宣传一家企业而拟写的电视专题拍摄策划，为将一种客观存在如“香烟文化”整理成有社会价值的资料，为“夕阳工业”“夕阳商品”的脚步留下一些印记的策划，为一家小型商店提高职工素质而举办培训的策划等，就属于这种类型。

这些策划书各具特色，首先是篇幅，该长则长，该短则短，不强求一律。其次是形式上可用文字，也可用表格。最后是诉求方式，以说服为本，要让活动组织者接受策划意见，当然要有说服力。

9.2.3 策划提案的写作

1. 策划提案是什么

广东省广告公司副董事长丁邦清在《广告策划与创意》一书中说：“广告提案，即广告公司将广告策略、创意构想、活动策划、调查结果等内容向广告客户汇报的过程，也就是把策划或创意的成果准确生动地向客户提交与说明，以求赢得客户的认可和支持。”

广告提案是广告公司与客户交流沟通的一种方式，广告公司戏称“提案”是“卖稿”，希望客户能接纳策划人的劳动产品。

2. 为什么要写策划提案

提案是将策划团队或策划人的智慧劳动表现在可以“脱手”的稿子中，要在提案中表达实现策划主目标的策略，是策划团队服务于策划主的“临门一脚”。

丁邦清说：“广告策略和创意的结果能否顺利被广告主理解和接受，往往依赖于广告提案成功与否。”提案能力是广告公司的 AE（客户主管）/AM（客户经理）/AD（客户总监）、策略总监、创意总监等应该掌握的一项非常重要的能力，其重要性不低于广告策划书的撰写。

3. 怎样写策划提案

提案大致有全案提案、策略提案、创意提案、实施策划提案几种，主要是针对策划主的需要，每份提案都有主题和侧重。

策划书是提案的基础。从策划书中挑出要点，用“挤干水分”留下精华，提纲挈领，逻辑推理极强的手法，抓住策划主的注意力；关键策略和创意的表述要简明扼要；用与策划主平等对话的方式，将专业术语和概念名词写出来，让策划主没有“云里雾里”的感觉。

提案的形式有许多种，如纯文本提案、PPT 提案、电视作品故事版展示提案、视频播放提案、图片展示提案等。

9.2.4 一纸通策划书的写作

用一张纸或几页纸写出的策划书俗称为一纸通策划书。这种策划书与文本式提案相似，让策划主在尽量短的时间里了解策划的策略及实施的方案。

为了条理清楚，表达简洁，常用表格的方式写作一纸通策划书。

在交出一纸通策划书时，需要向策划主作详细的说明，补充表格中未能全部写出的内容。

9.3 商务活动及策划书

9.3.1 商务策划的定义

商务策划是对商务活动通盘的运筹规划，是对提出商务策略、实施商务策略、检验商务策略的全过程作出的预先的考虑与设想。商务策划是商务客户或商务经营者，在对市场进行周密调查和分析的基础上，利用已经掌握的知识、情报或资源，科学地、合理地安排商务活动，设定商务目标，选择达到此目标的必要的战略战术，然后在市场上执行所策划的各项活动，并通过科学办法检验策划的有效性。

商务策划的这个定义是对整个商务活动进行的概括，不是仅为一次商务活动所做的界定。这里的“商务”不单指一次商务活动，而是有关这次商务活动产生前前后后的各项活动。有人把商务策划定义为：对于商务的整体计划的运筹规划。这两条定义的差别在于商务和商务活动。仅提“商务”容易使人理解为看得见的那部分商务，即商务活动中的作品，正如《现代广告》电视教学片中说的：“人们看到的广告，仅是浮出水面的冰山，更大的部分是在水面之下，人们不能直接看到的冰山。”我们在定义中强调商务活动，就是希望人们不仅要看到水面上的冰山，还要不忘水面下的那大部分冰山，把整个冰山都纳入我们研究的视野。

策划是计划、打算的意思，看似简单，实则内容十分丰富。为什么策划，策划前要有什么样的准备，策划的方法、步骤是什么，策划的内容有哪些，策划实施过程怎么监督控制，策划落实到位后效果到底怎么样……这些问题的解决，就使看似复杂的问题具体化了。

9.3.2 商务策划的要素

商务策划开展过程中，总有些因素是主要的，如策划主、策划人、策划依据、策划方法、策划对象、策划效果测定和评估这6个因素就是主要的，缺一则不能称为完整的策划。

1. 策划主是商务客户或经营者

从商务客户的地位看，策划主就是总策划，他是策划的发起者、经费的支持者、目标的提出者、策划意见能否通过的审定者，策划效益的受惠者。在实施策划活动中，具体的策划方案是由商务客户或企业内部的策划部门专司策划的人员拿出来的。他们在商务客户提出的策划总目标下，逐项列出有关的活动策划意见，使总目标的实现变为具体行动。如果商务客户委托策划经营者代理策划业务，策划公司内部则安排专门人员成立一个策划小组，共同完成策划任务。小组内有人分工进行市场调查，有人分工调查消费者，有人分工搜集商务客户的有关资料，有人集中谋划商务活动的策略、策划的实施。几路人员集中起来讨论策划方案，由专人写出策划书。

2. 策划人

策划人是指单个的策划人本人或他所在公司的策划部门的人员，或接受委托做策划的广告策划公司、品牌设计公司、咨询公司的策划人员。

3. 策划依据

策划主提出的目标及经过调查分析得来的市场、商品、消费者、竞争者、社会环境、政治法律等资料。

（1）对市场的分析。

（2）商品分析。

（3）分析对消费者应采用的市场细分。

（4）竞争者分析。

（5）社会文化环境、政治法律环境、经济技术环境等的认识和分析。

4. 策划方法

策划方法实际上是调动策划主和策划人的最大智能，寻找促进策划目标实现的方法。在具体进行策划时，要注意以下几点：

（1）天高任鸟飞，海阔凭鱼跃。

给具体策划的人员一个宽松的思维空间，不要先给他们定下调子，划出框子，要给他们尽可能大的思考问题的空间。

主持策划工作的负责人可采用头脑风暴法，激发大家的最大热情；可采用把已有的要素组合起来的办法产生新的策划思想；可采用反过来试一试、顺序变换一下试一试这种逆向思维方式；可以把原来的想法加大些或缩小些，分析一下会有什么结果；将毫无关联的物与物或人与人或人与物揉在一起，看看能否产生新结果。

（2）借用外力。

借用外来力量，撞击策划人员的灵感，使原来的 1+1=2 以外的任何数字成为可能。

1+1=2，这是谁都可以得出的答案，但策划人员不仅要知道这个答案，而应该知道得更多。比如：

1+1=1（大鱼吃掉了小鱼）

1+1=王（把两个 1 都横过来，加号放在中间）

1+1=3（两夫妇有了一个小孩）

1+1=10（使用二进制计算时的结果）

这种外来力量是一种条件，给出一种不同的条件，可以得出不同的结论，产生不同的策划方案。许多新奇的、不同寻常的策划意见正是在这种情况下出现的。

（3）激将与休眠。

激将法与休眠法恰当配合，营造一种创造氛围，放松绷得太紧的大脑，对“策划”这种创造性思维活动大有益处。

当时间紧、任务重，一时又拿不出好的策划方案时，可采取“放弃”任务、另请高明的方法。只要时间允许，不如让策划人员放假休息，或主持人请大家下馆子、看电影、唱卡拉 OK 等轻松一下。这时的策划人员，身体虽已离开会场，大脑实际上仍在思考未果的问题，他们可能会像牛顿被苹果砸到头、瓦特发现蒸气能冲开水壶盖一样，产生出奇特的策划意见来。台湾著名策划人何清辉在为“父亲节”策划广告时，一连几天都未找到切入点。下班回家后，他将皮鞋靠在墙边，换成室内拖鞋，妻子、儿子、女儿相继回家后，像往常一样也把皮鞋换成室内拖鞋，换下的皮鞋依次靠在他的皮鞋边上。他看到这种情景，顿时产生了一个念头：“假如我的鞋一倒，他们的鞋就会失去依靠。”他绘出一幅以“爸爸，保重啊，我们需要你”为题、四双鞋紧挨在一起的公益活动宣传招贴画的草图，获得了妻子和儿女的认同。一幅具有崭新创意的招贴画的广告便产生了。

（4）其他方法。策划本来就应该不拘一格，其方法也应多种多样，这里就不再列举，实际上也不可能全部列举出来。

5. 策划对象

策划对象即确定的要为其策划的对象物。策划对象的确定，需要一个过程，在策划进行前，目标是不明确的，策划开始后，策划目标就明确了。

策划目标是商务客户付出资金通过策划活动所要达到的目的，如协助完成销售。策划主的策划目标，是整个策划的方向，在策划中要解决目标策划、对象策划、表现主题创意策划、促销策略策划、媒体选择策划、费用预算策划、预期效果策划等问题。

9.3.3 确定商务策划的目标

首先，商务客户会明确提出商务经营活动开展的目的。他们大致会从以下问题中选出几个：

（1）为推出的新商品品牌提高知名度。

（2）激发消费者的需要，与商品建立联系。

（3）介绍新商品的特殊性能。

（4）制造一种大家都喜欢新商品的氛围。

（5）提高新商品在消费者心中的美誉度。

（6）指导消费者挖掘商品中未发挥作用的功能，充分使用商品。

（7）巩固商品在市场中的占有率，因为它已经受到来自同类新商品的威胁。

(8) 有针对性地向竞争者发起反击，夺回失去的消费者。

(9) 反复强调本商品的不可替代性，改变人们因为不了解而产生的疑虑。

(10) 借用重大活动、厂庆、重大节日、假日、显赫人物造访等机会，稳定企业名声。

(11) 组织社会公益活动，继续维持企业和品牌的知名度、美誉度。

(12) 企业又推出一种比原商品更优越的商品。两种商品用法不同，能针对不同消费者的需要。

(13) 重点介绍企业实力，设备能力，技术力量，科研成果，职工技术、文化水准。

(14) 迅速将现有库存商品在短期内销售出去。

(15) 针对假冒伪劣商品对企业和商品的侵害采取有力的打击措施。

(16) 企业旧商品要退出市场，新商品要取而代之，不是牌子的更换，而是更符合消费者的需求。

(17) 其他的商务经营目标。

策划者获得了策划主提出的策划目标，并不应该就简单地把它当作已确定的目标，而要从策划依据的几个问题的分析中，重新为策划主提出新的策划目标。

其次，策划人根据自己掌握的信息，对策划主提出的目标进行判断、选择，甚至更换、补充。

对企业总体目标、企业营销目标进行综合考察后，再来确定商务策划目标。策划目标是企业促销组合策划中的一部分，所以要考虑广告促销、人员推销、公共关系、特殊推销这几个方面在促销组合中怎样相互配合，来确定商务策划目标。

9.4 创业活动及策划书

在有些人看来，那些有成就的创业者都十分幸运，他们得到了许多常人得不到的机会。其实不然，创业是艰难的，创业之道，靠的是努力和持之以恒，靠的是智慧，当然也离不开策划。

华为公司的创始人任正非所走过的历程，能为我们在创业策划上激发许多灵感。他创造了 43 岁的创业者从两万元到千亿元的创业史。

任正非出生于贵州省镇宁县的普通家庭，是中国最神秘、低调的总裁。在他的带领下，2010 年，华为首次杀入《财富》世界 500 强榜单，排名第 397 位；2014 年排名第 285 位，成为全球第二大电信设备供应商；2016 年排名第 129 位，较上一年的第 228 位跨越式提升 99 位。令人难以置信的是，带领华为取得如此辉煌成就，任正非的个人持股却不到 1%。2017 年中国最具影响力的 50 位商界领袖排行榜中，72 岁高龄的任正非排名第一。

任正非曾说，他下海纯属出于无奈。从部队转业到深圳南油集团后，任正非的家庭和事业上都出了状况。他的夫人转业后进入南油集团领导层，而他所在的南油下属企业连续亏损，再加上父母与弟妹和他们同住产生的生活压力，最终导致家庭解体。

在解决生活压力和创出一番新天地的双重动力之下，1988 年任正非创办了华为，而启动资金只有区区的 2 万元，业务是销售通信设备。

任正非能在 43 岁的“高龄”勇敢创业，是源自他对通信设备的精通。他 19 岁考上重庆建筑工程学院（现并入重庆大学）。他的父亲曾经嘱咐他：“记住，知识就是力量，别人不学，你要学，不要随大流。”

综观成就大业者，都走过了一条十分艰辛的道路，任正非、柳传志、王石等著名企业家无不是如此。“自古雄才多磨难，从来纨绔少伟男”，不经千锤百炼，即使成功，也只会是昙花一现。今天要创业，可能比前辈更加困难，所以更要注重创业策划。

9.4.1　创业策划的定义

创业策划是创业者叩响投资者大门的“敲门砖”，是创业者计划创立的业务的书面摘要，一份优秀的创业策划往往会使创业者达到事半功倍的效果。

创业策划用以描述与拟创办企业相关的内外部环境条件和要素特点，为业务的发展提供指示图和衡量业务进展情况的标准。通常，创业策划是市场营销、财务、生产、人力资源等职能计划的综合。

一般来说，创业策划的内容应该包括创业的种类、资金规划及基金来源、资金总额的分配比例、阶段目标、财务预估、营销策略、风险评估、创业的动机、股东名册、预定员工人数等方面。

9.4.2　创业策划的要素[①]

如何使创业策划受到风险投资者的青睐呢？在创业策划的写作中应抓住以下六点：

1. 对创业产品或服务的优势进行独到的说明

用简要的语言概述产品或服务的特性、研发过程、技术规格、与同类产品比较的优势、产品给客户带来的利益、客户愿意买这种产品或接受这种服务的原因，这种产品为什么会使企业盈利、企业采用何种方式来改进产品的质量，企业对该产品的发展设想及战略、企业最所要达到的行业地位、市场信誉度等。

这部分写作要简洁明了，突出个性，要让风险投资商对产品或服务项目“一见钟情”。

2. 清楚阐明自己的市场地位、竞争优势和劣势，明确经营战略目标

在宏观环境分析中，要灵活运用因素分析、对比分析、预测分析等方法，对影响企业发展的社会、技术、生态、经济、政策、人口等因素进行探析，从而进一步得到金融支持和政府政策的支持。通过对产品的分析、技术的分析、产业成长与产

---

① 刘亚平．创业计划书的写作应抓住六要素［J］．商场现代化，2008（31）：224.

业特征的分析、产业结构与产业竞争的分析，来说明发展生产的机遇性、成熟性，使投资商感到投资环境既安全，又有发展信誉和各项保障。

3. 明确提出新创企业的营销战略和实施步骤

在对产品市场作出准确的分析与预测后，应向风险投资者提供目标营销战略，对市场的渗透过程及预计取得的市场份额进行准确的预测，对不同顾客群体的营销策略、产品的合理定位、价格的合理区间、产品的分销渠道、售后服务的特色、广告经营策略、如何提升产品知名度等加以明确说明，使风险投资商认为你的营销策略是行之有效的，产值是指日可期的。

4. 客观地说明可能遇到的风险和机遇

有创业就有风险，风险与机遇是并存的。一般的投资商对企业发展所面临的困难和挑战都是比较重视的，所以要将创业中所面临的主要问题，如资金不足、资源短缺、管理经验不足、市场和产品的不确定因素等摆出来，并提出相应的应急措施和办法，如开发新技术、寻找替代产品、采取新的营销手段和战略等。机遇部分可以给整个创业策划带来闪光点，是企业的转折和希望之所在，它往往能使投资商为之振奋，从而慷慨解囊。

5. 介绍精干的创业管理团队和严密的组织结构

高素质的管理人员和良好的组织结构是管理好企业的重要保证，因此风险投资家会特别注重对高层管理团队的评估。这个管理团队应由专业型、创新型、协作型、互补型的人才构成。他们分工明确，富有开拓进取的团队精神。在介绍他们的职务、职权以及职业经历和背景的同时，着重突出他们的个人专长以及能给企业带来的潜在效益。同时，还要对公司的结构（组织机构、各部门的功能、部门负责人等）作简要介绍，以说明机构设置的有效性、合理性。投资商十分注重高层管理者的管理水平和能力，所以“人才兴企”的战略是不可忽视的法宝。

6. 明确新创企业财务控制制度，展示新创企业的理财特色

新创企业首先应明确自己的理财目标，要尽可能使企业的税后利润最大化，使产品收益最大化，使企业市场价值最大化。另外，对企业现金预算编制要进行精确的说明，还要对企业的偿债能力、资金运营能力、获利能力和发展能力进行准确的分析，使风险投资商全面了解创业公司的财务状况，对融资款项获利的前景和重要的财务数字了如指掌，做到心中有底。这部分主要是通过数字和表格来体现的，在写作时应以诚信、守法为原则，做到数据精确，账目清晰。

9.4.3 创业策划的具体内容

一般来说，商业策划的具体内容包括以下 11 个方面：

1. 封面

封面的设计要体现审美观和艺术性。一个好的封面会使读者产生最初的好感，形成良好的第一印象。

2. 计划摘要

它是浓缩了的创业策划的精华，涵盖了计划的要点，以求一目了然，以便读者能在最短的时间内评审计划并作出判断。摘要要尽量简明、生动，特别要说明自身企业的不同之处以及企业获取成功的市场因素。

3. 企业介绍

这部分的目的不是描述整个计划，也不是提供另外一个概要，重点是对企业的经营理念和如何制定战略目标进行介绍。

4. 行业分析

在行业分析中，应该正确评价所选行业的基本特点、竞争状况以及未来的发展趋势等内容。关于行业分析的典型问题包括：

（1）该行业发展程度如何？发展动态如何？

（2）创新和技术进步在该行业扮演着一个怎样的角色？

（3）该行业的总销售额有多少？总收入为多少？发展趋势怎样？

（4）价格趋向如何？

（5）经济发展对该行业的影响程度如何？政府是如何影响该行业的？

（6）是什么因素决定着它的发展？

（7）竞争的本质是什么？你将采取什么样的战略？

（8）进入该行业的障碍是什么？你将如何克服？该行业典型的回报率有多少？

5. 产品介绍

产品介绍应包括以下内容：产品的概念、性能及特性；主要产品介绍；产品的市场竞争力；产品的研究和开发过程；发展新产品的计划和成本分析；产品的市场前景预测；产品的品牌和专利等。

创业者要对产品作出详细、准确、通俗易懂的说明，使不是专业人士的投资者也能明白。一般地，产品介绍都要附上产品原型、照片或其他介绍。

6. 组织结构

在企业的生产活动中，人力资源管理、技术管理、财务管理、作业管理、产品管理等每个环节都很重要。其中投资人非常看重创始人的背景和产品的前景，如果创始团队背景非常亮眼或者创始人有异常魅力，都很容易取得投资人的信任和关注，相对而言也会比较容易拿到投资。如果你的产品前景广阔，那就要让投资人充分了解。

7. 市场预测

市场预测应包括以下内容：需求预测；市场现状综述；竞争厂商概览；目标顾客和目标市场分析；本企业产品的市场地位等。

8. 营销策略

对市场错误的认识是企业经营失败的主要原因之一。营销策略应包括以下内容：市场机构和营销渠道的选择；营销队伍及其管理；促销计划和广告策略；价格决策。

9. 生产制造计划

生产制造计划应包括以下内容：产品制造和技术设备现状；新产品投产计划；技术提升和设备更新的要求；质量控制和质量改进计划。

10. 财务规划

财务规划的重点是现金流量表、资产负债表以及利润表的制备。流动资金是企业的生命线，因此企业在初创或扩张时，对流动资金要有周详的计划并进行严格控制。利润表反映的是企业的盈利状况，它是企业在一段时间运作后的经营结果。资产负债表则反映企业在某一时刻的状况，投资者可以用资产负债表中数据的比率指标来衡量企业的经营状况以及可能的投资回报率。

11. 风险与风险管理

这一部分主要回答以下问题：

（1）你的企业在市场、竞争和技术方面都有哪些基本的风险？

（2）你准备怎样应付这些风险？

（3）就你看来，你的企业还有一些什么样的附加机会？

（4）在你的资本基础上如何进行扩展？

（5）在最好和最坏的情形下，你的五年计划表现如何？

如果你的估计不那么准确，应该说明误差范围到底有多大。如果可能的话，对你的关键性参数做最好和最坏的设定。

本章小结

本章带领学习者进入策划书写作的具体操作，用活新的写作定义，真情面对策划书的写作。在为策划主解决难题而做策划的过程中，循序渐进，在策划书的写作中灵活使用策划的资料。突出写作方法的运用，掌握商务策划和创业策划的写作要领。

思考与练习

1. 你读过本书中的两篇策划书，结合策划书的结构及写作要求，谈谈你有什么体会。

2. 本章介绍的写作策划书的内容安排，在写作家乡名特优产品推广策划中，能给你什么启发？

3. 你观察、体会过别人做的商务策划或创业策划吗？用策划的道理去反推一下，当时的策划成功或失败的原因是什么？

4. 策划书的核心是策略的创意性，你同意这个观点吗？用你自己掌握的论据作出新的论证。

写作实操项目

修改、修改，写作又进入一道难关了。不要紧，已经生产出来的产品，仅需要

"打磨"或"更换包装"，要用"海纳百川"的心态，接受各种批评、建议，被"爆破"、被"中弹"都不打紧，一遍遍地改下去，相信越改越接近成功。

天阳天玉米面条整合营销策划案

第 10 章

敢于爆破原策划

学习目标

通过本章的学习，要知道根据策划主的需要“一切以时间、地点、条件为转移”，不墨守成规。懂得“好策划是改出来的”道理。在法律法规的范围内发挥聪明才智做策划。

引例

你规定不了我的规定

下午，我去一家银行取钱急用。等我心急火燎地赶到银行门口时，却看到奇怪的一幕，自动取款机前排起了长龙。我以为发生了什么经济恐慌，大家急着往外提钱呢。

我慌忙跑进银行营业厅，奇怪，营业厅里静悄悄的，一个人也没有。我心里想，那些人真傻，怎么不到柜台取钱呢。我掏出储蓄卡递给营业员说取点钱，营业员问：“先生，你取多少钱?”我说：“取3 000元。”营业员微微一笑：“对不起，先生，我们这儿有规定，请你到ATM机去取。”我这才看到窗口上贴着一纸这样的规定，意思大概是为了减轻银行工作人员的人工劳动强度，凡是取钱在5 000元以下者，请到自动取款机前取款。我只好对营业员解释说：“我有急事，能不能通融通融，先让我取了。”营业员这次态度冷漠地说：“这是规定。”这强硬的规定还真麻烦，去外面排队，肯定要耽误事。

这时，有一个中年人在柜台上顺利取了5 000元钱。看着这个人，我突然灵机一动，有了主意。我再次把储蓄卡递给营业员，营业员这次有点生气地说：“不是说了让你到外面取吗?”我说：“我取5 000元!”这次营业员无话可说了，他乖乖地给我取了5 000元。我从取出的钱里面抽出1 000元，连同储蓄卡递给营业员。营业员不解地望着我，我冷漠地说：“存1 000元。”营业员张了张嘴想说什么，却什么也没有说出来。完成了这笔存款，我又抽出1 000元，连同储蓄卡递给营业员说："再存 1 000 元。"营业员简直有点恼怒了："你为什么不一块存?!"我平淡地说："这是我的规定，我规定我自己一次只能存 1 000 元，而不能多存。况且银行也没有规定不能这样存。"

取完又存完钱，我来到外面，看着自动取款机前排着的长队，真替他们着急，心想里面肯定有如我一样急着用钱的人。我大声地把我的取钱"高招"告诉了他们。一听我说的有门儿，排在长龙后面的大部分人全跑到柜台去了。很快几个储蓄窗口前排起了小队，每个人都是先取后存。一会儿，银行的负责人就出来了，对大家解释说："对不起，我们的工作考虑不周。这个规定作废。"让人当场撕下了各个窗口上贴的那个"强硬"的规定。

[引例审视]

这是作者炉火在《新文化报》上发表的文章，很有启发：

1. 策划设计一项制度、规定或办法，要站在对立面对其评估、批评，即利用"反策划"拷问，经过检验以后才推出。

2. 策划人应该学习文中的"我"。无疑"我"具有策划人灵机应变的素质，挑战自我，挑战经不起推敲的"规定"，用"我"的合理规定，打破你不合理的规定。

3. 再次证明策划处处有，用心策划能获成功。

10.1 求婚策划人的启发

策划人必定是走在一条长满荆棘的坎坷路上，他要不停地为别人解决难题，在否定过去的做法中，寻找新的路径。"过去的做法"主要是指策划主用过的，但已经"失灵"的做法，其实也说明策划人千万不能用同一张"处方"为不同的策划主诊治不同的"疾病"，也不能用同一张"处方"为同一位策划主不同时间、不同地点、不同的"病症""看病治疗"。

策划人努力工作后，会相信"彩虹总在风雨后""从头再来寻常事，柳暗花明又一村"。

下面这位策划人，放弃过去的专业，寻找到一条新的路径，策划思路有创意，为开辟一个新的领域蹚出了新路。

策划案例 10-1　走近国内首位求婚策划师

2010 年，30 岁的吉林小伙丁国力辞去不错的工作，开始吆喝他的求婚创意，并成立了自己的求婚策划团队。

就这样，他成了国内首位"求婚策划师"，开业才几个月，就接到 100 多份求婚策划订单。他告诉笔者，赠人玫瑰，手留余香，天天谈恋爱的感觉实在是妙不可言。

牛刀小试策划求婚仪式

1982 年出生的丁国力是长春建筑学院电子信息中心的老师，之前在长春一家婚庆公司做婚礼摄影师。2010 年夏天，丁国力接到了一个好朋友的电话，朋友说："你去网上搜一下'东师求爱门'。"说罢，不等丁国力再说什么，就挂了电话。

搜索结果让丁国力大吃一惊。这是个 10 多分钟的求爱视频，男主角正是他朋友本人。

公开求婚、求爱这种事情在 2010 年的长春还是件很新奇的事，突然，一个大胆的想法钻进了丁国力的脑袋——不如，我就向年轻人销售浪漫吧。

丁国力把想法告诉了一个在一起工作的婚礼摄影师，对方一拍脑袋："对了，我有个表弟正想着怎么向他女朋友求婚呢，你快帮他出出主意！"

摄影师的表弟是吉林农业大学的大四学生，女朋友则在农大读研究生。因为面临着男方毕业两人即将分离的状况，两人的感情出现了小小的危机。

丁国力了解情况后，精心为他们筹划了一场求婚仪式。

一天中午下课铃响起，女孩收拾书本正要离开，要好的同学拉起女孩让她陪自己去找导师。见楼前广场上围着好大一群人，女孩好奇地凑上前去想看个究竟，突然人们像商量好了一样为她让开了一条路，人群的中心停着一辆轿车，这时，车门打开走下来一位精神的小伙子，那正是女孩的男朋友。他走到女孩面前，单膝跪地，拿出一枚戒指，深情地向女孩告白："即使我不在你身边，我也不会变心，嫁给我吧！"人群顿时爆发出潮水般的欢呼和掌声，女孩从来没有想过这么浪漫的事情会发生在自己身上，她握住男孩的手自己也跪了下来，羞涩地回答"我愿意"……

这是丁国力策划的第一场求婚仪式。

开业第一单　帮同学求婚

2012 年年初，丁国力辞去了高校的工作，成立了自己的团队——微影视觉求婚策划工作室。

很快，又有第二桩表白求婚的求助任务上门了。这是他的一个同学，小伙子是公务员，老实内向，不会浪漫，可是还是想给自己的女朋友一个难忘的求婚仪式。丁国力拍了拍他的肩膀："放心吧，交给我了！"

有了第一次的经验，丁国力这回更加胸有成竹。很快到了约好的日子，那是九月的一个下午，小伙子把女朋友约到了风景秀丽的净月潭游玩。

天色渐渐暗淡，小伙拉着女友的手说："走吧，我们吃饭去。"他牵着女友的手在树林中穿梭，不知不觉中，他们来到了一条静谧的小河边，夕阳西下，映照在流水中的余晖金光璀璨，让人心醉神迷。

女友被这样的美景折服了，等她回过神来，发现男友已不见了踪影。她刚觉得有些疑惑，突然听见不远处飘来一段悠扬的小提琴声，一道光束打在她面前的地上，她看见地上竟然有一条用花瓣铺成的小路。她的心怦怦地跳着，沿着光束往琴声的方向走去，那道光将她一直带到男友的面前。

男友西装革履，手捧玫瑰，笑吟吟地看着女友，掏出早已准备好的钻戒，柔声说道："亲爱的，嫁给我吧！"那一刻，女友被幸福满满地充溢着。

巧设计让女追男也浪漫

2012 年 10 月，一位长发披肩的时尚美女登门拜访，她叫晓懿，刚刚走出大学校门一年。

晓懿喜欢一个男孩已经有两年的时间，怎么才能让他明白自己的心意呢？晓懿决定勇敢地迈出第一步——公开向他表白。晓懿心里没底，向丁国力求助了。

丁国力首先找来造型师，为晓懿打造了一个全新的形象，再精心策划，选好告白的时间和地点。告白的那天天气晴朗，晓懿和丁国力的团队一起，坐上车去往目的地——市中心的商业广场。

而这时，晓懿的暗恋对象王浩也被他的一群哥们带到商业广场，约定的时间到了。突然，熙熙攘攘的商业街正在行走的人群突然像被施了魔法一般，每个人都定在那里不动了。王浩看着身边的哥们也定住了，不禁惊讶得张大了嘴。这时，前方大厦的 LED 屏幕突然传来了温柔的女声："王浩，我是晓懿。"王浩定睛一看屏幕上放的不正是自己的照片吗？看着影片，听着晓懿细数自己的心路历程，王浩感到深深的动容。这时，一个似曾相识的美女手捧花束朝他走来，王浩眼睛一亮，天哪，这是谁？这是晓懿？晓懿站在他面前，羞涩地看着他。王浩心里一暖，伸手将她揽在怀里……

8 个月"谈 150 场恋爱"

在晓懿和王浩幸福恋爱大半年之后的一天，晓懿又一次登门拜访了。面对丁国力关切的神色，晓懿鼓起勇气说出了自己的心里话："我们也到了结婚的时候了，可王浩压力很大，因为没有自己的房子，所以不敢向我开口。其实我不在乎这些，国力哥，你能不能帮我再主动一次？我想向他求婚。"

听了这样的话，丁国力真是打心眼里佩服这位勇敢的女孩了。他当然在所不辞了。这一次，丁国力为晓懿准备了一个简单但温馨动人的场面。

半个月后的一个周末，晓懿拉着王浩去看电影。他俩刚找好位子坐下不久，灯暗了，屏幕上竟然出现了熟悉的长春街头！大屏幕上两个年轻的情侣举着一个白板，对着镜头一起读出白板上面的字："王浩，我们结婚吧！"镜头转换，一对年老的夫妇也笑吟吟地举着白板一起说道："王浩，我们结婚吧！"接下来是幼儿园可爱的小朋友们，校园中的大学生们，甚至还有金发碧眼的外国朋友，大家都异口同声地说着："王浩，我们结婚吧！"

这时，电影院的灯再次亮起。身边的观众都站了起来朝向他们，王浩朝四周一看，原来旁边坐着的都是自己的好朋友们。晓懿轻轻地说："王浩，我们结婚吧！"王浩当即抱起晓懿，电影院中响起了长时间的掌声。

丁国力的求婚策划工作室自 4 月份成立以来，当月就接到了 60 多份订单。到 2012 年年末，公司所策划的求婚求爱仪式已经超过了 150 次。随着名气越来越响，慕名前来的客户从长春当地已经蔓延到全国各地。

2013 年 5 月 1 日，王浩和晓懿在长春举行了隆重而盛大的婚礼庆典。丁国力作为贵宾出席了婚礼，同时也担当了婚礼策划和婚礼录制。这一对新人，从相识到恋爱直至步入婚姻的殿堂，丁国力都在身边保驾护航。那一刻丁国力觉得自己也幸福满满。

资料来源 海子．走近国内首位求婚策划师［N］．贵阳晚报，2013-06-13.

丁国力并不是策划科班出身，他推倒自己的专业，干起了专业策划师的行当。他的成功证明了“世上无难事，只怕有心人”这句至理名言。

大众传播媒体报道首位“求婚策划师”成功的消息后，一定会“招蜂引蝶”，各地会出现许多跟进者。面对后来者的挑战，首位求婚策划师还得继续做出“人无我有，人有我新，人新我优，人优我转”的不断创新的成绩。

10.2 好策划是改出来的

10.2.1 名人写作不厌改

保尔·法拉格说，马克思“决不出版一本没有经过他仔细加工和琢磨的作品”。曹雪芹著《红楼梦》，披阅十载，增删五次。中外有成就的写作家，无不重视修改。对策划书的每次修改，都使其更能反映客观实际，更适合策划主的需要。

宋代大作家欧阳修，晚年时常常认真修改平日所写的文章。老伴见他用功过度，便说：“何必自苦到这个程度，你的文章还怕老先生骂?”欧阳修笑道：“不怕老先生骂，却怕后生耻笑。”

唐代杰出诗人杜牧，晚年审查他平生的诗作时，凡是认为不满意的，统统都烧掉。本来他的诗作有 1 000 多首，烧得只剩下 200 多首。幸亏他外甥还保存着 200 多首，这样他的诗共流传下来 400 多首。其中的《清明》至今脍炙人口，被本书列入教学范例。

策划案例 10-2　　周恩来总理改新闻稿是常事

有一次，周恩来作形势报告，就国内、国外形势讲了一个下午，讲的内容非常重要。记者采写时，稿子上有一句“周恩来总理作了重要讲话”。交给周恩来审阅时，别的地方都没改动，他就把那个“重要”二字圈掉了。

有一次开座谈会，大家发言完了，主持会议的人说：“现在请周总理作指示。”他说：“不是，不是‘指示’，我个人发言就是个人意见。我今天这个发言并不是中央通过了，可能对，也可能不对。我说错了，大家可以批评。”

他会见外宾，新闻稿中写的是“周恩来总理今天接见了×××”，他把记者找过去，说：“不要用这个‘接见’，应该用‘会见’。中国封建社会时代，皇帝老子都是接见外国大臣，接见下属官员。他是高高在上，老子天下第一。他接见你，你是在下面，他是在上面。这也是一种封建观念。我是社会主义国家的总理，不管会见什么人，中国人还是外国人，都处在平等的地位。你们要用‘会见’，不要用‘接见’。”

1961 年，周恩来总理出访归来，第二天在报纸上就有消息说“周总理神采奕奕地走下飞机”。看到报道，周恩来叫值班秘书把记者找来，指着报纸上的消息说：“现在国家遭难，人民受苦，我周恩来凭什么还‘神采奕奕’?”他还说：“我们共产党的干部都是人民的公仆。现在，天灾人祸搞得我们连饭也吃不饱，我周恩来作为国家总理，居然还‘神采奕奕’? 这样宣传‘上不合乎国情，下不安于民心’，以后一定不能这样报道。”

资料来源　胡祥鸿．周恩来怎样改新闻稿［J］．红广角，2011（8）．

身为大国总理，日理万机，周恩来要策划多少项目? 但他率先垂范、事必躬亲，对新闻报道的细节都非常关注，这种精神值得策划人学习。

10.2.2　修改策划书的态度

面对已经写完了的策划书，修改时会出现以下几种情况：

（1）策划高手的初级产品、半成品，要对事不对人，毫无顾忌，该改的一定要改。无论是直截了当地提出修改意见，还是婉转地表达修改意见，以对事业负责的态度，出于公心，为向策划主交出一份高质量的策划书，应该知无不言，言无不尽。

（2）策划书初学者的作品，要在充分肯定优点的同时，不放过一丁点的毛病，承担修改任务的人，对每处修改都要准备充足的理由，让撰稿人心服口服，使其获得提高写作策划书水平的机会。

（3）策划小组成员交出了几份策划，进行组内比稿。一般可以其中一份为基础，将其他几份的长处“移植”到被选为基础的那一份中。

策划主对策划书提出修改意见，也会出现两种情况：一是策划主对策划书的理解出现偏差，所提的意见不尽恰当。策划人要与策划主沟通，坚持真理，修正错误。二是策划书确实有不周到的地方，听取策划主的意见后，除表示真心的感谢以外，要尽快地修改。

10.2.3　策划书修改要领

策划书修改的要领有四个字：增、删、调、换。

1. 增：增加材料

增加解决问题的策略，把策划人的妙计高招尽可能添加进去。在交稿时间允许的情况下，要对已经写好的策划书进行不停的、不厌其烦的“打磨”，这个“打磨”，包括增加策划书的新内容。

2. 删：删减材料

删除可有可无的材料，删除目前办不到的建议，删除在策划小组讨论中意见分歧较大的策略，删除策划主已明言否定的事。在“打磨”中，也包括反复权衡，对策划书的内容进行删减。

3. **调：调整结构**

写作策划书，实际上是在回答“策划什么”“怎样策划”“策划实施后有什么效果”三个大问题中的若干小问题。写作中要根据策划主的需要、策划人掌握的材料、策划人智力劳动的成果，有序地表达出来。

4. **换：焕然一新**

在修改策划书时，有换字、换词、换句子、换段落等技术技巧的问题，还有换主题、换材料、换策略、换媒体购买等关乎全局的问题。该换不该换，原则只有一个：促使策划书的质量更高。

交出第一稿后，不再修改的策划是没有的，当然，如果交出来的策划本身没有修改的必要，就“寿终正寝”了，那就不必修改了。

好文章是改出来的，这是所有从事写作的人的共识。

策划书作为一种新的体裁，叙述时要求严密顺畅，描述清晰；说明时要求条理分明，使读者能进入“状态”；论证时要求将因果、递进、并列、转折关系紧凑合理地安排，使策划书浑然一体，无懈可击。

策划关乎策划主的生死存亡，关系事态全局的变化，要经过许多人较长时间齐心协力的工作，可能要调动千万或上亿的资金，因此，必须严肃对待策划书，严谨写作、校对和修改，严格把关。

《新京报》上刊登了刘玮等写的文章：《揭秘反腐神剧〈人民的名义〉幕后》。文章写了反腐连续剧《人民的名义》的创作、拍摄、播出的内幕，就这部最高人民检察院策划的重头戏解答了观众关心的问题。艺术创作为推进反腐倡廉服务，深得人心，无疑是成功的策划。

策划案例 10-3　　揭秘反腐神剧《人民的名义》幕后

2017 年 3 月 28 日，集合了 40 多位明星演员的超强阵容，题材在网友眼里“很敢拍”的反腐题材电视剧《人民的名义》在湖南卫视开播。没想到的是，这部由最高人民检察院（简称最高检）影视中心组织创作的“主旋律剧”，在之前几乎零宣发的状态下，迎来收视开门红。导演李路直言，这部剧就是想“让全世界看到中国的这次反腐，到底是什么样的一个生态”。

专家给予高度评价，这在过去不可想象

2015 年，在最高检的陪同下，编剧周梅森去了南京的浦口监狱，与一些落马官员、检察院及驻监检查所的干部开了几个小型座谈会。“我见到的干部都是厅局级，在监狱里待了 7 到 10 年。他们都曾在掌握实权的高危岗位上，比如县市的一二把手。极少干部是一上来就贪污的，大多数都是因为一念之差，或者是因为身边人出事牵涉进去的。”

为了还原场景，周梅森还专门去了审讯室、检察院的检察指挥中心。“举个例子，我在剧里写，H 省委常委、省会城市市委书记的老婆收了别人三张卡。这是南京市浦口区反贪局的一个真实案例。因为要买的衣服很贵，钱不够，这个官员用了受贿的卡和自己的卡，检察机关的证据就这么落实了。”周梅森告诉记者：“我在剧本开篇写贪污 2.3 亿的处长，是典型的小官巨贪，这个角色我参照了国家能源局原司长魏鹏远。他的材料在网上披露得非常详细，我不用采访他，也能以他为原型写出一个角色。”

周梅森坦言：“以我过去的经验，这类政治题材的电视剧，审核是非常麻烦的。所以，做《人民的名义》之前，我跟导演李路提前打了招呼，要做好删掉 5 集、改 1 000 次的准备。但是，这一次非常棒，总局让专家们提意见，专家给予了高度评价，这在过去简直不可想象。”

演员片酬集体折上折

为作品的质量考虑，《人民的名义》总体投资过亿。总制片人高亚麟告诉记者：“我们拍了 113 天，将近 4 个月，非常紧张。演员整体片酬只占了不到一半的制作经费，几乎回到我们很多年前做剧的水准，四六开。他们聚在一起，就是讨论剧本，这句台词怎么讲，那段戏怎么演，氛围特别好。”高亚麟说，凡是来参加这部剧的，从张丰毅老师开始，到陆毅、柯蓝、许亚军、吴刚、侯勇等，40 多位演员，几乎全是友情价出演。

陆毅饰演的检察官侯亮平算是男主角。在他看来，侯亮平这个人很有层次，他是刚正不阿的检察官，但是也有调皮、比较猴精的那种劲儿。“我去最高检体验生活，从最基础的信访部门到电话热线我都去过。他们都是状元、博士这种级别的人物，非常聪明，而且很年轻，我觉得他们才是我们的国民偶像。”

为争取年轻观众“偷偷加了感情线”

在进行后期制作时，很多负责制作的 90 后、95 后都喜欢上了这部作品。“因为周梅森以前的作品里很少出现情感和家庭，比如领导一般都很少涉及家庭生活，这次我们都设立了感情线。”在李路看来，与年轻一代观众的交流非常重要，“无论是反腐意识的加强还是整体引导，都要从年轻人做起。我们希望能传达给他们一些观念：你有天大的本事，对社会有再大的贡献，都不能触犯法律，一旦触及，就要绳之以法。”

高亚麟说，这部花费了诸多人心血的《人民的名义》其实只想它有一个意义：“我觉得每一个检察官，除了正义感，身上还有悲悯情怀。他们并不是办案后觉得大快人心，而是觉得人性复杂，惋惜和痛苦。一些贪官一开始也是人才，但最后跑偏了。我们拍这样的题材也是警醒，像报个天气预报，告诉你前面有雷有雨，大家不要往那儿去。无论是国家培养，还是个人对家庭的责任，都是非常不容易的。希望能起到劝阻的作用。”

资料来源　刘玮，张坤玉，凌晨．揭秘反腐神剧《人民的名义》幕后：创作源于真实[EB/OL].［2017-07-20］. http：//dy.163.com/v2/article/detail/CGRU7G330512D3VJ.html.

10.3 走出策划的误区

策划这个词，有两面性，褒义和贬义都有。

好事要策划，坏事也是策划的结果之一。坏的策划有两种情况：其一，原本就是为坏事做策划，从根子上是坏的。做这种策划的人的能力越强，结果越坏。其二，动机是良好的，策划的方向偏了，策略违法了、违规了，结果就坏了。

学习做策划，首先要学做人，做一个奉公守法、有道德良知的人，“己所不欲，勿施于人”。策划能力、写作水平都要建立在这种“与人为善”的基础上。

现实生活中，让人不能接受的策划时有发生，我们试举几例，可见一斑。

10.3.1 强加于人，众人反感

电视广告中的“今年过节不收礼，收礼只收脑白金”连续很多年被消费者列入“恶俗广告”，但它的策划人依然“我行我素”，多年不变初衷。有人分析脑白金想走品牌和文化之路，脑白金的策划人认识到中国人有送礼的习惯，就想通过策划一种商品来满足中国老百姓的这个习惯，想让这种商品成为一种消费文化。脑白金策划者的所有策划无非就是建立在这样一种设想上。脑白金策划者在这个问题的认识上算是非常有先见之明的，但脑白金广告所走的路绝对是一种误区。

第一，脑白金难以成为一种品牌，更难以形成一种消费文化，主要是由脑白金自身的内在品质决定的。脑白金究竟是什么？迄今，找不到任何严肃的学术文献来支持“脑白金”与“脑白金体”。

第二，前几年中国保健品市场的虚夸、浮夸之风已经损伤了很大一部分消费者对保健品的购买兴趣。比如大家记忆犹新的燕窝保健品，最后经媒体披露，市场上的燕窝保健品全是子虚乌有。一年很难找到几个燕窝，而在保健品市场，如此之多的燕窝保健品从何而来？结果全是欺骗消费者的假冒产品。在一片声讨声中，燕窝保健品遭遇四面楚歌，从此再难觅踪迹。这股风声对保健品市场伤害很深。这种背景也不利于大规模做保健品，因为市场人气很难恢复。

第三，脑白金策划者以为品牌就等于猛烈地做广告，在中央电视台做广告就可以家喻户晓，提高知名度。但脑白金的关键失误就在于，策划者忽略了商品的内在本质：是不是物有所值。

第四，脑白金策划者所采取的广告形式也有问题。广告只是简单地重复，以为“重复千遍成真理”，靠不断地向受众重复做广告就能升华成品牌。策划者不知道策划中还有“审美疲劳”，反感、习以为常、见怪不怪等心理。简单地重复某广告容易让受众心理疲劳并形成反感，还有受众习以为常后，广告就失去了效用。在某网站所做的“你最讨厌的广告”的调查中，脑白金广告名列第二。

10.3.2 为造噱头，丢失形象

“2011 周洛野生桂花节”在湖南浏阳开幕，此次桂花节持续一周观，为了更好

地吸引游客眼球，周洛景区在常规的优惠活动基础上，又重磅策划创意，试图打响一场重头戏。景区声称，“2011 周洛野生桂花节”期间，年满 22 周岁、自称处女的成年女性游客凭有效身份证件可免票游览，并获赠精美礼品一份。该景区营销部负责人宣称，这是想在桂花节期间为妇女朋友们送上一份心意，由于妇女的范围太广，全免票的话承受不起，只好从中选择一部分。

消息一出，各大电视媒体、网络议论铺天盖地而来。而此次策划的“处女免票”活动刚推出就被有关部门叫停，周洛景区马上用其他词语来代替“处女”一词。尽管这次活动仅仅是昙花一现，可带来的思考并没有随着它的结束而停止。

周洛景区策划的“处女免票”事件，其表面上看是针对女性群体举行的一次优惠活动，但实际运作过程中，景区的做法的直接目的不过是想引起公众的注意，利用大家所关注的并能引起热议的敏感话题来造势，根本的目的是增加景区的收入，所谓的“处女”不过是一个哗众取宠的噱头。尽管如此，虽然媒体曝光，舆论谴责，但是景区并不吃亏，一个“处女免票”的事件就让媒体帮忙做了一回活广告。他们追求标新立异，为自己制造看点，吸引消费者眼球的目的达到了。

当下，美女营销不失为一种吸引消费者的好手段，如果运用得好，效果令人耳目一新。但是，周洛景区运用处女炒作策划，有伤社会风化，营销目标不能实现，反而让景区形象走向低俗。

如果仅仅是为了博得眼球，搞一些急功近利的低俗营销，确实让公众失望，不仅起不到很好的宣传效果，反而让景点蒙羞，有损企业的整体形象。

10.3.3 精心策划，彻底坍塌

1994 年 9 月 18 日晚，太原有线电视台播出“飞字广告”，内容是“来自雁门关外的‘四不像’将进入千家万户，请注意观察，关好门窗”。后来才知道这是太原市金鑫广告公司做的营销传播策划。

这条广告文案在太原市民中引起了关注。第二天，有小朋友身上出现小红点、小疙瘩，家长就打电话问电视台：“是不是‘四不像’钻进家来咬的?”对什么是‘四不像’，许多人在猜测、在议论，问电视台，结果是“无可奉告”。

短短的一行广告，使偌大的太原城产生了不安，这是策划人始料不及的。

“四不像”在《封神演义》这部小说中是西岐姜子牙的坐骑，头似马，角似鹿，蹄似牛，尾似驴，所以叫“四不像”。

在广告中有一句“关好门窗”，坏就坏在这四个字上。小朋友皮肤上的异样本来与广告中的“四不像”毫不相干，但人们丰富的联想，将它们扯在一起，让满城尽带恐怖感。

“四不像”确实传播出去了，但效果适得其反。一句“四不像”使省会城市人心不安，中央电视台《焦点访谈》专门做了报道和分析，这条“精心策划的创意文案”违背了《中华人民共和国广告法》第三条的规定：“广告必须真实、合法、符合社会主义精神文明建设的要求。”广告公司受到了罚款处理。

可惜了，来自雁门关外的一种饮料（不像啤酒，不像可乐，不像矿泉水，不像葡萄汁）就此销声匿迹。

如果策划人在广告策划和传播中不走“恐惧诉求”的路子，只预先发布提醒性信息，将“关好门窗”改为“开门迎接”，那就好了。然后在国庆节期间派出若干人将小包装的“四不像”送到街头巷尾、居民小区，让大家品尝新产品，认识新产品，产生好感，才会有购买行为。

策划人有想法，有创意，但策略走偏了，结果就不同了。

10.3.4 时机不当，画虎成猫

中央电视台每年一度的“标王”争夺，似乎永远是强者们实现雄心目标的竞技场。然而当人们还来不及对“标王”给予持续的关注时，很多“标王”却已经昙花一现退出了人们的视线。熊猫手机更是创下当年夺标当年落马的最快速度。这曾经的“强者”，究竟在什么地方犯下了致命的错误呢？最主要的原因是选择时机不当，这“标王”当早了。

这一年，有36家厂商逐鹿中国手机市场，摩托罗拉、诺基亚、西门子、索尼爱立信、三星、LG、松下等，欧美国家和日本、韩国几乎所有强势品牌都登陆中国。同时，波导、TCL、康佳等国内巨头更是摩拳擦掌，手机市场硝烟弥漫，竞争高度白热化。在这种大背景下，熊猫手机频频举牌，夺得“标王”称号。夺标后的熊猫手机引来各大媒体的争先报道，在实力尚不够强大的情况下，就越过排在前面的一串巨头而一步登天，先拿下“标王”，后做市场。当时中国手机市场已经是相对成熟、理性的消费市场，消费者考虑更多的是厂商的技术实力、生产规模、产品设计等硬指标，仅仅凭借一个“标王”的牌子是无法赢得人心的。

由于巨额的广告费用、沉重的研发费用使得熊猫手机成本较高，但是中国手机市场的价格一直在往下走，也有不少国产品牌转型，TCL再也不提纯高端路线，而是俯下身来同时与中低端领域的波导手机竞争。勇夺手机“标王”的熊猫，急需分摊巨额广告投入，需要更大规模的出货量，而只做时尚精品手机更难战胜竞争对手。熊猫手机的发展速度相当快，快到还没有真正的实力就去夺取央视的“标王”，最终，其影响也只是昙花一现，很快消失在人们的视线中。

本章小结

做策划，写策划书，不是科班出身的人占有相当大的比例，成功者不胜枚举，以此鼓励我们有志做成功策划，写出经典策划书。做策划，写策划书，不能掉以轻心，要在仔细推敲中使策划及策划书精益求精。古今中外凡有成就者，都是善于发现自身错误，并勇于纠正的人。对于策划这种系统工程，尤其需要论证、评估，在客观分析中，在逆向思维中，自己发现不足、发现错误，还要听得进别人的善意批评，甚至是恶意中伤，“有则改之，无则加勉”。

做策划，写策划书，要绝对避免坏心眼的策划，也不要“好心办坏事”，为策

划主出歪策略、坏策略，使策划主输在策略上。

思考与练习

1. 丁国力为什么会在求婚策划中取得成功？

2. “好文章是改出来的”，道理是什么？

3. 对广告做得不好，销售还可以的脑白金，你有什么看法？

4. 做策划，写策划书，策划人一定要在守法的路上行走，你能说说别的违法违规策划或广告产生的原因、结果吗？如何改正呢？

5. 一部关注度高的电视剧，是多个团队在策划统筹中协作、落实的结果，试以《人民的名义》为例说说你的看法。

写作实操项目

策划书几经波折，该整装出阁了。现在，还有一件事要做：将策划书的标题、主题、广告语、创意、广告主的目标——诉求点、商品闪光点、受众-顾客-消费者的关心点，“三点一线”，推销商品的策略办法、步骤，用 PPT 做出来，在向策划主介绍策划书时演示文稿，侃侃而谈。

策划书交出去了。策划人成功了。

“银发工程”服务馆项目策划

第 11 章

修成正果确实难

学习目标

通过本章的学习，认识策划人员紧缺的原因，促使自己努力学习和实践，使自己尽快加入策划人行列。了解策划学的产生和中国策划学代表人物的概况。重点掌握成功人士不居功自傲的品格，用写好“不要随地吐痰”的严肃认真态度做好策划。

引例

1 000 万元年薪招聘策划人

史玉柱曾经开出 1 000 万元年薪招聘网络游戏策划人，那么他需要的人才要具备哪些要求呢？史玉柱认为应该具备以下条件：

此人年龄应该在 35 ~ 45 岁，必须有相当坎坷、大起大落而又自强不息的生活经历。只有这样的人才能够深刻地了解人生，知道什么时候要忍，知道什么时候要稳，知道什么时候要狠。此人必须拥有成熟的世界观，并且拥有自己的思维方法，建立起自己的思想体系。只有这样的人，策划出来的游戏才有深度。

此人必须拥有相当广的知识涵盖面，上知天文，下知地理，中间还必须晓得无数的人文知识，并且将其融会贯通成为系统。也就是静态地说，此人必须是一个百晓生。只有这样的人，策划出来的游戏才有广度。

此人要保持非常人的学习力，形成自己的学习方法，每时每刻都在学习，有学无类，博学百科。也就是动态地说，此人必须随时把自己的身段放低，谦卑而又高效地学习。

此人必须经过市场的洗礼，了解市场的需求，了解客户的想法，不仅仅是游戏领域，还必须要有传统行业的市场经验，因为传统行业的市场竞争更成熟、更激烈、更残酷。

此人一定要是一个工作狂，对工作无比专注，对胜利无比渴望，而且要具备极大的野心，不断地挑战极限，挑战自我。

此人要有很强的管理能力、领导力和凝聚力。毕竟游戏不是个人英雄能开发出来的，团队的力量永远是第一位的。但是团队的力量一定要有最好的管理能力才能爆发出效率，一定要有最好的领导力才能更有战斗力，一定要有凝聚力才能更有竞争力，而策划就应该起到最核心的作用。

此人倒不必具有多么深厚的技术功底，但必须了解技术能够实现什么、怎么实现，技术发展趋势是什么。

理想中的“1 000 万元策划”大致如他所设想，如此人物恐怕做什么都值得上 1 000 万元了。

资料来源　张冬宾．史玉柱千万年薪策划招聘要求［EB/OL］．［2014-08-03］．http：//column. iresearch. cn/u/anblue/4564. shtml.

［引例审视］

1. 史玉柱要找为网络游戏做策划的领军人物，开出了不菲的报酬，证实其策划的难度，需要高薪吸引人。

2. 1 000 万元年薪招聘的策划人要具备的条件中所列 6 大内容，鲜明、具体，可以对号入座。

3. 细想下来，难以求得这样的策划人。其一，真有这种人才，他一定早已在别的单位干着他顺心的工作，薪酬虽然没有 1 000 万元，但他不愿挪动。其二，6 大内容中，有的人只能符合某些方面，望而却步。其三，真有那么大本事的人，会对年薪 1 000 万元不感兴趣，他要自己创业当老板。

4. 史玉柱开出的筹码也可以让策划人兴奋：策划真值钱。

怎样才能成为一名策划人？① 路径有许多条，我们不能像工厂中的流水线生产统一规格的“策划人产品”，同校、同班甚至同寝室的要好同学，也会出现如鬼谷子的两名学生孙膑和庞涓那样学识、人品各异的学生。策划的灵魂和核心是创意，“我劝天公重抖擞，不拘一格降人才”。策划业、策划人在我国都属新兴产业和新兴岗位，目前活跃在策划界的知名人士，还没有一位出自策划学专业。

11.1　策划人的素质要求

我们要研究策划人才紧缺的原因及如何成为一名优秀的策划人。

11.1.1　策划人才成为紧缺人才的原因

1. 供不应求

由于市场竞争激烈，各个单位都需要能把握市场的综合型策划人才，这样就造成了策划人才的紧缺。

---

① 吴粲在《策划学》第 6 版（中国人民大学出版社 2012 年出版）中做了一项专题研究，提出了“策划人才成为紧缺人才的原因及如何成为一名优秀的策划人”的问题。

2. **高校培养跟不上**

目前我国高校的体制和课程设置的限制，使得在策划人才的培养方面有缺陷，不能满足市场的需要。

以商务策划为例，现在企业的策划运作与以前相比已经发生了很大变化。以前企业做策划无论手段、技巧还是方式、方法都要简单得多，而现在策划已经与企业的生产、管理、战略、营销、公关等紧密结合在一起，企业策划人员也应该是综合型人才。

目前我国很多大学把策划专业设置到文学院或新闻学院，策划专业只是开设与媒体有关的课程及电视拍摄技术等，这样学生比较缺乏经济管理方面的知识，或者几乎没有这方面的知识。还有一些艺术学院或系开设策划课程，但学生更多的是从艺术设计角度在学习策划。经管学院并没有开设策划和新闻课程，学生不懂策划和新闻的一些基本常识和原理，更谈不上对一些策划的技术处理，比如电视片的特点、报纸策划的设计、广播词的制作，等等。

这样培养出来的学生就不能运作企业的整体策划，只适合做策划的操作部分——设计制作，而不能涉及宏观部分——策划运作。

今天的策划运作是这样的过程：首先根据企业的整体情况策划，也就是宏观部分，然后是运作、设计，也就是微观部分。由于我国大学专业的局限性及缺陷造成策划专业的低端人才很多而高端人才缺乏，也就是由于高校培养的人才在知识方面的不足，导致现在社会上缺乏综合型策划人才，高端策划人才因而成为紧缺人才。

还有一个重要原因，是大学严重缺乏能胜任策划学教学的合格讲师、副教授、教授。在2008年厦门大学出版社出版的《创意产业与中国广告业》一书中，王多明在论文《发展创意产业急待解决的问题》里提出“大学系统教育是培养创意人才的主渠道”，但是“创意教学很尴尬”“创意产权缺保护”，时至今日，策划、创意还没有形成产业大军，也没有社会认可的领军人物。

3. **在实干中学策划做策划成了主渠道**

回望我国的策划高手们，难有科班出身的。其一是他们求学时我国高校还没有开设策划专业，他们靠自学、领悟进行策划，自己动手撰写前人没写的策划书这种“与时俱进”的文体。其中的高手将自学心得体会写成书籍，有的被高校选用。其二是许多在策划第一线工作的人员，面对策划任务，在实干中摸索策划的规律，用心做策划，取得了事业的成功，他们在言传身教中，培养策划的新手。

在各高等院校的学生社团中，经常开展各种活动，活动进行之前要对策划书进行比稿，引导学生自己摸索，或依葫芦画瓢。没有训练过的学生虽然写不出规范的策划书，但他们的策划意识还是找到了表达的方式，这为他们今后就业创业做策划打下了基础。

11.1.2 如何成为一名优秀的策划人

策划是一个全面、系统的过程。运行策划的过程必须综合使用新闻、策划、营销、公关、谋略、管理、统计等手段。所以，一个优秀的策划人，既是一个“博”家，也是一个“专”家。

1. 广博的知识储备

优秀的策划人必须具有广博的知识，懂得管理，了解生产，熟悉各种媒介，具有各种综合知识，而且具备新闻、策划、营销、公关等方面的专业知识。

2. 对策划对象的准确把握

优秀的策划人除了具备各方面的知识外，还应对所策划的项目有深入的了解，从不熟悉到熟悉再到了如指掌。在对整个市场和单位的发展方向等方面都有彻底了解的基础上，有效的、成功的策划才能从头脑中产生，否则只能产生一般的策划方案。

3. 眼光敏锐，思维独到

优秀的策划人除了具备各方面的知识、扎实的功底，对策划的项目有深入的了解外，还应具有敏锐的眼光、灵活的思维和独特的见解等，还要有踏实、严谨的作风。而掌握这些知识、加强综合素质，并非一时之功。“冰冻三尺，非一日之寒”，策划人只有时时严格要求自己，平时不断地学习、积累，才能提高自身的综合素质。

11.1.3 策划创意从何而来

策划创意是策划运行中的最高层次，不言而喻，它有一定的难度。

策划创意切忌脱离经营或推销的实际，而只从纯粹的形式上、理论上、艺术手法上、表现手段上去创意。策划创意自始至终应围绕实际情况展开。

策划创意就如同在科学理论中要有新的发现，前提是必须掌握一定的基础知识。若策划人不具备深厚的综合专业知识、良好的素质修养，只凭自己的主观臆想、空想，是不可能有好创意的。

综上所述，真正优秀的策划人不是天赋的，而是在后天的学习与实践中培养出来的。

正因为如此，在目前，那种能够驾驭全局、能给企业进行系统策划的综合型人才是各个企业急需的，而这种人才的供需矛盾在短时间内还难以得到缓解。

高等学府应尽快培养一大批精于策划相关理论的专业教师，这批教师还得到社会活动的策划中去检验理论、充实理论、发展理论，建构具有中华文化特色的策划学理论。这支队伍的成熟之日，也是策划产业形成之时。

11.2 善待策划人

策划人员要自尊自重，朝着正方向，积累正能量，为国家经济社会、为民生、为各种社会组织的形象建设、企业的产品促销，做积极向上、向善的策划，为赢得社会的尊重和信任建树功勋。

吴粲在《策划学》一书中介绍了“策划学在中国诞生的大环境”“策划学在中

国的起源、发展、现状”，我们借本书特向读者介绍。

11.2.1　策划学在中国诞生的大环境

策划学是一门地地道道起源于中国并发展于中国的新学科。

策划学起源于中国改革开放之初的20世纪80年代，它是中国改革开放后实行市场竞争带来的必然产物。

随着改革开放的深入，原来许多由国家政府部门统一计划的行为转变成为自由竞争。特别是计划经济转变成市场经济，必然形成商业竞争。

对于普通人来说，时时面临各种竞争，比如择业竞争、公务员公开选拔等。为了在自由竞争中取得成功，每个人就要时时对生活中发生的事或开展的项目进行周密计划、打算，并在遵纪守法的基础上采取良计妙策，然后才能获得成功。

面对自由竞争，每个行业、每个人随时都要考虑在竞争中如何才能取得成功，所以随时随地都得有计划、有打算，找到取胜的计谋、策略；每个人随时都要关注市场的各种信息变化，并发现、了解、熟悉、掌握在市场竞争中领先的方式、方法。在这种大环境中，策划自然而然地就成为社会的热门话题，各个行业、各种人都在讲策划，都必须应用策划。

特别是到了20世纪90年代中期，中国改革开放已进行了十几年，经济取得了很大的发展，具有以下三大特点：一是进入了知识经济的初期；二是商业进入了微利时代；三是产品已出现了结构性过剩。

由于以上原因，一些商家迫切希望能有不断满足市场发展的、能解决新问题的新方法、新理论。

这是策划学诞生的大环境。

11.2.2　策划学在中国的起源、发展、现状

1. 起源

对于企业界来说，中国的策划业最初起源于风靡一时的点子。在20世纪80年代，点子风靡中国，其代表人物是何阳。当时，很多媒体都对何阳的点子进行了报道，社会上也有很多人自称是“点子大师”。

在那段时间，中国的改革开放向纵深迈步，企业界热切盼望发展，渴求各种新知识、新理论指导经营，这阶段消费者的心态也不成熟，易受新出现的营销策略的影响。这时，中国人突然发现，点子原来那么有效，于是，何阳成为全国性的风云人物，在全国各地作报告达到400多场，在高峰时期，何阳曾兼任过“中国质量万里行”的主持人，以及北京大学、中国人民大学、中国矿业大学等12所院校的兼职教授，出版《点遍中国》这本“居高临下”的著作。接着各地的“点子大师”风起云涌，中国的职业“点子大师”开始全面发展。那时也把“点子大师”称为“策划人”，一时间“点子大师”或“策划人”成为最炙手可热的群体。

一个绝妙的点子让何阳赚了40万元，这件事登上了1992年《中国青年报》

的头版头条。其后，何阳周游各省，到处应邀帮企业出点子、想办法，所到之处受到热烈欢迎，厂长、经理要在门口排队等候“就诊”。何阳的第一本著作《何阳的点子》迅速成为畅销书，1988 年何阳创办“北京市和洋民用品技术研究所”并担任所长，后来又成立“北京和洋咨询公司”并担任总经理，实际上就是一个“点子公司”。

2000 年 1 月 11 日，何阳涉嫌诈骗被银川市公安局刑事拘留。2001 年 4 月 25 日，“点子大王”何阳诈骗一案经宁夏回族自治区银川市中级人民法院公开审理，作出终审判决：何阳犯诈骗罪，判处有期徒刑 12 年，并处罚金 5 万元。

当“点子大王”何阳因涉嫌诈骗百万巨款，在宁夏折戟时，中国的点子界人士纷纷与之划清界限。从此“点子大师”开始受到社会质疑，很多“点子大师”也不愿再用这个称谓，而是用“策划人”代替了“点子大师”的称谓，“策划”便成为时髦词语。

实事求是地讲，正是何阳用其“点子”开启了中国策划人的价值发现之旅。在中国策划业处于混沌时，何阳的点子确实称得上是一种进步。

2. 发展

与其他新兴学科的发展一样，策划学在中国的发展并非一帆风顺，也走过了曲折的道路。

20 世纪 90 年代，社会上对策划的理解非常杂乱，有人把策划吹嘘得神乎其神，片面夸大策划的作用，甚至把策划说成是无所不能，一个点子就能让企业起死回生，一条计策就是灵丹妙药，把自己吹嘘成“策划大师”“点子大师”。

在理论上，那时的策划更多的是一些主观的论调，没有进行严密的学术研究，那些没有依据的吹嘘和缺乏学术基础的东西，让很多人对策划产生了反感和误解。特别是在大学里，捍卫学术理论严肃性的学院派对社会上杂乱的策划有些不屑，总把策划看作不能登大雅之堂的学科。

但在社会上策划又是非常热门和受欢迎的话题。在一段时间内还形成了非常有趣的冲突：一方面社会需要大量的策划人才和策划方面的知识；另一方面，作为传播知识、人才培养基地的大学又把策划学理论与实践拒之门外。

随着中国市场经济的深入发展，商业竞争日趋激烈，所以商业策划又是各种策划中最热门的话题。特别是 2001 年 12 月 11 日中国加入世界贸易组织（WTO）这一事件，对策划学的发展起到了很大的推动作用。

中国加入世界贸易组织后，中国经济与世界经济融为一体，为各行各业带来了更多的机会，但同时竞争也更激烈。商业竞争在中国将更加残酷、激烈，中国企业不仅要面对国内的竞争，更要面对来自世界强劲对手的挑战。

各行各业也更渴求各种有用的知识。人们在借用大量外来理论的时候也发现和困惑于一个问题：外来的一些理论由于不是很适合中国的国情，进入中国后有的就显得水土不服，难以发挥作用或脱离实际，所以中国的企业非常渴望符合国情的一些理论来指导。

起源于中国的策划学正好是提出一些针对中国市场的新观点、新理论，也更符合中国的国情，所以它受到了社会各界的关注和青睐。自中国加入世界贸易组织后，因为社会的需要，很多大学也开始正视策划，重视策划，逐步开设了这方面的课程，有的学校开设了策划专业。地处西南的贵阳学院1999年开设了“市场策划”班，贵州商业高等专科学校2000年开设了“策划专业”，至今每年都招50名学生，毕业生已逾千人。

中国加入世界贸易组织后，策划成为非常热门和受欢迎的话题，在中国从事策划的人不少，而且在各类职业需求调查中，对策划人才的需求总是位于前列。

策划便逐步朝着更好、更高的方向发展，这样策划学也就应运而生。

3. **现状**

虽然策划学在中国走过了许多曲折的道路，在很长一段时间内策划学因为没有完整的理论体系而不被主流学界所接受，但是随着更多优秀学者的加入以及市场经验的探索积累，经过几十年的发展，策划学理论正逐渐成熟并被广泛应用于实践中，策划学也越来越受到社会的欢迎和重视。

在理论方面，策划学在中国已经成为一门走向成熟的学科，中国一些学术刊物发表了很多有关策划学的研究文章，很多出版社出版了很多策划类书籍，中国很多大学目前也开设了策划学专业或课程。

目前策划学在中国表现得非常活跃并朝着良性的、积极的方向发展，无论是理论研究还是社会应用，它都走到了世界的前面。

11.3 尊重他人 提升自己

在策划界，20世纪末曾有“中国当代十大策划流派”一说，他们是：何阳的点子策划派，王力的公共关系派，张大旗的盛事行销派，宋太庆的战略策划派，陈放的创意策划派，王志纲的房地产派，余明阳的企业CIS策划派，许喜林的实战型策划派，秦全跃的商战策划派，大林的项目策划派。[1] 2006年1月，吴粲在《策划学》（第2版）中介绍中国策划学主要派系及代表人物时列出了5位。

知识链接11-1　　中国策划学主要派系的5位代表人物

1. 何阳

11.2.2部分已有详细介绍，他的策划学理论概括为：点子策划学。

2. 王志纲

其策划学理论概括为：新闻策划学。

王志纲毕业于兰州大学经济系，1985年至1994年任新华社记者。正是他新华社记者的身份，使他的新闻策划具有了得天独厚的条件。王志纲的经典案例是广东

① 陈放．策划学［M］．北京：中国商业出版社，2000.

碧桂园的房地产策划，被誉为房地产界的策划典范。

1993 年由于房地产过热，中国采取银根紧缩措施，很多房地产项目陷入低潮。

碧桂园坐落于顺德与番禺的交界地，前不着村，后不靠镇。当时已经投资逾亿，最初开发商确定的宣传点是此地为“金三角的交会点”，但前来购房的人少得可怜。

后来经过王志纲的精心策划，碧桂园开创了中国房地产的奇迹。

1994 年新年伊始，《羊城晚报》上刊出了以《可怕的顺德人》为标题的一系列广告，立即引起轰动，碧桂园很快取得了成功。

碧桂园的成功就在于新闻的配合，整个过程是策划加新闻。王志纲作为新华社记者，在新闻界的人缘与对新闻策划的驾驭都具有得天独厚的条件，加之他本身对新闻的把握挥洒自如，吸引了很多媒体加入到这场新闻热点中，新闻的聚集起了关键性的作用。

王志纲有一个理念：房地产不等于卖钢筋水泥。名牌的背后是文化，房地产也要用文化的方式去运作。

3. 陈放

其策划学理论概括为：创意策划学。

陈放强调创意是策划的核心。他认为“创意”就是创造性的意念，它是一切思维成果的最初萌芽和最富价值之所在，是一切创造性思维主体最宝贵的思维结晶和生命价值的体现。其代表作为《策划学》等系列书籍。

4. 吴粲

其策划学理论概括为：整合策划学。

吴粲长期致力于策划学的理论研究并注重实战，认为策划是一个整合、系统的过程，策划学作为一门学科，有自己独立完整的理论体系，它不是能让企业很快走出困境的“点子”，也不是能让企业立竿见影的谋略，也不是自作聪明的小手段，更不是能让企业起死回生的灵丹妙药，它是对新闻、策划、营销、公关、谋略等手段的综合实施运行。策划应该立足现实、着眼长远，而不应为了眼前利益只追求所谓的轰动效果，结果只是昙花一现，或者得不偿失。其代表作为《策划经济学》《策划学——原理、技巧、误区及案例》。

5. 叶茂中

其策划学理论概括为：广告策划学。

叶茂中的广告策划学理论是在国外理论的基础上加进自己的创新。作为一名本土的优秀策划人，他提出的策划方面的理论对中国策划学的发展起了很大的推进作用。1989 年涉足策划以来，他已创意、拍摄了电视广告片 100 多条，策划的广告以新、奇、特的定位手段和表现手段著称。其代表作为《转身看策划》《策划人手记》。

当然，不同的学者都可以将“十大策划人”“五大策划人”开列出另一张新名单。

2006 年 9 月，广东经济出版社出版的《拳打策划　脚踢广告》一书的封面有“中国十大策划人第一名　熊大寻著”字样，书的勒口有如下“作者简介”：

熊大寻：熊大寻策划机构总策划

(1) 中国十大策划人第一名，“金钥匙奖”获得者。

(2) 第三届中国策划大会授予“中国策划新一代掌门人”称号。

(3)《商界》报道：“中国第一策划型策划人”“中国策划界第一城市首席战略顾问”。

(4)《羊城晚报》报道：“继何阳、王志纲之后中国策划第三阶段代表人”。

(5)《经营者》报道：“中国商业模式策划开创者”“中国策划少帅”。

(6)《新营销城市黄页》报道：“前有王志纲，后有熊大寻”“中国策划界第一怪杰”。

(7) 开远市首席战略顾问，香格里拉旅游战略顾问，大理旅游战略顾问。

(8) 曾任王志纲工作室策划总监、广东省策划有限公司策划总监、风驰传媒策划总监。成功策划一系列中国第一品牌：中国第一地产品牌万科、中国第一陶瓷品牌东鹏、中国信用卡第一品牌广发卡、中国第一商业连锁地产大商汇、中国第一都市禅林文殊院、云南白酒第一品牌茅粮。

成功策划中国旅游王牌：大理、香格里拉、昆明、石林（资本运作）、井冈山、南岳衡山，以及开远、石屏、红河等城市。

2013 年 10 月，机械工业出版社出版了张默闻所著的《创意是根钉》，封面称“中国第一本甲方嘉奖的实战创意大案”“北有叶茂中　南有张默闻”。

在该书的扉页上印有 13 行诗：

我们是策划胜利的群狼/掠夺惊险的创意与思想/心在高空　手在地上/客户没有成功　我们拒绝原谅/我们喜欢西方咖啡的味道/我们更喜欢中国工夫茶的深香/让创意生得伟大　死得荣光/我们双手沾满策略的光芒/诞生创意总是最狠一枪/有销售才是策划的辉煌/调研第一　执行为王/是英雄就该行动飞扬/因为我们是中国种　中国狼！

11.4 策划人切勿居功自傲

11.4.1 名人且不自居

有一篇标题叫《那些让人肃然起敬的人与事》的短文这样介绍鲁迅对于名利的淡泊，也许可供已经“功成名就”或正在进取的策划人借鉴。

鲁迅一生中没有找任何人为自己写序或者介绍文字，也没发表任何沾沾自喜于与名流政要往来交游的“借光”文字。尽管他的故交旧友中多的是达官贵人以及宋庆龄、蔡元培、陈独秀、胡适、林语堂这些名重一时甚至如日中天的社会名流。对鲁迅有知遇之恩的陈独秀曾经红极一时，甚至被爱因斯坦、罗素等人称为“东方思想界的大彗星"。这样的"大红人",自然是用来往自己脸上贴金的理想对象,但在陈独秀当红时鲁迅基本上没有提到过他。倒是在陈独秀倒了大霉,先被共产党开除后又被国民党拘禁之际,鲁迅"不识时务"地站出来宣称,陈独秀"是催促我做小说最着力的一个"。保姆王阿花面临夫家的劫持,鲁迅花 150 块大洋替她赎了一个自由身,尽管年轻的王阿花并不会带孩子,还让海婴染上风寒后转为支气管炎,甚至久治不愈。深夜的上海街头,一个洋车夫受伤了,路过的鲁迅和周建人二话没说就动手替他包扎,尽管这时候他已经是名闻天下的"文坛巨子",是很有身份的"上流社会"人物……①

11.4.2 孔子不言"圣"

孔子晚年和弟子谈起自己的一生,曾感叹道:"若圣与仁,则吾岂敢?"(《论语·述而》)意思是说,自己没有达到"圣与仁"。他说自己没有达到"圣",是实话,但说不敢称"仁",则是老人家谦虚了。

历史真的给了孔子一次机会,让他由"仁"入"圣",尝试了一下自己的"仁政"理念。56 岁那年,孔子受鲁君之命,以大司寇之职,代行相事,执掌鲁国朝政,开始了百日"鲁国新政"。据司马迁《史记·孔子世家》记载,执政不久,孔子颁布了几项重要的法令:一是有关农贸市场,上市买卖的猪、羊,一律实价,禁止讨价还价;二是有关社会风气,街上男女,一律分道,不许携手同行;三是涉及外交政策,凡各国宾客来访,无论受邀还是自来,一律由官府接待,好吃好喝,有接有送。

这些法令,今天听起来,有点像是发改委管物价,街道居委会管男女恋爱,政府组织国际盛会来宣示我泱泱大国之崛起。孔子的"鲁国新政"很快就失败了。孔子想以"仁"为基础,在人与人之间建立和谐有序的关系,并由此构建一个"大同"社会。计划是完美的,可惜,他低估了人性。人性欲求无限,非"克己"所能改变。"克己"不易,让他人"克己"更难。

孔子最后承认自己在现实中的失败。这也许就是他说自己没有达到"圣"的原因。看来,对圣人而言,"求仁得仁"不难,难的是由"仁"入"圣"。

孔子在世时,尚不能言"圣",由此想到策划人的作为。策划人艰辛的活动是公众眼睛看不到的。我们现代的策划人,要善待自己,放好自己的"定盘星",不要忙于称家分派,让自己的策划结果做"不发言"的展示,让社会公众对策划书进行客观评价。

11.4.3 马云裁掉高学历员工

有这样一件让策划人深思的事:马云为什么要开除 95% 的 MBA 员工?从中我们可以看到,总策划对分部策划和实施策划者的要求,在基层的策划执行中学策

① 魏剑美.下跪的舌头[M].北京:九州出版社,2009.

划，不仅要懂得“干什么”，更应该知道“为什么要这样干”，要跟着高手在实干中学习做策划。

那是1999年10月，阿里巴巴获得以高盛牵头提供的500万美元风险资金，创办者马云立即着手的一件事情就是，从中国香港和美国引进大量的外部人才。当时，在阿里巴巴12个人的高管团队成员中，除了马云自己，全部来自海外。接下来几年，阿里巴巴聘用了更多的MBA，但是后来这些MBA中的95%都被马云开除了。

为什么会这样？马云回忆道：首先我承认我水平比较差，但难道他们就没有错吗？因为这些MBA一进来就跟你讲年薪至少十万元，一讲都是战略。每次你听那些专家跟MBA讲得热血沸腾，然后做的时候你都不知道从哪儿做起。

马云说，作为一个企业家，小企业家成功靠精明，中企业家成功靠管理，大企业家成功靠做人。因此，商业教育培养MBA，首先要教的是做人。马云对这些MBA的评价是：基本的礼节、专业精神、敬业精神都很糟糕。这些人一进阿里巴巴就好像是来管人的，他们一进来就要把前面的企业家的东西都给推翻。

马云由此总结出一个关于人才使用的理论：只有适合企业需要的人才是真正的人才。他把当初开除MBA的事情做了一个比喻：就好比把飞机的引擎装在了拖拉机上，最终还是飞不起来一样。那些职业经理人管理水平确实很高，但是不合适。公司当时的发展水平还容不下这样的人。

把飞机的引擎装在拖拉机上，想让拖拉机飞起来，是策划人的错误。马云壮士断腕是有魄力的总策划人采取的果断措施，值得赞许。

11.4.4 子虚乌有的超人招不到

前不久，英国一家媒体公布了一则20世纪早期的招聘启事。这则“招聘启事”很快便成为各大公司的“宠儿”，人们争相套用或直接搬用它，为公司招才纳贤。

这则招聘启事是这样写的——

现招聘男性一名。他要坐立笔直，言行端正；他的指甲缝里不能乌黑，耳朵要干净，皮鞋要擦亮；他习惯于勤洗衣服，梳理头发，好好保护牙齿；别人和他讲话的时候他要认真听讲，不懂就问，但与己无关的事情不要过问；他要行动迅速，不出声响；他可以在大街上吹口哨，但在该保持安静的地方不吹口哨；他看起来要精神愉快，对每个人都笑脸相迎，从不生气；他要礼貌待人，尊重女士；他不吸烟，也不想学吸烟；他愿意说一口纯正的英语而不是俚语；他从不欺负别人也不允许别人欺负他；如果不知道一件事情，他会说“我不知道”，当他犯了错误，他会说“对不起”，当别人要求他做一件事情，他会说“我尽力”；他说话时会正视你的眼睛，从不说谎；他渴望阅读优秀的书籍；他更愿意在体育馆中度过闲暇时间，而不是在密室中赌博；他不想故作“聪明”或以任何形式哗众取宠；他宁愿丢掉工作也不愿意说谎或是做小人；他在与女性的相处中不紧张；他不会为自己开脱，也不会总是想着自己或是谈论自己；他和自己的母亲相处融洽，和母亲的关系最为亲近；有他在身边你会感到很愉快；他不虚伪，也不假正经，而是健康、快乐、充满活力。

这种理想中的人太难找了。我们的策划人也是社会生活中的平常人。没有必要追求一位“一尘不染”的“理想中人”。

11.4.5 策划人要向写好“请不要随地吐痰”的清洁工学习

在 2008 年 4 月 1 日的《杂文报》上，作者孙道荣写了篇名为《写好“请不要随地吐痰”》的文章，很有启发意义，让做策划大事、写策划书的人去体会内心修炼的意义。

著名书法家姜东舒先生不久前因病辞世。姜东舒先生师承书法大师、西泠印社社长张宗祥。他的拜师经历，颇为传奇。

1958 年，解放战争时期就参加革命、曾为战地记者的姜东舒被打成右派，连工作都失去了。为了养家糊口，走投无路的姜东舒最后在浙江图书馆找到了一份临时工的工作，每天的工作就是搞搞卫生，打打杂。看他平时喜欢写写画画，管理人员将图书馆内的指示牌、标语什么的书写任务也交给了他。

姜东舒从小就爱好书法，接到任务后，就一份一份认认真真写起来。楼梯口、过道、阅览室，都要张贴。仅“请不要随地吐痰”这个标语就写了几十份，每一份姜东舒都像对待一幅书法作品一样，偶有一两个字写得不如意，一定重新书写。

那天，兼任浙江图书馆馆长的张宗祥大师偶来图书馆，主持建馆 60 周年大庆，在楼梯口，张大师时走时停，目光一次次落在墙上的那些标语上。在二楼阅览室门口挂着的一则手书《阅览规则》前，张大师驻足不前了，他惊讶地问身边的工作人员，这些字都是谁写的。他对身边的人说，自古以来，字的好坏，要看有没有神韵，是不是有书卷气。这些字秀丽飘逸，笔墨纯正，说明写字的人有学问。但字里行间的不足之处，也未能逃脱张大师的慧眼。就这样，姜东舒有幸成了一代大师张宗祥老先生的关门弟子，一扇通往艺术殿堂的大门向一位临时工敞开了。

本章小结

本章以史玉柱年薪 1 000 万元招网络游戏策划人为引例，谈到策划人紧缺的原因，介绍优秀策划人应具备的素质。从策划学在中国发展、策划学流派的出现，提出社会善待策划人员的命题。最后告诫策划人切勿居功自傲。

思考与练习

1. 面对十分紧缺的策划人市场，我们怎么办？
2. 以优秀策划人要求为目标，我们应该从哪里做起？

3. 树立正确的成就观，如何策划自己？

4. 你有没有为解决一个具体问题做策划的经历？为家乡名特优产品做策划，有什么实际体会？能写出一份家乡父老认同的策划书吗？

锐澳鸡尾酒营销策划案

附录一　策划书写作相关名词解释

写作

用语言、文字、图形、体态及声、光、电等有形的载体将人的思维活动的轨迹表现出来、记录下来的活动过程和结果。

写作主体

进行写作活动的人。

写作客体

写作主体面对的他自身以外的所有人、事和物。

写作外化

写作主体用语言、文字、图形、体态及声、光、电等有形的载体将他的思维活动的轨迹表现出来、记录下来，可供他人理解和接受。

思维

①在表象、概念的基础上进行分析、综合、判断、推理等认识活动的过程。②进行思维活动。（引自《现代汉语词典》）

策划主

向策划人提出策划要求的社会主体，包括党政部门、社会团体、企业、事业单位等社会组织和个人。

策划人

为策划主做策划、撰写策划书的人员。策划人是对资源与任务辩证思考的组织者。好的策划人常常是懂得社会的人，他是一个社会资源的动员者、社会情绪的回应者、社会对话的设计者。不只这样，他能够乐观地去寻找线性规划以外的答案，当然是假设了社会现象本身有着一种“合理性”，而且相信“理性力量”能够到达、能够掌握。没有这样的信仰，不可能成为策划人。

策划学

策划学有广义策划学与狭义策划学之分。前者泛指整个策划科学，它包括策划哲学、一般策划学及策划方法论、策划技术科学、策划工程等四个层次及若干分支学科。后者则是指一般的策划学，它是探讨策划的程序、步骤、基本原理、方法、分类、手段等规律性问题的一门理论性、综合性、方法论学科。

策划学必须具有理论性、学术性、方法论性、综合性、应用性等特点。策划是一门实用性很强的学问，同时它又是一门具有基本原理、基本规律及基本技术的学术性很强的学科。

另外，从学科角度看，策划学又是一门涉及创意学、谋略学、兵法学、现代系统工程、心理学、战略学、传播学、数学、物理学、对策论、决策论、管理学、军事学、经济学、广告学、外交学、公共关系学等学科，由许多边缘学科、方法论学科整合而成的综合性学科。

在这些学科当中，创意学、谋略学、决策学、管理学及系统科学方法论与技术，是策划学最直接的土壤，是整个策划科学赖以建立的物质基础。

策划案

把策划的阶段性成果或结果用文字（或文字加图案）完整地书写出来，就成为策划案（或称策划书）。

策划人的基本素质

1. 精益求精的态度。“精益求精，追求完美”是每一位策划人的基本要求，除了能充分满足现实工作的要求外，必须不断地鞭策自己持续地求新、求精，还要具有敏锐的观察力和博大的包容心。

2. 丰富的学识。任何一个策划案都可能因为涉及的对象和主题不同而需要不同的专业知识。

3. 熟练的表达技巧。好的策划创意，有如优质产品，而好的表达技巧则像高超的营销手段，不善表达，再好的创意也难以引起他人的注意。这就要求策划人具有数值化技巧、图像技巧和灵活的表达力。

广告策划人员的条件

1. 基本素质：广告表现是为了达成营销活动的目的，它与纯粹艺术的创作截然不同，因此，广告策划人员除了超人的审美本能之外，更应当对音响、绘画有兴趣，要“能以自己的表现把他人吸引住，促使他人从事某种行为”。总而言之，“你必须是一位作者，而且还是一位演出者”。

2. 知识技能：知识产业是21世纪新兴的事业，而广告人更可以说是知识产业的尖兵，因而具备崭新而丰富的知识当然是每一个广告人的必需条件。

3. 智慧运用：知识对我们来说当然是不可或缺的。如果不善运用，仍然无济于事。

4. 为人态度：在广告作业上有否虚心求教的器量。

归纳起来，一个优秀的广告企业人员，必须不断体验人生，基本素质良好，知识技能高超，智慧运用灵活，为人态度坦诚，在表现方法上应走重视娱乐性的途径，如此不断寻找创意，研究技巧，所策划出来的创意，才能真正达成广告目的。

市场营销

企业从适应及满足市场需求出发，开发产品及服务，制定价格，宣传、销售产品及服务，收集消费者对产品和服务的反馈，开拓市场的发展，这一系列活动称为市场营销活动。实质上是引导产品及劳务由生产者流向消费者或使用者的企业活动。

整合营销

包括企业的营销战略、内部营销运作、外部营销运作等各个领域，还包括广告、公共关系促销活动、营业推广及人员销售。整合营销指的是企业的全部活动以营销活动为主轴运营，非营销领域的生产、财务、人事等方面也与营销相配合，以营销目标协同作业。

整合营销传播理论

以消费者为核心重组企业行为和市场行为，综合协调地使用各种形式的传播方式，以统一的目标和统一的传播形象，传递一致的产品信息、实现与消费者的双向沟通，迅速树立产品品牌在消费者心目中的地位，充分利用整合营销组合因素建立产品品牌、与消费者长期密切的关系，更有效地达到广告传播和产品行销的目的。

营销环境

企业在经营活动中面临的外部不可控因素，就是企业所处的或与之打交道的营销环境。企业不可控的因素主要有政治、法律、社会文化、经济、科技、竞争 6 个方面。

市场策略

根据目标市场情况以及产品在目标市场中所占的地位而确定的广告方法和手段。

目标市场定位策略

广告主为自己的产品选定一定的范围，满足一部分人的需要的方法。

1. 无差别市场策略。广告主在一定的时期内，针对一个大的目标市场，运用不同媒体搭配组合，做同一主题内容的广告宣传的方法。

2. 差别市场策略。广告主在一定的时期内，针对细分的目标市场，运用不同的媒体组合，做不同内容的广告宣传。

3. 集中市场策略。广告主把广告宣传的精力集中在已细分的市场中一个或几个目标市场所采取的广告方法。

促销策略

一种紧密结合市场营销而采取的广告、公关、营业及人员促销策略。

消费心理策略

根据消费者的心理过程（注意—兴趣—欲望—记忆—行动）进行的营销推广策略。

创新概念策略

让人们抛去老的概念和认识，创出一种全新的概念的独特销售说辞、品牌策略、定位策略、竞争对手策略。

重点功能定位

重点功能定位也称 USP 定位，即重点销售主张定位。企业产品功能可能非常齐全，但并不是非要将所有的功能都一一告诉消费者不可，而只需要将最关键、最主要的功能以最精简的语言向消费者传达，这一重点必须是其他品牌无法提供或没有诉求过的，是独一无二的。

思想

①客观存在反映在人的意识中经过思维活动而产生的结果。②念头；想法。

③思量。（引自《现代汉语词典》第 6 版）

思考

进行比较深刻、周到的思维活动。（引自《现代汉语词典》第 6 版）

思维是在特定物质结构中，对客体深远区层实现穿透性反映的物质运动。我们平常所讲的“由表及里，由此及彼”，就是对于穿透性反映的通俗描述。对客体的穿透性反映是思维的基本特征。脑科学的研究表明，思维是人脑神经元中物理的、化学的、生理的运动形式的综合，是一种复杂的物质运动形式，人体内承担反映机能的物质运动形式。

思维方式

思维方式是体现一定思维内容和一定的思考方法，适用于特定领域的思维模式。其特征为：

1. 具有一定的思维内容，而不只是一个形式；

2. 含有一定的思考方法，而不只是一个记叙性的描写；

3. 任何一个具体的思维方式所适用的领域都是有限的，而不是一切领域都可适用。

思维方式的功能主要有：

1. “反映镜”的作用。反映特定领域的已知事物和未知事物，是思维的方程式。

2. 发展能力、强化意识的作用。

3. 精神因素的组织作用。

4. 社会组织作用。

创造性思维

创造性思维有广义与狭义之分。一般认为，人们在提出问题和解决问题的过程中，一切对创造成果起作用的思维运动，均可视为广义的创造性思维。狭义的创造性思维则指人们在创造活动中直接形成或创造成果的思维活动。通常人们讲的创造性思维多指狭义的创造性思维。

造性思维有别于一般思维，它的主要特点是：

1. 思维形式的反常性。经常体现为思维发展的突变性，跨越性或逻辑的中断。

2. 思维过程的辩证性。它既包含逻辑思维，又包含非逻辑思维，既包含发散思维，又包含有收敛思维；既有求异思维，又有求同思维。两者之间分别构成对立面，既相互区别、否定、对立，又相互补充、依存、统一，由此形成创造性思维的矛盾运动，推动创造力思维的发展。

3. 思维空间的开放性。它主要是指创造性思维需要从多角度、多侧面、全方位地考察问题，而不再局限于逻辑的、单一的、线性的思维，由此形成了发散思维、逆向思维、侧向思维、求异思维、非线性思维及开放式思维等多种创造性思维形式。

4. 思维成果的独创性。它是创造性思维的直接体现或标志，常常具体表现为创造成果的新颖性及唯一性。

5. 思维主体的能动性。它表现了创造性思维是创造主体的一种有目的的活动，而不是客观世界在人脑内简单的、被动的直接反映，充分显示了人类活动的能动性和主动性。

创意类型

1. 淡入浅出型：在广告策划的构思阶段，广告创作人员将广告主题思想存贮到自己的头脑里，让主题思想逐渐进入潜意识。随着广告主体与大脑中的潜在信息的交融，一个朦胧的创意构思有可能突然出现并逐渐变得明晰起来，最终形成一个具体的主题形象。

2. 焦点扩散型：当灵感出现在广告作者的大脑中时，大脑中已有的知识信息在这个灵感的带动下，在大脑中形成形象整合中心，大脑根据这个灵感所提供的构思对已有的材料进行分析、整理，制订各种构思方案，从众多的构思方案中确定选择一个最佳方案。

3. 累积增减型：当广告创作者的知识、信息积累到一定程度时，就会产生一定的创作冲动和创作构思，在产生主题构思后，作者会剔除大脑中与该主题构思无关的信息和材料，同时大量收集有益于完善构思主题的信息，并用这些材料和信息充实主题构思，使之更加丰满灵巧。

4. 整合分解型：当广告作品主题比较复杂时，可以对整体进行分解，然后对各个局部进行局部主题构思，再根据整体主题的要求，对各个局部主题进行整合，创造出一个各部分都协调一致的完美主题作品。

5. 删繁就简型：当形象信息材料太多，并相互形成干扰时，创作者对这些信息就要进行必要的删减，采用取其精华、去其糟粕的方法，从杂乱无序的材料中精选出体现主题构思的有用信息。

创意方法

在广告创意过程中，广告创作人员的素质起决定性作用，素质的差别将导致创意作品的质量差别。创意方法的掌握与使用，决定着创作人员的素质高低。

1. 头脑风暴法：这是一种集体创意方法，以一种会议的形式寻求各种灵感和创意。其特点是：在主持人的召集下，众多的与会者在非常融洽和轻松的气氛中就一个特定的问题或目标各自提出不同的意见或方案，在会议进行过程中不允许互相批评挑剔，而提倡畅所欲言，各抒己见，也允许结合别人的意见提出自己的新看法和方案。在会议之后，会议记录者将记录材料加以整理分析，作为创意决策的基础。

2. 哥顿法：这也是一种以会议形式进行集中创意的方法。与头脑风暴法不同的是，前者有一个特定的具体的问题和目标，后者却没有具体的目标与问题，与会者不知道目标是什么，只有主持人知道目标是什么，在主持人的引导下，各位与会者踊跃发表自己的各种见解。只有当会议进行到适当的时候，主持人才将需要解决的问题公之于众。

3. 垂直思维法：按照特定的思路在固定的范围内进行自上而下或自下而上的思考。这种思维法偏重于借用旧经验、旧知识进行思考。

4. 水平思维法：在思考过程中，摆脱旧知识、旧经验的约束，以超常规的方式对特定的问题进行思考、分析，进而提出富有创见性的方案和意见。这种方法也可称为分散（发散）思维法。例如，对“砖块的功能有多少”这么一个问题，用常规思维方法，一般只能归纳出砌墙盖房子的功能，但是借助发散思维法，你可以提出成百上千种功能，如练字、砸东西、垫桌脚、练气功等。

5. 复合思维法：这是一种将多种概念、方案综合成一个概念或方案的方法。例如，对于只用于写字的钢笔来说，我们可以将其他物品的功能结合到笔体上，如加上电池、灯泡成为钢笔电筒，加上液晶显示成为钢笔电子表，等等。

6. 转移经验法：将一种知识或经验转移到其他事物上的思维方法。例如：鲁班将割破皮肉的茅草叶齿的经验转移到切割木材的锯子中去，美国发明家杜里埃将妻子的香水喷雾器的经验转移成内燃机的汽化器，等等。

7. 直觉思维法：思维主体不借助于逻辑程序和经验积累，穿透对象表层直接洞察对象深层状态的意识活动。直觉思维是在人的下意识或潜意识思维水平上，瞬间实现的大量逻辑思维手段和以往社会及个人所知的高度浓缩和凝聚。直觉思维的过程有很大的随机性，不具有严格和精确的逻辑模式，但要依赖各种思维手段的巧妙组合。

在直觉思维过程中，人们在瞬间内调动头脑中的所有“潜知”，跳过许多正常思维应予经过的思维细节，直接从总体上把握事物，因而其结果往往是洞察性的、不确定的，也许不会成为一个完美的“作品”。

创意的程序

1. 确定目标阶段：这个阶段的主要任务就是确定广告作品想要达到的目标、要表现的主题思想、要树立的特定形象。在确定目标阶段，一定要让这个目标具体化，并尽可能使目标达到的步骤具有很强的可行性，否则再好的目标也只能是空中楼阁。

2. 收集资料阶段：在确定具体、可行的目标后，就要根据这个特定的目标广泛收集有关资料，这些资料不但要包括市场营销学中的有关市场营销环境（政治、法律、经济、科技、地理、文化习俗等）、市场营销策略（产品策略、销售渠道策略、促销策略、定价策略）等方面的内容，还要包括有关消费者的信息（如消费者欲望、需求、习惯等）、竞争对手的能力和策略等信息，这些资料不但内容要全面，而且也必须是准确的，这样才能够为下一阶段的工作做好准备。

3. 整理分析阶段：对收集到的丰富资料分门别类加以整理、分析，从中发现各类信息的特点，进而寻找出商品、服务之所以能够吸引消费者的特色和受欢迎的可能性，同时对原定的广告目标进行适当的调整。

4. 酝酿阶段：将广告作品创作的特定目标结合起来，对广告主题进行深入的思考，并努力以自己特有的感受和技术去完成创作过程，并使作品富有同情心和人情味，富有渲染力等，为自己下一阶段的工作打好坚实的基础。

5. 开发阶段：广告作者在酝酿阶段产生了灵感，那么，他就应该继续使自己的创意尽量涌现出来，并用新的创意去补充、修改甚至取代原有的创意，这样新的创意就会具有代表性，更完善、更准确地体现主题的深层次意义。

6. 评价选定阶段：经过前几个阶段以后，许多创意已经产生，在营销人员指导下鉴定、比较，最后从众多的创意方案中确定最佳、最能与原定的广告目标相吻合的创意方案作为公司的广告。当然在评定选择这些创意方案时，还需要对有些因素进行比较与评价，如考察创意与广告目的是否吻合，是否符合诉求对象及将要使用的媒介特点，与竞争者的广告比较是否具有独特性、新颖性、实用性。

创意的原则

1. 创意独特，立意新颖，奇而不怪。

2. 主题突出，构思完整，不喧宾夺主。例如，有一则冰箱电视广告，表现一个跋涉于戈壁的男子，唇干口燥，忽逢一冰箱，便从中掏出无数饮料狂饮。这时如果出现一条清凉的小溪不是比冰箱更好吗？因此，该广告只着力强调了渴，使广告转移了主题，喧宾夺主。

3. 广告定向定位正确，表达方式适合广告对象。如高档儿童用品针对儿童定向就不太正确；一则针对中国人的广告却用外文去表现，那是不适合广告对象的。

4. 文案寓意深刻，精炼生动，具有生动性、艺术性、趣味性。如一则打字机广告：不打不相识。法国某印刷公司的广告：除了钞票承印一切。这些都是极好的例子。但应注意的是要避免重复，讲求一个“新”字。如，文字游戏的泛滥，“信硒时代”“领鲜一步”等，就失去了其预期的广告创意效果。

5. 整体效果简洁鲜明，形象真实，生动感人，能引起人的共鸣。

6. 构图完美，布局严谨，色彩明朗，构成合理。

7. 具有冲击力，容易使人记住。

8. 繁简适当，以少胜多，服从功能需要为前提，而不是服从形式需要。如一则波音公司的广告正标题是“永远飞在前面”，副标题是“波音遥遥领先对手1 000公里”，文稿是更详细的说明。繁简处理在这则广告中得到了充分体现。

创意的制约因素

1. 广告功能制约。广告功能就是及时地、最大限度地、正确地传递广告信息，不要企图以惊人的构思、离奇的形式，只强调艺术性，而毫不吝惜地削弱了重要的信息传达。

2. 总体策划的制约。广告计划是所有产品销售计划中的一种，而广告创意表现又是所有广告计划中的一项任务。

3. 创意表现的制约。创意较好，但忽视表现整体间的相互配合（如表现手法、编排设计、字体选择），也会失去其应有的魅力。

4. 媒体特征的制约。如电视以视觉形象为主，广播以听觉感受为主。

5. 广告法规、文字规范、风土习俗、道德标准、文明水准的制约。

6. 实施效果的制约。如创意很好却无法表现或经表现破坏了创意。如果没考虑实施效果制约，创意再好的广告置于广告海洋中也可能被淹没。因此必须考虑到背景的衬托作用，才能鹤立鸡群，使创意得到充分体现。

总之，要取得好的创意，创作人除了必须具备高人一等的审美本能和敏捷完美的图形创意，以及对市场动向敏锐的感受力和对消费者心理的深刻洞察力外，还必须熟练掌握和正确运用创意的思考方法、技巧；同时养成能在总体策划下按总体创意进行视觉化创意的能力，并能与各种制作密切配合协调。平庸的广告只能做到“看不看由你”，而杰出的创意广告要做到“不由你不看，不由你不信”。

创意的来源

1. 对企业、产品、市场、消费者的了解。不断深入了解企业、产品、市场、消费者，是广告创作人员的基本功，对这些方面的情况越是熟悉，就越有可能出点子。

2. 对广告整体策划意图与精神的理解。这也是产生创意的重要源泉。不断加深、挖掘对广告策划意图的领会是非常重要的，有时候看似明了广告策划的意图和精神了，其实并没有。全面深入地体味广告策略对创意是很有启发的。

3. 对媒介语言的把握。对影视语言的把握，也可能引发出创意。有时候从艺术的形式感出发，从视听语言的特色出发，使所要传达的信息很好地融合在镜头或声音的语言中也会形成创意。

广告创意既不同于广告主题策划，又有别于广告制作。广告创意就是要将广告主题那种抽象的意图，构思成具体的、生动的艺术形象，让观众体验到广告主题的意图，并且能欣赏和接受它。

广告

广告主付费通过媒体向确定的受众传播商品、服务或观念信息的活动。

广告创意

通过艺术手段的特殊处理，将广告主题淋漓尽致地表现出来，从而使企业形象、产品形象在广大消费者心目中更加鲜明、亲切、可信。具体说有如下四点：

1. 广告创意要以广告主题为核心，充分表现广告主题，不能随意偏离或转移广告主题；

2. 广告创意要以新颖独特为生命，否则广告创意就没有任何价值，就不会有任何感召力和影响力；

3. 广告创意要以简洁明白为手段，在广告作品中突出主题，使广告主题具有鲜明的特点和个性；

4. 广告创意要以情趣生动为依托，将观众带进一个妙趣横生、浮想联翩的艺术境界中去。

广告创意原则

在进行广告设计创意时，始终都应遵循一定的原则，主要包括以下几点：

1. 关注原则：广告作品应该能够引起受众的注意，否则，广告的具体内容就无法深入受众的内心。广告创意的首要原则就是以各种可能的手段引发尽可能多的受众的注意，并且让他们进一步对广告所宣传的企业和商品投入更多的关心。

2. 理解原则：广告创意固然要追求新颖性和独特性，但是这种新颖性和独特性不能超越消费者的理解力。创意内容不但要引起消费者的注意和理解，而且还能使消费者对企业和商品表达自己的态度、发表自己的意见，这样就将引起更多的消费者对企业和产品的注意和关心。

3. 印象原则：广告作品不但要引起广大顾客的关注和理解，更重要的是要给消费者留下美好而深刻的印象，使消费者能够经常回忆起广告中提及的有关内容，随着时间的推移，广告中的企业和商品形象在消费者心中越来越清晰、越来越亲切、越来越有吸引力。

4. 信任原则：遵循信任原则的目的就是要用广告唤起消费者对企业、对商品的高度信任感，相信企业能够为他们带来良好的服务，相信商品能够为他们带来很好的效用。

5. 促销原则：广告创意的最终目的是让消费者在了解企业和商品的情况后，对企业产生良好的整体形象，对商品产生强烈的购买欲望，进而完成购买行为。

6. 原创原则。创意贵在有新意，切忌抄袭，借鉴是可以的，但要推陈出新，不能有模仿的痕迹。

7. 单纯原则。主题要集中，信息要浓缩、凝练，诉求重点要集中到一点，无关重要的应舍去，使主题突显出来。如，电视广告的镜头逻辑很重要，在富于变化中充分表现主信息；平面广告要讲究视觉流程，所有成分都要有利于突出主题，越单纯越容易被接受。

8. 惊奇原则。造成视听上较强的冲击力，刺激越强越容易引起注意和被记住。画面、声音、音乐、富有哲理的广告语，都能不同程度地造成一定的视听冲击力，在创意上要充分掌握其自身特性，恰当地选择和使用。

9. 相关原则。创意的过程实际上是商品信息的编码过程。受众接收广告信息后，要经过译码并在译码中产生联想，使原有的体会和经验与商品信息结合在一起，达成沟通。创意把概念化的主题转换为视觉化的符号，直观性强，但也产生了多义性，因而要注意相关的原则，使受众接收的信息能引导到商品上来，品牌、形象、语言、画面都能让人确知这就是某商品的信息。

策划激发创意

有效地运用手中有限的资源，选定可行的方案，达成预定目标或解决某一难题，就是策划。它应包括下列三个要素：

1. 必须有崭新的创意：策划的内容必须新颖、特别，令人拍案叫绝，使人产生新鲜、有趣的感觉。

2. 必须是有方向的创意：再好的创意，若缺乏一定的方向，势必与目标脱节，就不能成为策划了。

3. 必须有实现的可能：在人力、财力、物力的限制之下，有实现的可能，才是策划；否则再好的创意均属空谈。

策划场

所谓策划场是指从广义社会科学角度看，策划以一种场的形式存在和运动。策划场的基本特征有：

1. 它分正负、阴阳、善恶、好坏。
2. 自组织性。
3. 变化性。
4. 不守恒性。
5. 相对性。

广告策划

对于广告活动整体战略与策略的运筹规划，就是对提出广告决策、实施广告决策、检验广告决策的全过程作预先的考虑与设想。广告主自己或通过广告代理者，在对市场进行周密调查和分析的基础上，利用已经掌握的知识、情报或资料，科学地、合理地安排广告活动，设定广告目标，选择达成此目标之必要战略战术，然后在市场上执行所计划的各项工作。

广告策划在广告活动开始的最初阶段就要进行，必要时甚至会贯穿于广告活动的始终；广告策划是一种优先的、提前的、指导的活动；没有科学的广告策划，就不会有成功的广告；广告策划是使广告成为科学的枢纽。

广告策划要解决的任务是广告的对象、广告的目标、广告的计划、广告的策略等。也就是，要解决广告“对谁而说”“说些什么”“如何说”“说的效果如何”等一系列重大问题。这些重大问题决定广告的成败。

广告策划要素

广告策划具有策划者、策划依据、策划方法、策划对象、策划效果测定和评估五个要素。策划者为广告主或代理人；策划依据主要指市场分析、产品分析、消费者分析、竞争者分析、社会环境调查；策划方法包括广告战略、广告策略、广告计划、广告创作和制作；策划对象即广告目标；策划效果即广告效益。广告策划有为一个或几个单一性的广告进行的策划，也有为规模较大的、集中性的运动所进行的策划。

广告策划原则

广告策划要遵循求实原则、法律道德原则、系统原则、创新原则、心理原则和效益原则。在社会主义市场经济条件下开展广告活动，进行广告策划，既要坚持社会主义方向，又要遵循广告活动自身的规律。

广告策划的内容

广告策划要回答广告诉求要实现什么目的，对谁说，说什么，在什么时间说，在什么地方说，用什么方法说，用多少费用说，实施什么策略等问题。广告策划是一种程序，在本质上是运用脑力的理性行为，根据广告主的营销策划和广告目标，在市场调查的基础上，制订出一个与市场情况、产品状态、消费者群体相适应的，经济有效的广告计划方案，并加以实活动。

它以客观的市场调查为基础，以富于创造性和效益性的策略、诉求策略、表现策略为核心内容。

根据系统原理，我们可以把策划工作看成一个大系统，而广告计划是其中的一个子系统，是大系统中应用领域的一个方面。按照策划工作在社会中不同的应用领域，可以把策划分为企业策划、社会策划、政治军事策划、其他策划等。

附录二　几张实用的量表

策划与计划差异表

策　划	计　划
全局性、整体性战略决策	具体性、可操作性指导方案
掌握原则与方向	处理程序与细节
具有新性与创意	常规的工作流程
What to do（做什么）	How to do（怎么去做）
超前性	现时可行性
灵活多变	按部就班
挑战性大	挑战性小
长期专业训练的人员	短期培训的人员

市场细分标准表

变量	典型的细分市场
地理变量	
地区	太平洋区，高山区，西北中区，西南中区，东北中区，东南中区，南大西洋区，新英格兰区
县的大小	A，B，C，D
城市或标准都市统计区大小	5 000 人以下，5 000 ~ 2 万人，2 万 ~ 5 万人，5 万 ~ 10 万人，10 万 ~ 25 万人，50 万 ~ 100 万人，100 万 ~ 400 万人，400 万人以上
密度	都市，市郊，农村
气候	北部气候，南部气候
人口统计变量	
年龄	6 岁以下，6 ~ 11 岁，12 ~ 19 岁，20 ~ 34 岁，35 ~ 49 岁，50 ~ 64 岁，65 岁以上
性别	男，女
家庭人口	1 ~ 2 人，3 ~ 4 人，5 人以上
家庭命周期	年轻，未婚；年轻，已婚，未生育；年轻，已婚，小孩在 6 岁以下；年轻，已婚，小孩在 6 岁以上；年纪大，已婚，有小孩；年纪大，已婚，小孩在 18 岁以上；孤老；其他
收入（美元）	5 000 以下，5 000 ~ 1 万，1 万 ~ 1.5 万，1.5 万 ~ 2 万，2 万 ~ 2.5 万，2.5 万 ~ 3 万，3 万 ~ 5 万，5 万以上

续表

变量	典型的细分市场
职业	专业技术人员，经理，职员，业主，办事员，售货员，工匠，领班，技工，农场主，退休人员，学生，家庭主妇
教育	小学以下，中学肄业，中学毕业，大学肄业，大学毕业
宗教	天主教，基督教，犹太教，其他
种族	白人，黑人，东方人
国籍	美国人，英国人，法国人，德国人，斯堪的那维亚人，意大利人，拉丁美洲人，中东人，日本人
心理图解因素	
社会阶层	下下，上下，劳动阶层，中等，中上，下上，上上（最高层）

产业市场的主要细分量表

变量	典型的细分市场
生活方式	朴素型，时髦型，高雅型
个性	好强迫人的，爱交际的，独裁的，有权力欲的
行为因素	
使用场合	一般场合，特殊场合
追求利益	质量，服务，经济
使用者状况	未使用者，以前使用者，潜在使用者，经常使用者
使用率	轻度使用，中度使用，重度使用
忠诚程度	无、中等、强烈、绝对
准备阶段	不注意，注意，知道，感兴趣，想买，打算购买
对产品的态度	热心，肯定，漠不关心，否定敌视

广告策划书评估量表

项目	项目总分	评估指标	指标分值	实际得分
文书结构	3	结构完整性	1	
		用词准确性	1	
		表达清晰性	1	
广告调查	4	方案科学性	2	
		结论可靠性	2	
目标决策	6	切合企业	2	
		切合产品	2	
		切合公众	2	

续表

项目	项目总分	评估指标	指标分值	实际得分
定位策略	9	符合商品形象 突出品牌优势 富有特色	3 3 3	
媒介策略	12	有效性（可展示商品形象） 具有整合性、符合公众媒介习惯 可行性	3 3 6	
诉求策略	8	诉求对象明确 诉求符号有冲击力 诉求信息有感染力 诉求方式有心理依据	2 2 2 2	
主题创意	12	鲜明 准确符合定位创意要求 吸引力 新颖	3 3 3 3	
广告文案创作	12	标题吸引性 标语鼓动性 正文有效性 表述具有冲击力	3 3 3 3	
广告表现策略	18	广告图画美观性 广告图画有效性 广告音乐有效性 广告设计科学性 布局（编排）合理性 作品气息具有文化性	3 3 3 3 3 3	
广告计划	3	系列性 连贯性 可行性	1 1 1	
经费预算	6	合理性	6	
想象量级	7	冲击力 说服力	4 3	

主要参考文献

［1］萧潇．创意文案与营销策划撰写技巧及实例全书［M］．天津：天津科学技术出版社，2017.

［2］孟韬，毕克贵．营销策划：方法、技巧与文案［M］．3 版．北京：机械工业出版社，2016.

［3］叶万春，叶敏．营销策划［M］．3 版．北京：清华大学出版社，2013.

［4］李锋，李萌．旅游策划理论与实务［M］．北京：北京大学出版社，2013.

［5］王多明．新策划书写作及解读［M］．北京：中国广播电视出版社，2012.

［6］吴粲．策划学［M］．6 版．北京：中国人民大学出版社，2012.

［7］丁邦清．广告策划与创意［M］．北京：高等教育出版社，2012.

［8］王蕾，王多明．策划书写作及精选案例解读［M］．北京：中国广播电视出版社，2009.

［9］陈放．核策划［M］．北京：中国经济出版社，2009.

［10］黄石，丁肇辰，陈妍洁．数字游戏策划［M］．北京：清华大学出版社，2008.

［11］王多明．策划书写作实案教程［M］．汕头：汕头大学出版社，2007.

［12］崔银河．广告策划与创意［M］．北京：北京广播学院出版社，2007.

［13］吴粲．策划学［M］．2 版．北京：中国人民大学出版社，2006.

［14］张金海，龚轶白，吴俐萍．广告运动策划教程［M］．北京：北京大学出版社，2006.

［15］熊大寻．拳打策划　脚踢广告［M］．广州：广东经济出版社，2006.

［16］崔秀芝．中国策划经典案例［M］．深圳：海天出版社，2006.

［17］吴柏林．广告策划与策略［M］．广州：广东经济出版社，2006.

［18］王多明．写作策划书实案教程［M］．汕头：汕头大学出版社，2005.

［19］陈放．广告策划［M］．北京：蓝天出版社，2005.

［20］大林，吕志明．策划方法教程［M］．广州：广东经济出版社，2005.

［21］雷鸣雏．中国策划教程［M］．北京：企业管理出版社，2004.

［22］梁绪敏，石束．广告策划［M］．济南：山东大学出版社，2004.

［23］余明阳，陈先红．广告策划创意学［M］．上海：复旦大学出版社，2004.

［24］乔均．营销与广告策划教程［M］．成都：西南财经大学出版社，2003.

［25］饶德江．广告策划与创意［M］．武汉：武汉大学出版社，2003.

［26］朱玉童．非常策划：朱玉童营销策划实战录［M］．广州：广东经济出版社，2002.

［27］陈培爱，李道平．广告策划［M］．北京：中国商业出版社，2001.

［28］陈放．整合策划技术［M］．北京：时事出版社，2001.

［29］陈放．策划技术学［M］．北京：时事出版社，2001.

［30］陈放．反策划技术［M］．北京：时事出版社，2001.

［31］卫军英．广告策划创意［M］．杭州：浙江大学出版社，2001.

［32］陈培爱．广告策划与策划书撰写［M］．厦门：厦门大学出版社，2001.

［33］叶茂中．叶茂中谈新策划理念·谈创意［M］．北京：中华工商联合出版社，2001.

［34］陈放．策划学［M］．北京：中国商业出版社，2000.

［35］陈放．文化策划学［M］．北京：时事出版社，2000.

［36］周天华．现代策划学［M］．贵阳：贵州民族出版社，2000.

［37］程宇宁．广告策划教程［M］．长沙：中南工业大学出版社，2000.

［38］孔繁任，王志刚，叶茂中，等．企划人实话实说［M］．郑州：河南人民出版社，1999.

［39］徐智明，高志宏．广告策划［M］．北京：中国物价出版社，1997.

［40］王多明．策划谋略　策划文稿［M］．成都：四川大学出版社，1996.